図とイラストで学ぶ

新しい スポーツ マネジメント

改訂版

監修▶山下秋二　編集▶中西純司　松岡宏高

大修館書店

執筆関係者一覧

監修者

山下　秋二　京都教育大学名誉教授（第1章，第2章3，第3章1・2）

編著者

中西　純司　立命館大学産業社会学部教授（第9章2・3，第10章，第12章）

松岡　宏高　早稲田大学スポーツ科学学術院教授（第6章，第7章1・2，第14章1・2）

著者

吉田　政幸　法政大学スポーツ健康学部教授（第2章1・2，第13章）

池田　実加　株式会社セレッソ大阪（第3章3）

山本　悦史　新潟医療福祉大学健康科学部健康スポーツ学科助教（第4章，第8章）

足立 名津美　京都先端科学大学健康医療学部健康スポーツ学科講師（第5章）

新井　彬子　東京理科大学経営学部経営学科講師（第7章3）

長積　仁　立命館大学スポーツ健康科学部教授（第9章1）

藤谷 かおる　金沢大学人間社会学域地域創造学類教授（第11章1）

志水　紗綾　Balloon 株式会社 Chief Marketing Officer（第11章2）

髙岡　昌弘　学校法人三幸学園事業開発部統括部門長（第11章3）

山下　玲　東洋大学健康スポーツ科学部准教授（第14章3）

金山　千広　立命館大学産業社会学部教授（第15章）

行實　鉄平　久留米大学人間健康学部スポーツ医科学科准教授（第16章1・3）

松永　敬子　龍谷大学経営学部経営学科スポーツサイエンスコース教授（第16章2）

（所属は 2023 年 12 月現在）

はじめに──これからスポーツマネジメントを学ぶ人のために

　スポーツマネジメントという言葉は，いまや多くの人がごく自然に使用するほど，広く社会に浸透している。ただ，その意味は判然としない。このことが多くの初学者を戸惑わせてきた。広く解釈すれば，「スポーツ問題をうまく処理すること」ではあるのだが，焦点化される「スポーツ問題」は時代時代によって異なり，このような漠然とした概念認識ではより深い学びにはつながらない。マネジメントの対象となるスポーツ問題が異なれば，スポーツマネジメントという言葉が指し示す，実際の意味内容も変わってしまうわけである。これがマネジメントという機能概念に本来的に備わっている特色なのである。学びを深めるためには，その時々の時代的要請に即したより具体的な定義がいる。

　スポーツマネジメントという言葉自体が最初からあったわけではないが，似たような考え方はずっと以前からあった。この学問を体系的に学ぼうとする人は，先人たちが辿ってきた足跡を正確に記憶しておく必要がある。

　わが国でスポーツに科学的な関心が向けられるようになったのは 1950 年代からであるが，その中に，人間集団のありようがスポーツの成果にどのような影響を与えるのかというものがあった（詳しくは拙著『健康・スポーツ科学のための調査研究法』杏林書院，2014 を参照されたし）。たとえば，競争力のあるスポーツ集団はまとまりがよいだとか，メンバー間の相互作用が同化や斉一性を促し，人間関係をととのえる（集団の秩序を保つ）ことができる，などの研究がそうである。マネジメント機能はまだ「集団凝集性」とか「集団規範」といったものに限られてはいたが，当時のスポーツ問題を処理する上では十分であったのである。もし，こうした集団レベルでの問題処理にスポーツマネジメントという概念を与えることができたとすれば，それはおそらく「スポーツ（集団）の目的を達成するために行われる諸々の統制活動」と定義されたであろう。これは今日使用されるスポーツマネジメントにも色濃く残っている概念要素（＝統制概念）である。

　ところで，スポーツマネジメントが独立した学問として明確に意識されだしたのは，その後の 1960 年代から 1970 年代にかけてである。しかしそれは上述したような「統制概念」の適用範囲が広まったからではなく，動機はもっと別のスポーツ問題にあったのである。スポーツの普及が進む中，人々のスポーツ享受に見られる学歴格差，地域間格差，職場格差などのようなものが次第に明らかになってきたからである。スポーツを通じて幸福で豊かな生活を営むことはすべての人々の権利であるという考え方は，ちょうどこの頃生まれたものである。したがって，スポーツ享受の量的・質的な差を問題視し，その差を埋める手だてを考えるなどは非常に意義深いことだったのである。当時はまだマネジメントという言葉がそれほど流通していたわけではなく，政策論的な枠組み（アドミニストレーション）がそれを代替していた。求められた機能はスポーツの「場づくり」と，より高品質な場への「上昇移動」である。いま改めてこ

の時代のスポーツマネジメントを定義づけようとするならば，「スポーツをすべての人々に提供し，その活動をできるだけ組織的，継続的，合理的な方向に向かわせようとするはたらき」のようなものになろう。この定義が強調しているのは，利害を離れて人々や社会のためにつくすということである。スポーツマネジメントが正式な学問として首尾よくスタートを切れるようになったのは，実のところ，こうした「奉仕概念」としての側面が広く認められたことによる。

　1980年代に入ると，スポーツマネジメントは実体として明確にその姿を現し始める。スポーツの生産経済単位，つまり「スポーツ企業体」の出現である。これにより，それまではっきりとした形では目にすることのできなかったスポーツマネジメントの英知がそこに結集した。あちこちに散らばっていたマネジメント機能の受け皿として，である。1990年代から2000年代にかけては，スポーツの資本化が飛躍的に進行し，それらによって巨大な産業分野が形成されるまでに至るのである。この流れに乗って，スポーツマネジメントは学問分野としても洗練されていく。それが「企業経営学」の影響を受けたことはいうまでもない。これには組織の利害が大きく関与する。当然，「顧客づくり」や「組織戦略」といったマネジメント機能が中心的な位置を占めるようになった。したがって，この時代の定義には，「スポーツを商品化し，顧客のニーズに合ったサービスを提供すること」とか，「スポーツ組織の進む方向性を定め，メンバーの仕事がその意思に沿ったものであるかどうかを管理すること」などがふさわしい。概してこれらは，スポーツ組織が与えられた環境の中で，自らの生存領域をどう確保するかの問題対応を記述したものであり，いわば「適応概念」としてのスポーツマネジメントの意味をフィーチャーしている。

　さて，本書に先駆けて上梓した『スポーツ経営学』（大修館書店，2000）や『図解スポーツマネジメント』（大修館書店，2005）も，この適応概念としてのスポーツマネジメントを世に問うためのものであった。前書では，必要なマネジメント知識を精選し，それらを1つのスポーツ組織の仕事として体系づけることに精力を注いだ。後書では，スポーツ組織の行動を3つの機能領域（ビジネス，マーケティング，オペレーション）に分解し，より広範囲な組織での活用を図ろうとした。これによって，スポーツ問題の処理は一応の解決を見るかのように思われた。しかし，それから10年を超す歳月を経たいま，現在のスポーツにこれまで経験したことのない問題が生じ始めていることに気がついたのである。それは，集団レベルや1つのスポーツ組織の問題としては解消されない，まったく新しい事態なのである。

　スポーツは，メディアの進化とグローバル化により，その姿を大きく変えた。人々は知らず知らずのうちに，スポーツの存在を「自己完結的なリアリティ」としてではなく，世界中のいろいろな種類の企業にさまざまに色づけされた「プロダクトミックス」として，あるいは「メディア複合体」として知覚するようになってしまった。もはやスポーツはたんなる人間の身体運動ではなく，それこそ，バーチャルな空間にうごめく得体の知れない生き物なのである。こうなるとコントロールの主体が誰だかわからなくなる。最終的に責任を持つ存在がいないということではスポーツマネジメントは成立しない。

変化は，スポーツの最終的な受け手である生活者の側にもある。スポーツがビッグビジネスとして肥大化していく中で，人々はスポーツをたんに出来合い（レディーメイド）の商品として受け入れているだけではない。スポーツをもっと自由に，手づくり（ハンドメイド）で楽しもうとする気運も盛り上がっているのである。昨今のマラソン大会に見られる「ファンラン（FUN RUN）」とか，「セレ女」「カープ女子」といったプロスポーツの観戦スタイルなどはその典型である。また，各地方に続々と「SV（スポーツボランティア）」が誕生し，ユニークな活動の輪を広げている。これらはもちろん一時のブームであるかもしれない。しかし，大量生産主義，消費主義に対する反動として，自らのスポーツスタイルを主体的かつローカルに形成しようとする人々がいるということは，看過することのできない問題である。

　以上，今日的なスポーツ問題を要約すれば，多種多様なスポーツが個々ばらばらに生産されているということである。それらがめざすところは，およそ一組織の努力だけで達成できるものではない。一組織の枠を超えた「協働的スポーツ生産」という認識が必要となる。換言すれば，グローバルスポーツとローカルスポーツが共生する「新しいスポーツ社会」の実現である。コントロールの主体は組織であってもいいし，集団であってもいい。時には個人であってもいいのである。大切なことは，それぞれが自身のスポーツ生産に責任を持とうとする姿勢である。

　本書は，このテーマをわかりやすく解説することを意図したものである。採用された定義は，「生産概念」としてのそれであり，「スポーツ生産の諸要素（人，モノ，カネ，情報）を結びつけて，そこから何か新しいものを産み出したり，それを継続したりすることを可能にすること」である。重視されたマネジメント機能は「価値づくり」と「多主体協働共生」である。もちろん，これまでの積み重ねも随所に配慮し，豊富かつ斬新な内容を盛り込んだ。執筆には新進気鋭の若手研究者に多数お願いした。体裁は本書の前身である『図解スポーツマネジメント』にならい，左ページに各項目の要約，右ページはそれをイメージするための図やイラストのみとした。また，各部の最後に演習問題を設け，新しいスポーツマネジメントの発想をみんなで議論できるようにした。21世紀型スポーツマネジメントの基本テキストとして，より多くの方々にご活用いただけるようになれば幸いである。

著者を代表して　山下　秋二

改訂版にあたって

　本書の初版が上梓されたのは 2016 年 11 月であり，それから早 7 年が経過した。この間，多くの人に支えられながら，「協働的スポーツ生産」（価値づくりと多主体協働共生のマネジメント機能）を基調とする 21 世紀型スポーツマネジメントの考え方（「はじめに」参照）も広く普及した観がある。とはいえ，初版発行当時と比べて，わが国のスポーツ界を取り巻く社会的状況等も大きく変化したことは否めない。その主な動向としては，2012 年の「第 1 期スポーツ基本計画」（2012 ～ 2016 年度）に続く「第 2 期スポーツ基本計画」（2017 ～ 2021 年度）が 2017 年に策定・公表され，ラグビーワールドカップ 2019 日本大会や 2020 年東京オリンピック・パラリンピック競技大会などのメガスポーツイベントの開催等を好機として「一億総スポーツ社会」の実現に取り組むことが政策目標とされたことである。

　なかでも，ラグビーワールドカップ 2019 日本大会における日本代表チームの決勝トーナメント初進出という快挙は，日の丸に富士山「ニッポン！」のナショナル・アイデンティティに多面性や多層性を認めると同時に，多くの国民がラグビーの素晴らしさに魅了され，「にわかファン」も含めたラグビーファンやラグビー人気の急増にもつながり，スポーツ界に大きな夢と希望をもたらしたことは確かである。しかし，2020 年 1 月頃から始まった新型コロナウイルス感染症のパンデミック（世界的大流行）は，緊急事態宣言の発出や不要不急な外出・移動の自粛，"3 密" 回避，ソーシャルディスタンスなどの「新しい生活様式」への移行を余儀なくさせるとともに，人間の Well-being な生活の形成・維持にとって必要不可欠なスポーツ・文化・芸術活動を "不要不急" の対象とし，わが国のスポーツ界にも大きな影を落とした。特に，2020 年 7 月 24 日から 9 月 6 日までの 30 日間で開催予定であった東京オリンピック・パラリンピック競技大会は「1 年程度」延期されることが 2020 年 3 月 24 日に決定され，結局は，2021 年 7 月 23 日から 9 月 5 日までの日程で開催されたが，緊急事態宣言（4 回目）の発出のもとでの無観客開催となった。

　そして 2022 年 3 月 25 日には，2020（+1）年東京オリンピック・パラリンピック競技大会のスポーツ・レガシーの発展に向けた「第 3 期スポーツ基本計画」（2022 ～ 2026 年度）が策定・公表され，「『感動していただけるスポーツ界』の実現に向けた目標」の達成を見据えた 5 年間の総合的かつ計画的な 12 施策が提示された。その一方で，東京オリンピック・パラリンピック競技大会のスポンサー契約をめぐる汚職事件やそのテスト大会関連業務の入札をめぐる談合事件といった，スポーツの価値やオリンピック・レガシーを毀損しかねない不祥事がスポーツガバナンス問題として大きくクローズアップされ，スポーツ庁がスポーツ・インテグリティの確保に向けて 2019 年に策定した「スポーツ団体ガバナンスコード（2023 年改定）」も実効性に乏しいものとなってしまった。また最近では，「学校部活動及び新たな地域クラブ活動の在り方等に関する総合的なガイドライン（2022 年 12 月）」が策定・公表され，2025 年度までに「学

校部活動の地域連携・地域クラブ活動への移行（地域移行）」を改革推進していくことが提言されている。

　そのため，こうした社会的状況等の大きな変化や現代的な課題などの「流行」に適応しつつも，初版で重視した「協働的スポーツ生産」という21世紀型スポーツマネジメントの基軸は「不易」として再認識し，「改訂版」を刊行することにした。初版の執筆者の方々には旧稿における知識・情報等のアップデートを依頼しただけではなく，IOCやFIFAなどのグローバルスポーツ組織のスポーツガバナンス問題やスポーツツーリズムの進化といった新たなテーマも追加するために，「第8章　プロスポーツのガバナンス」と「第14章　3.スポーツツーリズムの推進と新しい視座」については，新たな執筆者を加えて全面的に改稿することにした。

　最後に，改訂版の刊行にあたっては，初版時と同じく，大修館書店の笠倉典和氏に大変お世話になった。ここで改めて御礼を申し上げたい。

2023年12月

中西　純司・松岡　宏高

● Contents ●

● Contents ●

第 I 部

スポーツマネジメント活動の基本フレーム

スポーツ問題をうまく処理することを考える上で，欠かせない要素が4つある。それは「誰が」「どこで」「どのように」「どんなルールで」スポーツを生産しているかということである。第 I 部ではそれらを「スポーツの生産単位」「スポーツ組織のドメイン」「スポーツの顧客づくり」「スポーツガバナンス」というテーマでまとめた。この4つのテーマは，グローバルスポーツ，ローカルスポーツ，スポーツプロモーションといった実際の問題領域間を貫く基本フレームでもある。

第1章 スポーツの生産と消費

1. スポーツの生産単位

1.1 スポーツは自家生産が基本

スポーツは人々が楽しみを求めたり，勝敗を競ったりするための身体運動である。実際には個々人が，自己の心身やスキルを鍛えてそれを「する」。その意味では自家生産が基本である。そうした個々別々のスポーツ活動を支援し，その大量生産に奉仕することも確かにスポーツマネジメントの1つの使命ではある（「はじめに」を参照のこと）。しかし現代のスポーツマネジメントが生産対象とするスポーツは，そうした実際のスポーツ活動に限定されない。それに関連した商品，サービス，場所，人々およびアイデアのすべてを包括する。

本書でいうスポーツ生産とは，「スポーツを資本化し，人間生活の多様な価値を実現すること」である。かつては，スポーツが高度化し財やサービスとして交換市場に登場するようになれば，多くの人々が単なる消費者に追いやられ，スポーツ文化がスポイルされるとの懸念もあった。しかしそうした懸念をよそに，人々は今，より能動的にスポーツに関わろうとしている。たとえスキルの錬成をまったくの他人まかせにして「見る」ことあるいは「支える」ことに専念していても，である。本人が明確に意識するしないにかかわらず，自らのスポーツを自家生産しているのである。それらの受け皿づくりこそが今日のスポーツマネジメントである。

1.2 スポーツ生産のサポート体制

今日のように複雑化したスポーツ生産を秩序立てて考える場合，まず次のような枠組みが基本となろう。すなわち，その中心には「サービス提供者」が位置する。これがスポーツ生産の手段をさまざまに工夫し，便宜を図る。そのために必要な資源（人，モノ，カネ，情報）は外部の「資源保持者」から調達する。交換市場に供することのできるスポーツ価値については「消費者」に販売される。消費者がそれを購入し，その成果は資源保持者に配分される。

この図式は，1980年代以降明確になったスポーツの生産経済単位の環境適応行動を要約したものであり，これだけでは，スポーツ生産が単に「投入資源を特定の産出物（製品またはサービス）に変換すること」だけの意味になってしまう。自家生産物としてのスポーツとは，サービス提供者からすれば「意のままにならない製品」（山下ほか，2000）であり，生産にあたっては消費者の協力が欠かせない。スポーツの生産は，実際のところ「プレーヤーとプレーヤー」「プレーヤーと顧客」「顧客と顧客」という三つ巴の人間関係に強く依存している。

さらに，スポーツ現象はいずれも一過性のものであり，在庫がきかない。したがって，製品として存在することの確かな証明が必要である。これには資源保持者の協力などによってスポーツをブランディングすることが有効である。

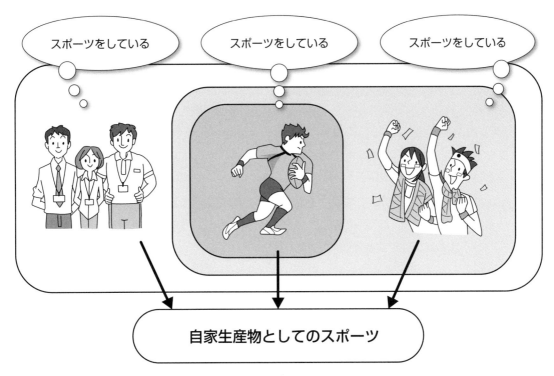

■ Fig.1.1.1　生活者のスポーツ意識

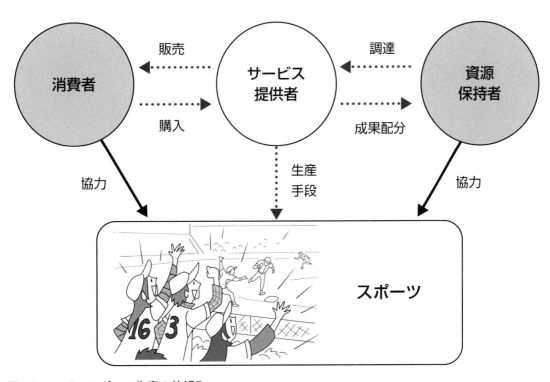

■ Fig.1.1.2　スポーツ生産の仕組み

1.3　スポーツ組織の分類

　スポーツ組織とは，「スポーツの生産という目的を達成するために調整された人間行動のシステム」であり，これによって自分1人の手ではなし得ない多様な価値が実現可能となる。

　現代のスポーツ組織は環境の変化に適応していくため，それぞれ独自の戦略をチョイスし，それが諸活動に一定の方向づけを与えている。その特性は，概して「オペレーション志向」と「プロダクト志向」に二分される。すなわち，スポーツの場づくりという基本的な作業を重視し，スポーツをする人々の相互の利益を守ることで生き残ろうとしているのか（スポーツ活動の経験蓄積が基軸），それともスポーツを製品化し，買い手のニーズに合った価値づくりを積極的に進めることで生き残ろうとしているのか（スポーツビジネス分野での収益も視野に入れる），といったチョイスである。一方，組織は諸活動が内部のどのような意思決定ルールによって維持されているか（構造特性）でも分類できる。すなわち，メンバー間の相互作用やコミュニケーションを重視して意思決定を行うのか，行為のシステム化を重視して中央集権的に意思決定を行うのか，である。前者は一般に「有機的組織」，後者は「機械的組織」と呼ばれる。

　「構造は戦略に従う」（チャンドラー，1967）とはいうが，スポーツの場合，同じ戦略方向性を持ちながらも組織構造が違っていたり，逆に，似たような組織構造でありながら別の戦略をとっていたりするなど，さまざまな組織の生態が目立つ。したがって，スポーツ生産の適合性を検討するなどにおいては，「Ⅰ.対話型スポーツ組織」「Ⅱ.官僚型スポーツ組織」「Ⅲ.探索型スポーツ組織」「Ⅳ.戦略型スポーツ組織」の4類型が現実的であろう。

1.4　多主体協働共生のスポーツマネジメント

　スポーツ生産の実際の主体としては，当初，政府，自治体，学校などの公的機関がほとんどの役割を担った。スポーツ活動には，人々に精神的充足感をもたらしたり，健康不安を解消したり，人間関係を促進したりするなどの「福祉的価値」が明白であり，その「規格大量生産」が試みられたわけである。しかし，財政的な問題もあり，スポーツ生産の主体は次第に民間企業に移ることとなる。生産工程は，「営利的価値」を追求するため「ジャストインタイム方式」がとられる。類比的にいえば「フォード式」から「トヨタ式」への変化である。

　やがて，スポーツ生産には「まちづくり」としての価値も広く認識されるようになり，スポーツ組織のNPO法人化が進み，従来の公的機関の役割を補完するようになった。今や，スポーツ生産は1つのコミュニティビジネス（CB）として，各地に「地産地消」の仕組みができつつある。人々の中には，そうした組織的活動にボランティアとして参加する人もいれば，プロのプレーヤーを目指してスキルの錬成に励む人もいる。また，スポーツ組織の手を借りずに，自らのスポーツ活動を独自に模索する一般市民もいる。スポーツ活動の実態も「競技スポーツ」「健康スポーツ」「アダプテッドスポーツ」と，まちまちである。これら複数の価値を実現する上では，「多主体協働共生」（小泉，2014）という考え方が欠かせない。この場合，共通部品を増やし巨大企業並みのスケールメリットをあげている「スズキ式」が参考になる。企業間提携に際しても，その基本精神はイコールパートナーである（中西，2015）という点は特に示唆的である。

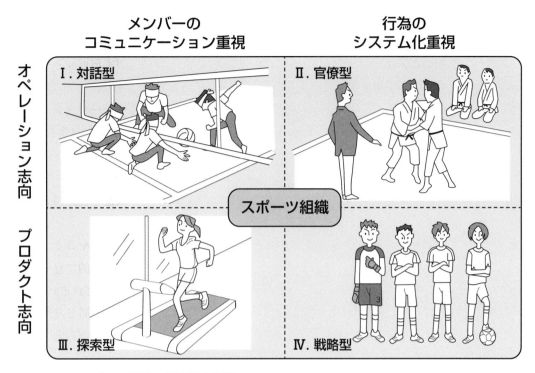

■ Fig.1.1.3　スポーツ組織の環境適応行動（加護野ほか，1983 より）

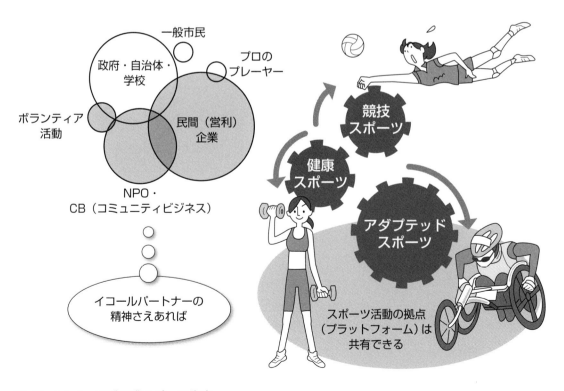

■ Fig.1.1.4　スズキ式スポーツ生産

2．スポーツ消費者の種類

2.1　スポーツ参加者とスポーツファン

　今日多くのスポーツ，フィットネス，レクリエーション，レジャー，スポーツ体験のできる旅行などが消費者に提供されている。これらの活動に実際に参加するために自己投資（金銭のみならず，時間や個人的エネルギーの投資も含む）しようとする人々がスポーツ参加者である。彼らは「プレーヤー」ないし「アスリート」と呼ばれたり，「パフォーマー」とか「エクササイザー」と呼ばれたりする。もっと手軽な「ランナー」「ウオーカー」などもいたりする。

　一方，観戦型のスポーツ活動に自己投資したいと思っている人々がスポーツファンである。他者のスポーツパフォーマンスをライブで楽しもうとする「観客」のほか，テレビ・ラジオの「視聴者」，新聞・雑誌の「読者」も含まれる。さらに細かくいえば，ビデオ，DVD，およびウエブ製品の購買者もそうである。また，さまざまなスポーツ用品をファッション品として購入する人々もいるであろう。これらは，スポーツ生産への関わりという点では，一様に受け身的である。これに対して，「サポーター」といった熱狂的なファンや，「ボランティア」として積極的にエネルギーを投資しようとする人，あるいは「ツーリスト」となって遠方まで出かけようとする人などには，単純なスポーツファンとしての線引きが困難である。

2.2　ヒップなスポーツ革命

　現代のスポーツは，身体的パフォーマンスの卓越性を例証するための文化装置としての意味合いが強い。オリンピックの標語が示す「より速く，より高く，より強く」は今なおスポーツ価値のメインストリームである。しかし，それは一部の人しか体現できない価値であり，多くの消費者を実際のスポーツ参加から遠ざけ，一介のスポーツファンへと追いやってしまう。

　そんな中，今スポーツ文化に新しい変化の波が起きつつある。それは，自分の信じる価値観を自身のスポーツ活動に投影し，「手づくり」のスポーツを楽しもうとする人々の出現である。タイムや順位を気にせず走る「ファンラン」の参加者や，応援チームの勝ち負けよりも場の一体感や選手との距離感を楽しむ女性サポーターグループ（サッカー J リーグ・セレッソ大阪の「セレ女」，プロ野球・広島の「カープ女子」，ラグビー応援の「ラガール」など），障がいのある人との「伴走」「伴泳」こそが自分のスポーツと自負するボランティア，等々である。彼らはみな，これまでの主流であったシリアスなスポーツ活動と決別し，インディペンデントな（自立した）活動にこだわるのである。その価値基準は，「クール（かっこいい），イケてる」である。

　こうした新しいムーブメントは，すでにモノづくりやアート，ファッションの分野でも起きていて，佐久間（2014）はそんな動きの担い手たちを「ヒップスター（hipster）」と呼んでいる。文化の嗜好において先鋭的なセンスを持っている人のことであり，自分の消費行動に責任を持とうとする消費者のことでもある。2013 年の FIFA ワールドカップブラジル大会で日本は惨敗を喫したが，試合後に会場のゴミ拾いをする日本サポーターに称賛の声が挙がった。ヒップなスポーツ革命の発信地は日本なのかもしれない。

■ Fig.1.2.1　スポーツ参加者とスポーツファンの境界線

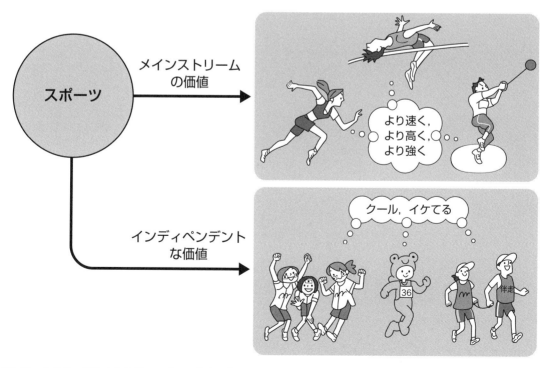

■ Fig.1.2.2　新しいスポーツムーブメント

2.3 スポーツ生産/消費のサイクル理解

ところで，今日いうスポーツ消費者は，自家生産物としてのスポーツ活動を自家消費する人だけを指すわけではない。スポーツはその生産の過程でさまざまな価値を生み出す。スポーツに経済学的な関心が注がれるようになったのは，スポーツ活動自体の価値（最終生産物）に限定することなく，それらをプロモートし，組織化することに関与するすべての生産物を市場評価した場合，巨大なマーケットが形成されることに気づいたからである。スポーツ組織が投資するスポーツはそれらを包括した「スポート（sport：単数）」であって（ちなみに「スポート」は日本語として馴染まないため，本書では「スポーツ製品（ないしスポーツプロダクト）」と表現している），個々の「スポーツ（sports：複数）」ではない。もしその企業がビジネス向けの製品を製造しているならば，標的市場は最終消費者ではなく，「ビジネス消費者」である。

まず，あるスポーツ組織がスポーツサービスを生産するためには，必要なスポーツ資源（プロダクト1）を外部から調達（購入）することになる。次に，そのスポーツ組織が生産したスポーツサービス（プロダクト2）が最終消費者によって購入される。最終消費者によって自家生産され同時に自家消費されるのが，スポーツ活動（プロダクト3）である。そして，提供（販売）されたスポーツサービスがハイレベルのスポーツイベントであるような場合，そこに新たな価値（情報価値など）が生じる。それはメディア企業なりスポンサー企業なり旅行会社なりが購買したいと思う製品になる。すなわち，最終消費者の自家生産物であるスポーツ活動は，時に放送用のコンテンツとして，あるいは企業のイメージアップ製品として，またはツーリズム商品として，別のビジネス消費者に対して再販売が可能となるのである。それらは新しいサービス生産のアイデアとして再資源化され，その価値が最終消費者へと循環する。

2.4 ビジネス消費者のいろいろ

ビジネス消費者は，人，モノ，カネ，情報といった資源の性質に応じて類別できる。「人的資源の購買者」としては，プロの球団やスポーツイベント会社，人材派遣・斡旋会社のほか，プロスポーツ選手の代理業務を行うマネジメント会社があったり，代理人がいたりする。「物的資源の購買者」には，スポーツサービスを提供しているあらゆる組織が含まれる。特殊な例として，接待用にスタジアムの特別室（ボックスシート）を購入する企業もある。スポーツツーリズム商品を販売している会社などは，ツーリスト輸送のオプション購入は避けて通れない。

スポーツ企業は資金調達のため金融機関から融資を受ける「財務資源の購買者」である。スポーツ企業の株式や債券などに投資する人々のほか，買収や経営権の取得を目指す投資ファンド，チケット販売業者やチケットブローカーも同じ範疇のビジネス消費者である。「情報資源の購買者」としては，政府や自治体がスポーツイベントの企画や公共スポーツ施設の管理運営を民間の会社やクラブに委託するケースなどがあり，また，スポーツイベントを放送する権利を購入するメディア企業やスポンサーシップ製品を購入する企業がある。選手やチームと肖像権利用契約やライセンス（商標使用権）契約を結んだり，スポーツ施設とネーミングライツ（命名権）の取引をしたりする企業や，その相談にのったり代理を行ったりする会社もある。

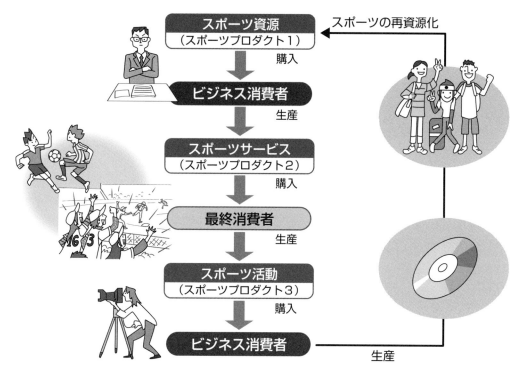

■ Fig.1.2.3　スポーツの生産過程と消費者類型

購入タイプ	購入ケース	具体的なビジネス消費者
人的資源の購入	・スポーツ選手との契約 ・監督，コーチ，審判員の雇用 ・インストラクター，トレーナーの確保 ・プロ契約の代理業務	・プロ球団，スポーツクラブ ・スポーツイベント会社 ・人材派遣・斡旋会社 ・マネジメント会社，代理人
物的資源の購入	・施設・設備の使用料 ・用具，アパレル，プロモーション用品 ・施設のメンテナンス，用具の修理 ・輸送チャネルのオプション	・スポーツサービスを提供しているあらゆる組織 ・ボックスシートの購入企業 ・ツーリズム商品の販売会社
財務資源の購入	・金融機関からの融資 ・スポーツ事業の証券化 ・株式・債券投資 ・チケット流通	・スポーツ企業 ・一般投資家 ・投資ファンド ・チケット販売業者
情報資源の購入	・スポーツ施設の運営ノウハウ ・スポーツイベントの放送権 ・肖像権利用やライセンス契約 ・ネーミングライツの取引	・政府や自治体 ・メディアやスポンサー企業 ・経営コンサルティング会社 ・広告代理店

■ Fig.1.2.4　資源の性質に応じたビジネス消費者

3. スポーツ取引の形態

3.1 フリーエージェント社会とスポーツ

これまでのスポーツ社会においては，スポーツ組織の提供する「サービス」の庇護を受けてさまざまな価値が実現されてきた。そこでは，スポーツの大規模生産を可能とする「資産」のみがスポーツ資本とみなされ，プレーヤーの所有する体力や身体的スキルなどの「人的資本」が顧みられることはあまりなかった。したがって，たとえスポーツそれ自体を動かしているのは自分だと強く意識している人々がいたとしても，彼らはみな「消費者」としての地位に甘んじていなければならなかった。スポーツ選手に「オーガニゼーション・マン」（Whyte, 1956）としての価値観（美学）を押しつけ，必要以上の犠牲を強いてきた背景もここにある。

しかし現代は，「フリーエージェント社会」（ピンク，2014）という言葉が象徴するように，従来の画一的な価値観やルール，システムに縛られることなく，自分のニーズや希望に応じて仕事の仕方を決めることが尊ばれる時代である。スポーツ選手が自己の身体的スキルやブランドに一定のレンタル価値を付与し，それらを「市場」という交換のネットワークに主体的にさらすなどの考えは，そうした流れの典型である。これは何も選手に限られたことではない。一般のスポーツ参加者やスポーツファンであっても，特定の組織に囲い込まれている必要はなく，自分にとって望ましいプロジェクトを主体的に選別していけばいいのである。こうなるとスポーツマネジメントも，「パトロン（庇護者）－クライアント（依頼人）関係」から「プリンシパル（本人）－エージェント（代理人）関係」へとパラダイム転換せざるを得ない。

3.2 スポーツ共同体とスポーツ市場

前述のようなパラダイム転換には，1人ひとりのプレーヤー（一般市民も含めた生産主体）に強い交渉力が必要である。しかし現実のスポーツ界は，「稼げるプレーヤーが所属チームにお金を落とし，稼げないプレーヤーの食い扶持を賄う」式の「所属型システム」（松井，2016）が幅を利かせている。特に日本のように，「体育会系的」と形容される閉鎖的なスポーツ共同体が数多く存在する社会では，個々のプレーヤーがそれぞれ独立してスポーツ市場で取引するような形態，つまり「契約型システム」への移動はそれほど容易ではない。上意下達型の縦社会の中でひたすらスキルの錬成に励むという特異なスポーツ生産に従事することが，時に不祥事の原因になったりする。これでは本当の意味での「プロフェッショナル組織」はつくれない。

今日のスポーツ社会はグローバル化が進み，スポーツ共同体からスポーツ市場への移動に以前ほど抑止力は働かなくなった。しかしその分，トッププレーヤーの契約金が高騰してスポーツ界全体の発展に支障が生じたり，一部自制の利かない選手が新たな不祥事を起こしたりするケースも増えてきている。オーケストラを対象とした山下（2016）の研究によれば，真にプロフェッショナリズムを持つ者は「自分の所属する組織ではなく，専門性に担保された専門家集団を準拠集団とし，仕事におけるアイデアと判断の拠り所としている」わけであるが，同時に「セルフ・マネジメント」の能力も高いことが指摘されている。スポーツとて同様であろう。

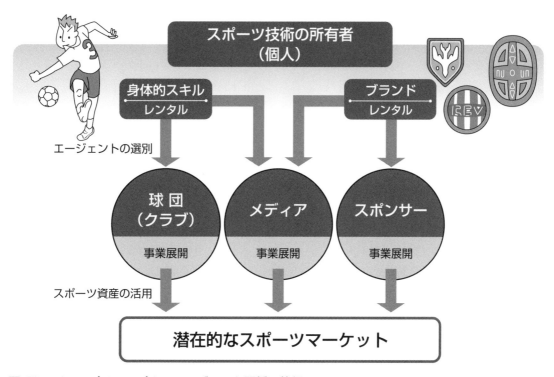

■ Fig.1.3.1　プリンシパル－エージェント関係の枠組み

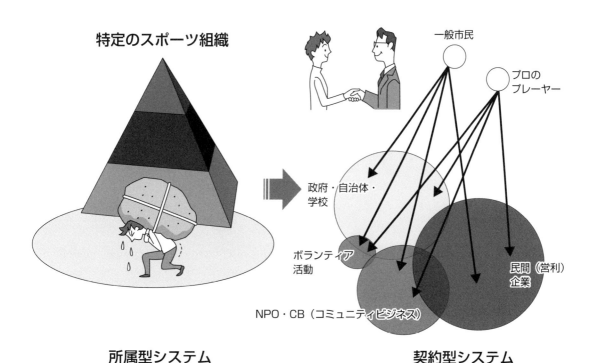

■ Fig.1.3.2　所属型システムから契約型システムへ

3.3 スポーツ取引の多様化

　スポーツ生産は，実際にはその多くが市場取引に依存している。「協働的スポーツ生産」という理念を実現させるためには，価値のやりとり全体の構造について理解しておく必要がある。それは「スポーツプロダクトの売買プロセスをつくりあげる相互作用の集合」といった意味のものであり，ここでは「スポーツ取引」と表現する。これに関与する組織や個人は，自身が所有しているスポーツ資本（金融資本，象徴資本，技術資本などさまざまなものがある）を特定の価値に変更することを要求し，相互に妥協可能な条件を見つけようとして交渉する。前述したプリンシパル－エージェント関係の枠組みもその一過程である。

　取引主体が組織である場合，目的とするスポーツの生産過程に応じて多様な取引の場（市場）が生成する。まず，諸資源をうまく結びつけ，採算のとれるスポーツ生産にするために，「スポーツスポンサー市場」での交渉が必要である。次に「スポーツ消費者市場」に向けて，イベント，クラブ，スクールなどのスポーツサービスを前売りする。その際，一般には競争者（競合組織）との差別化が図られ，それが訴求ポイントにされる。また，「良客が良客を呼ぶ」ということもあり，サービスの品質を維持するため顧客継続（会員資格など）に条件をつけるなどもある。実際のスポーツ生産をより魅力的に演出するためには「スポーツ選手市場」との交渉が欠かせない。また，「生産即消費」といった一過性のスポーツ活動が，確かな製品として存在することを証拠づける（印象づける）ためには「スポーツメディア市場」への協力要請がいる。

3.4 スポーツ産業の動態的分析

　スポーツ取引は，取引主体の組み合わせによって4つの部分集合に分けることができる。すなわち，売り手と買い手の双方が企業（B：business）である場合（B to B），売り手が企業，買い手が生活者（C：consumer-citizen）である場合（B to C），売り手が生活者，買い手が企業である場合（C to B），そして，売り手と買い手の双方が生活者である場合（C to C）である。なお，生活者には最終（一般の）消費者だけでなく，選手やコーチなど，スポーツの生産者としての意識の高い個人も含まれる。こうしたパターン構成は，一般にネット上のバーチャルビジネスなど，現代の新しいビジネスモデルや戦略を検討する際に有意義であると考えられている（森田，2007）。有形財（モノ，場所）の生産を中心としたものから，無形財（サービス，情報，権利）の取引に大きくシフトしつつあるスポーツにおいても同様であろう。

　スポーツ取引のパターンが多様化してきているということは，スポーツの産業構造が〈製造－卸－小売り〉などのように単純化して考えられなくなったということでもある。その構造はもともと有形財を中心にしたものであるが，現在では「卸売り」「小売り」のほか，「直接販売（直販）」「転売」「個人間売買」「買い取り」など多様な形態が見られる。そこに無形財が加わると，「業務請負」「賃貸（レンタル）」「会員登録」のような新たな分類が発生してくる。さらに近年では，メディアスポーツの巨大化に伴って，「映像・データ制作」「放送」といった個々のサービス行為自体や，「協賛」などの企業戦略もスポーツ取引の特殊な形態として認知せざるを得なくなってきた。これらの組み合わせからより詳細なスポーツ産業の動態がわかる。

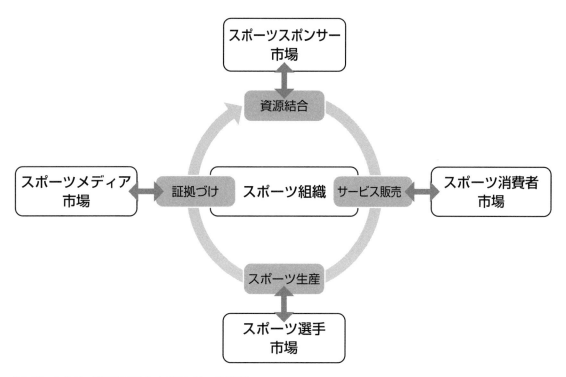

■ Fig.1.3.3　市場取引の中のスポーツ組織

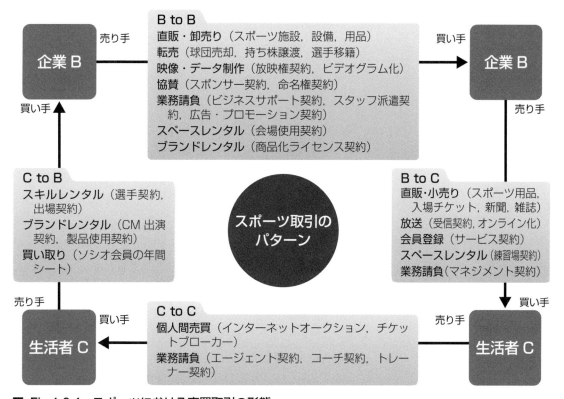

■ Fig.1.3.4　スポーツにおける売買取引の形態

第2章 スポーツ組織のドメイン

1. スポーツ産業セグメンテーション

1.1 スポーツ産業の経済規模

　今日，スポーツはビッグマネーを生み出す一大産業である。アメリカのオレゴン大学の研究者たちの試算によると，2019年に全世界のスポーツ産業で生産された製品の総産出額は約335兆8,000億円である（Best and Howard, 2022）。この試算において，スポーツ産業は以下の3分野に分けられる。すなわち，①スポーツ観戦，②スポーツ参加，③スポーツ製品に関する産業である。スポーツ観戦にはプロスポーツ，オリンピック，FIFAワールドカップなどのスポーツイベント関連のビジネスに加え，スポーツに関するデジタルメディアやエンターテインメントも含まれ，その規模は約85兆円である。次に，スポーツ参加は人々が競技スポーツ，フィットネス，アウトドアレクリエーションに取り組む際の経験的なプロダクトを対象としており，その産出額の合計は約110兆5,000億円である。さらに，スポーツ観戦とスポーツ参加はともにスポーツウエア，用品・用具，医学・健康関連製品などによって支えられており，こうした有形のスポーツ製品の産業規模は最も大きく約140兆3,000億円に上る。サブスクリプション，eスポーツ，ウエアラブルデバイス，Xスポーツ用品・用具などは比較的新しいビジネス領域であり，デジタルトランスフォーメーションが進むなか，今後，さらなる成長や進化が期待される。

1.2 スポーツビジネスとは何か

　スポーツビジネスとは，「スポーツを商品化し，その価値の増殖を図る組織的または個人的な営み」である。組織的な営みとは，具体的には選手や職員を雇用し十分な賃金を払うことのできる労働市場を形成するとともに，魅力あるスポーツ製品の提供を通じて賃金の支払い原資となる売上を確保できる事業のことである。特にプロスポーツビジネスは，現代社会で最も成功を収めた事業の1つに数えられる。アメリカの4大プロスポーツとヨーロッパサッカーに所属するチームの売上ランキングによると，上位20チーム中，11チームがアメリカのチームであり，残りの9チームがサッカークラブである（Forbes, 2023）。プロスポーツをビジネスとして成り立たせる収入源はチケット収入，テレビ放映権収入，スポンサー収入，ライセンスグッズ収入などであり，こうして集めた資金が選手年俸やクラブ経営の営業経費などへの支払いに充てられる。例えば，パリ・サンジェルマンのようなビッグクラブともなると，選手年俸も桁外れであり，キリアン・エムバペ選手1人に年間145億円も支払われている（Forbes, 2023）。彼はクラブからの年俸以外にも，複数のスポンサー企業から総額29億円を獲得しており，プレーのみならず「個人事業主」としても成功している。

スポーツ産業における製品の総産出額の合計（世界全体）：約335兆8,000億円

スポーツ観戦 85兆円			スポーツ参加 110兆5,000億円			スポーツ製品 140兆3,000億円		
スポーツ イベント 28.2兆円	デジタル メディア 14.8兆円	エンター テインメント 42.0兆円	競技 スポーツ 22.8兆円	フィットネス 30.2兆円	アウトドア レクリエーション 57.5兆円	スポーツ ウエア 51.2兆円	スポーツ 用品・用具 74.0兆円	医学・健康 関連製品 15.1兆円
入場料	ネット広告	スポーツ ベッティング	屋外競技 スポーツ	フィットネス・ 運動	ウォーター スポーツ	スポーツ シューズ	競技 スポーツ 用品・用具	スポーツ医学 関連製品
放映権	サブスク リプション	eスポーツ	屋内競技 スポーツ	コーチング	スノー スポーツ	スポーツ アパレル	アウトドア スポーツ 用品・用具	健康 関連製品
協賛金		ファンタジー スポーツ	ユース スポーツ	トレーナー	ハンティング・ フィッシング	ウエアラブル デバイス		スポーツ セラピー
ライセンス 収入		ビデオゲーム		パーソナル ジム	馬術		Xスポーツ 用品・用具	スポーツ栄養
		スポーツ収集品			キャンプ			
スタジアム・ アリーナ建設		スポーツバー						

（※1ドル＝145円）

■ **Fig.2.1.1　スポーツ産業の経済規模**（Best & Howard, 2022 より）

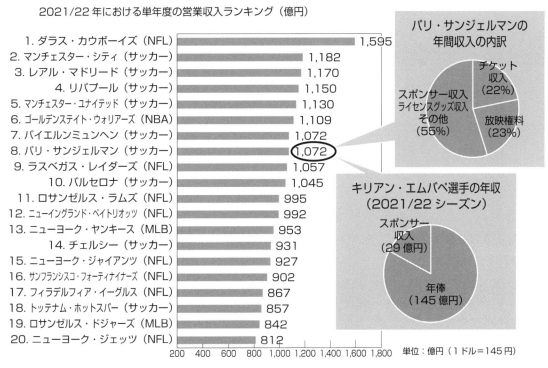

2021/22年における単年度の営業収入ランキング（億円）

1. ダラス・カウボーイズ（NFL）　1,595
2. マンチェスター・シティ（サッカー）　1,182
3. レアル・マドリード（サッカー）　1,170
4. リバプール（サッカー）　1,150
5. マンチェスター・ユナイテッド（サッカー）　1,130
6. ゴールデンステイト・ウォリアーズ（NBA）　1,109
7. バイエルンミュンヘン（サッカー）　1,072
8. パリ・サンジェルマン（サッカー）　1,072
9. ラスベガス・レイダーズ（NFL）　1,057
10. バルセロナ（サッカー）　1,045
11. ロサンゼルス・ラムズ（NFL）　995
12. ニューイングランド・ペイトリオッツ（NFL）　992
13. ニューヨーク・ヤンキース（MLB）　953
14. チェルシー（サッカー）　931
15. ニューヨーク・ジャイアンツ（NFL）　927
16. サンフランシスコ・フォーティナイナーズ（NFL）　902
17. フィラデルフィア・イーグルス（NFL）　867
18. トッテナム・ホットスパー（サッカー）　857
19. ロサンゼルス・ドジャース（MLB）　842
20. ニューヨーク・ジェッツ（NFL）　812

パリ・サンジェルマンの年間収入の内訳
- チケット収入（22%）
- 放映権料（23%）
- スポンサー収入 ライセンスグッズ収入 その他（55%）

キリアン・エムバペ選手の年収（2021/22シーズン）
- スポンサー収入（29億円）
- 年俸（145億円）

単位：億円（1ドル＝145円）

■ **Fig.2.1.2　スポーツビジネスの実態**（Forbes, 2023 より）

1.3 スポーツのコアビジネスとノンコアビジネス

　日本でスポーツビジネスという用語が使用されだし，制度的発展の下地が出来上がったのは1980年代だと思われる（21世紀スポーツ大事典，2015）。そのきっかけはフィットネスクラブやバブル期の経済状況を反映した多様なレジャー活動のブームである。通商産業省（現経済産業省，1990）が初めて試みたスポーツ産業の体系化によれば，スポーツビジネスは「スポーツ製造業」「スポーツスペース業」「スポーツサービス業」の3つに分類されている。スポーツ製造業は，スポーツ用品，スポーツ機器など，スポーツ生産に必要な「モノ」に対応した業種である。スポーツスペース業は，スポーツ施設の建設，開発など，スポーツ生産に必要な「場」に対応した業種である。スポーツサービス業は，スポーツ施設運営，スポーツスクール，スポーツ人材派遣，スポーツイベント，スポーツジャーナリズム，スポーツ情報ネットワークシステム，スポーツ旅行，スポーツ保険，スポーツ用品レンタル，等々，スポーツ生産に必要な「サービス」に対応した業種である。現代ではこれらを統合する主力産業がプロスポーツに移った感があるが，スポーツの「コアビジネス」がこの3領域によって形成されることに変わりはない。ただ，フィットネス産業中心の時代と比べ，スポーツ生産を直接目的としない企業がたまたま開催されるビッグイベントに便乗するなど，「アンブッシュ（待ち伏せ）産業」の市場拡大が目立っている。それ単独ではスポーツ製品としての意味をなさないものは，すべて「ノンコアビジネス」である。

1.4 スポーツ産業セグメントモデル

　スポーツ産業とは，「顧客に提供される製品がスポーツに関連した事業の集合」である。上述した製造業，スペース業，サービス業の複合体であるとともに，スポンサーシップや放送権，肖像権など，数々の「権利」ビジネスの複合体であることにも注意を払うべきである。この複雑な社会を生き抜く組織は，「協働的スポーツ生産」の枠組みを自らがデザインし，活動範囲（ドメイン）を明確化する必要がある。Pittsほか（1994）は，スポーツ製品の機能と買い手のタイプ（最終消費者とビジネス消費者）を意識しながら，スポーツ産業を①スポーツパフォーマンス，②スポーツプロダクション，③スポーツプロモーションの3つのセグメントに分類している。各々のスポーツ組織が，「自組織の事業は何か」を改めて問い直す上で大変示唆的である。

　スポーツパフォーマンスという産業セグメントは，スポーツ活動そのものが製品であるということを示したものである。その中心は「運動競技」であるが，個人やチーム単位でのスポーツ活動のみが市場で評価されるわけではなく，実際には「イベント」や「組織」として評価され，消費や投資の対象とされることが多い。なかには運動競技ではなく「スポーツ教育」や「フィットネス」「レクリエーション」といった活動もある。スポーツプロダクションという産業セグメントは，スポーツパフォーマンスの創出のために，あるいは品質向上のために必要視される製品である。これには「装備型製品」と「パフォーマンス産出型製品」の2種類がある。スポーツプロモーションという産業セグメントは，スポーツをプロモートするのに必要なツールとして提供される製品である。Fig.2.1.4に示したもののほか，本書では「スポーツツーリズム」「アダプテッドスポーツ」「スポーツボランティア」もプロモーション製品として取り扱っている。

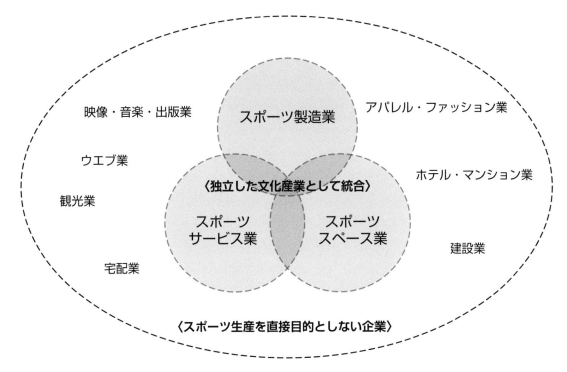

映像・音楽・出版業　　　スポーツ製造業　　アパレル・ファッション業

ウエブ業

観光業

ホテル・マンション業

〈独立した文化産業として統合〉

スポーツ
サービス業

スポーツ
スペース業

建設業

宅配業

〈スポーツ生産を直接目的としない企業〉

■ Fig.2.1.3　アンブッシュ産業の出現

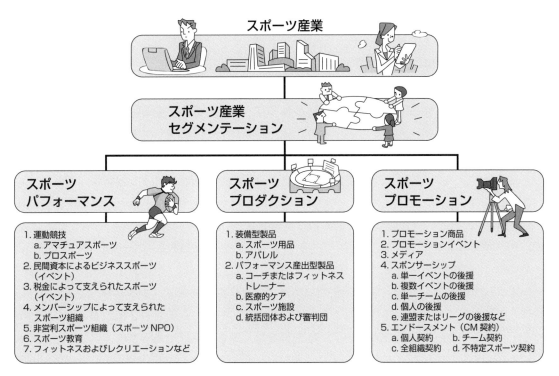

スポーツ産業

スポーツ産業
セグメンテーション

スポーツ
パフォーマンス

1. 運動競技
　　a. アマチュアスポーツ
　　b. プロスポーツ
2. 民間資本によるビジネススポーツ
　（イベント）
3. 税金によって支えられたスポーツ
　（イベント）
4. メンバーシップによって支えられた
　スポーツ組織
5. 非営利スポーツ組織（スポーツ NPO）
6. スポーツ教育
7. フィットネスおよびレクリエーションなど

スポーツ
プロダクション

1. 装備型製品
　　a. スポーツ用品
　　b. アパレル
2. パフォーマンス産出型製品
　　a. コーチまたはフィットネス
　　　　トレーナー
　　b. 医療的ケア
　　c. スポーツ施設
　　d. 統括団体および審判団

スポーツ
プロモーション

1. プロモーション商品
2. プロモーションイベント
3. メディア
4. スポンサーシップ
　　a. 単一イベントの後援
　　b. 複数イベントの後援
　　c. 単一チームの後援
　　d. 個人の後援
　　e. 連盟またはリーグの後援など
5. エンドースメント（CM 契約）
　　a. 個人契約　　　b. チーム契約
　　c. 全組織契約　　d. 不特定スポーツ契約

■ Fig.2.1.4　スポーツ産業セグメントモデル（Pitts ほか，1994 より）

2. スポーツパフォーマンス製品とスポーツプロモーション製品

2.1 製品としてのスポーツ

　スポーツとは本来「自分のからだを動かす」ということであり，このことからすれば，スポーツ製品というのは一般のモノ製品とは全然違った性格のものである。Mullin ほか（1993）はこの点に着目し，製品という観点からスポーツをとらえる場合，①無形性，②一過性，③経験的，④主観的の４つの基本特性が配慮されなければならないことを指摘している。これは「生のスポーツパフォーマンス（活動）」を想像してみれば容易に理解できる。すなわち，それは常に手で触ってみることができるようなものではないし，将来に向けて蓄えることなどもできない（在庫がきかない）。また，実際にしてみる，あるいは見てみないとわからないものであり，その経験の価値は本人の感じ方に強く依存し，あらかじめ特定化できない。このままでは市場に供することなど到底できない。形がないなら，施設や設備などの物的な要素を整え，「有形化」を試みなければならない。一過性であるなら，似たような機会がまた得られるよう，「システム化」を工夫しなければならない。経験をより確かなものにさせたいなら，適切な人員（コンタクトパーソン）を配し，顧客と（または顧客間で）の「相互作用化」を図る必要がある。さらには，顧客の主観的な価値に左右されるということであれば，彼らを「半従業員（ハーフエンプロイー）化」し，スポーツ生産の協力体制をつくっていく必要もあろう。こうした手立てが「サービス」であり，製品としてのスポーツとは，純粋なスポーツ活動にさまざまなサービス的要素が加わったものをいうのである。これらサービスのアイデアは単に「スポーツパフォーマンス製品」としてだけでなく，多様な「スポーツプロモーション製品」の拡充をも促す。

2.2 プロダクトスペースマップによる分類

　スポーツ製品は，実際のところ，自家生産物を自家消費するだけのものから，明白な「サービス財」として存在するものまで幅広い。多種多様な製品を分類，整理するために工夫されるのが「プロダクトスペースマップ」であり，個々の製品ニーズの違いや製品相互の関係を把握するのに役立つ。通常２次元で構成されることが多く，Fig.2.2.2 は①有形財－無形財（横軸）と②身体性－精神性（縦軸）を基準にしたスポーツ製品の分類例である（Shank, 2005）。

　有形財の中でもトレーニングマシンやボール，ラケット，バット，シューズなどの運動設備・用品の類は，消費者の身体活動と深く関わることから，このマップでは左上に位置付く。一方，同じ有形財でもテレビや新聞，雑誌，DVD のようなスポーツ情報製品は，消費者の精神活動と深く関わることから，マップ上では左下に表示される。さらに，無形財としての性格を強く持つスポーツ製品としては，フィットネスクラブの会員やスタジアムでのスポーツイベント観戦がある。前者は，身体活動であることが明白であり，右上に位置付けられ，後者は，精神活動としての意味合いが強いため，右下になる。なお，同じ無形財であっても，スポーツ教室やスポーツ交流などのプログラムは相対的に有形化（システム化や相互作用化も含めて）の度合いが高く，左寄りとなる。プロ選手とのスポーツ交流などは精神性の高さも無視できない。

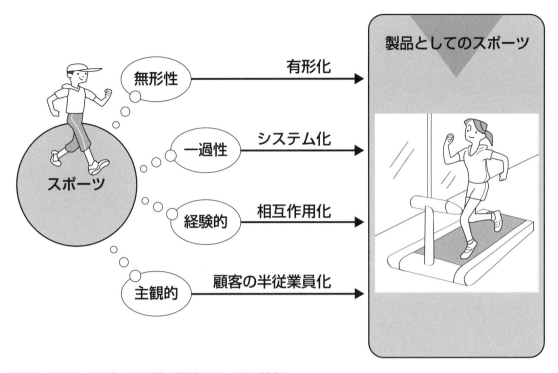

■ Fig.2.2.1　スポーツ活動の特性とサービス対応

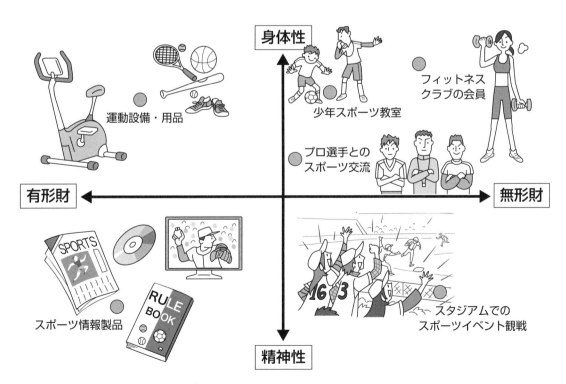

■ Fig.2.2.2　スポーツ製品の分布 （Shank, 2005 より）

2.3　スポーツパフォーマンスの製品ミックス

　Deighton（1992）によれば，一般にパフォーマンス製品と呼ばれるものは，消費内容の性質によって「現実性−空想性」が区別でき，また同時に，消費形態の違いから「受動的−能動的」の区別も可能であるという。これらを分類軸にした2次元空間に分布する4つのパフォーマンス製品には，それぞれ「スキルパフォーマンス」「ショーパフォーマンス」「スリルパフォーマンス」「フェスティバルパフォーマンス」がある。これによると，①ゴルフ，テニス，ボクシングなどの一般的なスポーツはスキルパフォーマンス，②オペラ，バレエ，プロレスなどがショーパフォーマンス，③いかだ乗り，狩猟，探検旅行などがスリルパフォーマンス，④カーニバル，クリスマス，ハロウィンなどがフェスティバルパフォーマンスに分類される。

　しかし，現在のスポーツパフォーマンス製品にはこれらすべての要素が組み込まれていると見たほうがよい。例えば，野球やサッカーの観戦を考えた場合，通常の受動的な観戦スタイルのほか，「砂かぶり席」「ライトスタンド」「ゴール裏」といった場所で特別な興奮やスリルを能動的に味わおうとする人もいる。また，始球式，電光掲示板を通じた演出，チアリーダーやマスコットによるアトラクションなどの人工的なショーパフォーマンスが試合前やイニングの間に挿入され，来場者はこれらを座席で受動的に消費する。同じ人工的なパフォーマンスでも来場者が能動的に参加する場合はフェスティバルパフォーマンスであり，ファンが一斉に飛ばすジェット風船や国歌斉唱，試合前に球場を探索するスタジアムツアーなどがこれに相当する。スポーツパフォーマンス製品では，これら4つの要素がそれぞれに独立した製品ライン（生産工程の1つのまとまり）を成し，製品ミックスの幅を広げているのである。

2.4　スポーツプロモーションの製品ミックス

　スポーツプロモーションには元来，「スポーツの普及・推進に資する諸活動の総称」としての意味がある。事実，この語がスポーツにおける政策論，組織論，ライフスタイル論などを幅広く包含する統一テーマとして使用されてきた経緯もある（例えば佐伯ほか，2006）。スポーツの産業化が今日ほど顕著でない時代にあっては，スポーツマネジメントもこの概念さえあれば事足りたのかもしれない。しかし現代では，特定のプロモーションテーマを分離，独立させ，それを自己の活動ミッションとして強く認識し，ドメインの確保を目指す組織体も目立つ。

　それらは，①価値づくりの方向性が「顧客志向−企業志向」に分化するとともに，②プロモートすべきスポーツへの関与が「直接的−間接的」に分化してきている。この2軸を使って分類すると，Fig.2.2.4のようになる。イベントプロモーションには，応援グッズをはじめ，スポーツボランティアの活用や，アダプテッドスポーツの環境整備などのような人的な支援も含まれる。スポンサープロモーションには，スタジアムのネーミングライツや多様な広告手段が見られる。地域プロモーションには，スポーツツーリズムやそれに関連した都市機能の整備などがある。メディアプロモーションの手段として，映像，プリントメディアのほか，ソーシャルメディアなどに代表されるニューメディアもある。これらの相互連携を密にし，それぞれが個別のビジネスとして無秩序に拡散するのを防ぐことは，今日的製品ミックスの課題である。

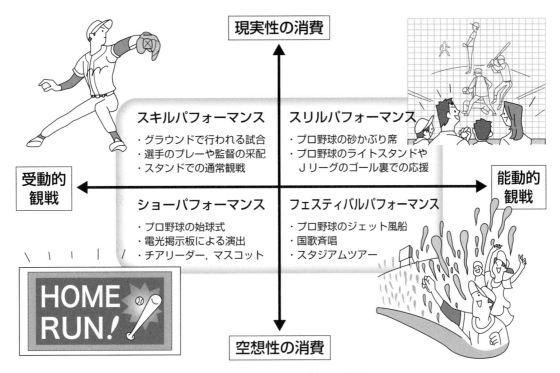

■ Fig.2.2.3　観戦者から見たスポーツパフォーマンス製品の構成

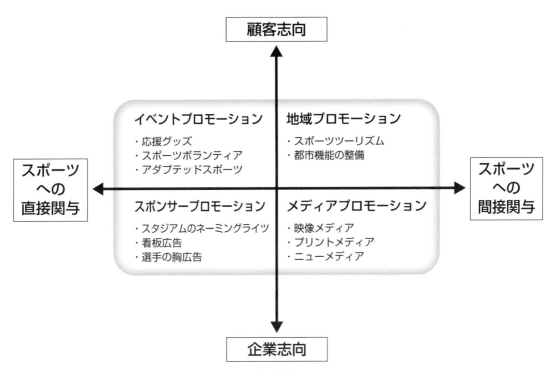

■ Fig.2.2.4　スポーツプロモーション製品の方向性

3. グローバルスポーツとローカルスポーツの棲み分け

3.1 スポーツ価値のポートフォリオ

　スポーツの中には，より多くの人に受け入れられるものもあれば，特定の愛好家をターゲットにしなければ生き残りが難しいものもある。また，ビジネス的観点からすれば，人気（需要）が上昇傾向にあり，今まで以上に投資コストがかかるものもあれば，需要が安定し，コスト削減が可能なものもある。つまり，スポーツ組織はどのスポーツの生産に対しても同じような資源配分が可能というわけではなく，その機動性と投資効率を重視しなければならないのである。この考えは一般にいう「プロダクト・ポートフォリオ・マネジメント（PPM）」に一致する（アベグレンほか，1977）。「高シェア－低シェア」と「高成長－低成長」の組み合わせによるポートフォリオマトリックスの4つのセル上に位置するスポーツは，それぞれ「花形製品(star)」「金のなる木（cash cow）」「問題児（problem child）」「負け犬（dog）」と名付けられる。

　花形製品にはオリンピックやFIFAワールドカップ，メジャーリーグなど，主にその価値がグローバルに認められたスポーツが位置する。施設や選手への投資がかさみ，資金フローは自足的になりがちである。金のなる木は特別に拡張資金を必要としないため収益率が高い。大相撲やプロゴルフ，プロ野球の一部人気球団などが位置する。問題児は市場の成長性は高いが，競争力が低く組織も弱体であるスポーツである。従来の男女間の壁を取り除いて進出する女子の野球，サッカー，ラグビー，あるいは，リーグ統合に苦慮する日本のバスケットボールなどがこれに入る。さらに，「公共財」の性格を持つスポーツは負け犬だからといって簡単に整理・撤退が許されない。全国には，地域密着型の経営（選手や資金のやりくり）を徹底させることによって躍進するハンドボールチームがあったり（琉球コラソン），アイスホッケーによるまちづくりを「ふるさと納税」の使い道として提示する地域などがあったりもする（北海道清水町）。

3.2 スポーツ製品の進化パターン

　スポーツは消費者の立場から見れば1つの「遊」空間製品であり，それは常に時間の経過と共に変化（進化もすれば後退や淘汰も起こる）している。高橋（1992）は技術とコンセプトの新旧から，そのパターンを「分岐型（進化）商品」「系統型（進化）商品」「適応型商品」「変異型商品」に分類している。これに倣えば，ウエークボードやスポーツクライミング，ヒップホップなどのニュースポーツ（フィットネス）は技術が新しく，コンセプトも新しい。すなわち分岐型の進化製品である。野球，サッカー，バレーボール，テニスといった伝統的なスポーツはみな技術は新しく，コンセプトは古い。したがって系統型の進化製品である。

　一方，ラジオ体操や綱引きなどは技術とコンセプトの両方が古い。これでは進化は不可能であるが，環境に最低限の適応をしていくことは可能である。コンセプトは新しいが，技術は古いという場合は，変異である。現在多くの人々に親しまれているウオーキングやジョギングは「歩く」「走る」の技術はそのままに，異なるイメージを持たせたものである。スポーツのローカルな価値づくりは，実は進化とは無縁な適応型ないし変異型製品に支えられる場合が多い。

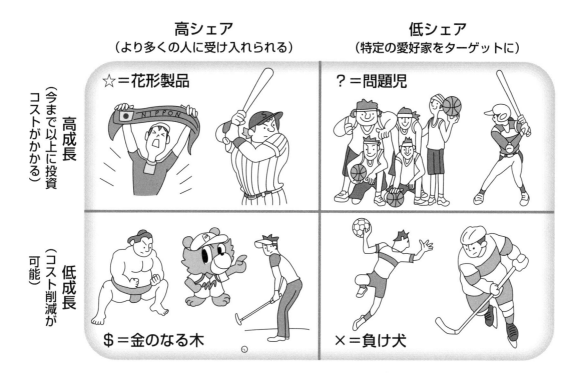

■ Fig.2.3.1　ポートフォリオマトリックス上のスポーツ

■ Fig.2.3.2　進化論的発想によるスポーツ価値の創造

3.3 ビジネス的交換と互酬性規範

　スポーツ価値の方向性は，大まかにいって「グローバル化」と「ローカル化」の２つに分かれる。人やモノ，カネ，情報が軽々と大量に国境を越える時代であり，スポーツ組織が自らの活動領域（ドメイン）をグローバルスポーツに設定する動きが顕著である。そもそもスポーツ自体の価値（卓越性の例証）がグローバル性を持っていることもあるが，それを資本化し「交換」のネットワークにさらすことができるようになったのが最大の原因である。プロスポーツ組織が活発に形成されることがそれを裏付けている。交換とは，ある個人や組織Ａがほかの個人や組織Ｂに資源やサービスを提供する場合，Ｂはそれにふさわしい（等価的な）返報の義務を負い履行するということである。これが市場における最も適応的な行動基準なのである。

　一方，スポーツの価値は上述のように当事者間に厳密な等価性が期待されなくても実現できるという見方も有力である。つまり，自分が資源やサービスを与えた相手ではない別の行為者Ｃから返報される場合（間接交換）もあるわけであり，そうした信頼感に基づく緩やかなネットワークのほうが長期的にはより効果的な協調行動を促進することにつながりやすい，という考え方である。これがローカルスポーツの行動基準であり，パットナム（2006）のいう「互酬性規範」に相当する。すべてのスポーツ組織が，分散した任意のビジネス的（直接）交換を根本原理とした，グローバルな空間の中に生存領域を確保することなどはきわめて難しい。「お互いさまの支えあい」は厳しい競争環境を生き抜くプロスポーツの戦略にさえなっている。

3.4 地域におけるスポーツ共生の実際

　地域にはさまざまなスポーツが共生する。そもそもローカルスポーツの原点は，住民それぞれが地域への帰属意識を持ち，自由に創造力を発揮するところにある。基本的には「少量多品種生産」である。そうした生産体制を効率化するため，今日では組織コストを極力抑えた（行政依存から脱した）自前主義（受益者負担）が本流となっている。しかし，閉塞状況を打破し活性化させようとすればどうしても資源不足となりがちである。地域スポーツに対する住民ニーズの中には高品質化を目指すものもあり，トップスポーツやそれにつながるユーススポーツを育成したいと思えば，実際のところそれなりの組織コストがかかる。また，アダプテッドスポーツなどは「補償的平等」という立場から受益者負担は小さくしなければならない。こうした多様性を処理しきれない地域はその負荷の一部をプロスポーツ組織に委託することもある。

　プロスポーツはもともとビジネス的交換で成り立っており，地域スポーツのように互酬性をベースとした継続的な関係性を前提としていない。１回ごとの取引で完結するものであり無限に開かれた性格を持つ。共同体のあらゆる境界を越えてグローバルに広がっていくものである（広井，2009）。しかしそれゆえに足下がおぼつかないこともあり，「地域密着」という名のもとにローカライズ戦略が各地で繰り広げられる。これが地域を変えたいという住民側のイノベーションニーズとマッチし，当該地域のスポーツを新しくブランディングすることに成功するケースも少なからずある。そこに本来のローカルスポーツと効果的な相互依存関係が樹立されればいいが，特定チームへの帰属意識を高めるだけのものになってしまっては元も子もない。

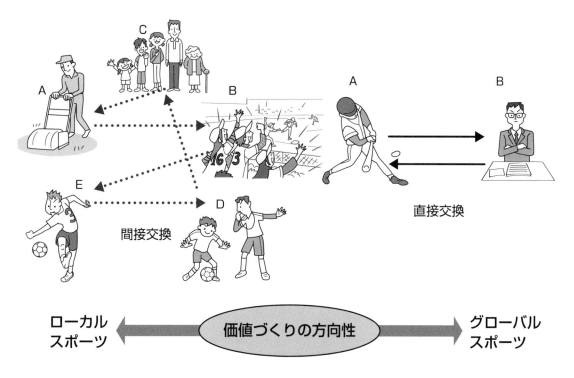

ローカル
スポーツ　◄━━━━━━━ 価値づくりの方向性 ━━━━━━━▶　グローバル
スポーツ

■ Fig.2.3.3　社会的交換の 2 類型とスポーツ活動の領域形成

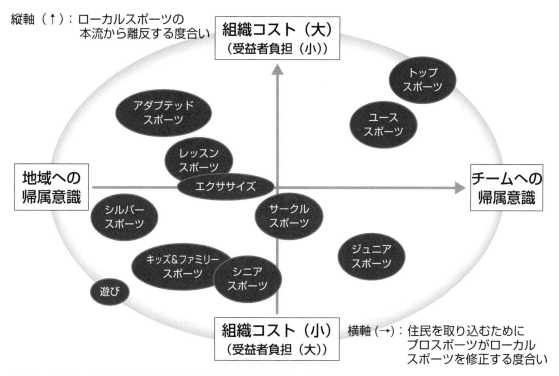

縦軸（↑）：ローカルスポーツの
　　　　　　本流から離反する度合い

組織コスト（大）
（受益者負担（小））

トップ
スポーツ

ユース
スポーツ

アダプテッド
スポーツ

レッスン
スポーツ

エクササイズ

地域への
帰属意識　◄━━━━━━━━━━━━━━━━━━━━━▶　チームへの
帰属意識

シルバー
スポーツ

サークル
スポーツ

キッズ&ファミリー
スポーツ

シニア
スポーツ

ジュニア
スポーツ

遊び

組織コスト（小）
（受益者負担（大））

横軸（→）：住民を取り込むために
　　　　　　プロスポーツがローカル
　　　　　　スポーツを修正する度合い

■ Fig.2.3.4　地域スポーツのプロダクトスペースマップ

第3章

スポーツの顧客づくり

1. スポーツの製品化プロセス

1.1　市場バラエティと製品戦略

　スポーツ組織は顧客のニーズを満たすスポーツ製品を開発し，提供することにさまざまな工夫を凝らす。スポーツの製品化に関わる意思決定（製品戦略）は，企業としての収益力，安全性と成長性を大きく左右する重要性を持っている。まず顧客ニーズの多様性（市場バラエティ）をどうとらえるかであるが，野中（1974）は「異質性」と「不安定性」の2次元による類型化を試みている。異質性とは市場の空間的な多様性であり，「市場細分化」「顧客の地域差」「顧客の選好の多様性」などを指標として測定できる。不安定性とは市場の時間的な多様性であり，「顧客の忠誠度の低さ」「競合組織の多さ」「顧客の移り気の早さ」などによって測定できる。

　これらをマトリックス化すれば，「同質・安定」「同質・不安定」「異質・安定」「異質・不安定」の4類型が出来上がる。製品戦略は原則的に，同質性の高い市場においては一定の顧客層を対象にした戦略（集中化ないし無差別マーケティング）が適合的である。異質性の高い市場においては細分市場にきめ細かく対応する戦略（差別化マーケティング）が適合的である。そして，安定した市場では基本サービスのみによるルーチンワーク（単一属性製品）が可能であり，不安定な市場では付加的なサービスを豊富に用意すること（多属性製品）が必要となる。

1.2　快楽消費のロジック

　スポーツ製品の多属性化を考える場合，スポーツ消費者の行動を「快楽消費」という観点からとらえ直す必要がある。従来のスポーツ消費者行動モデル（山下ほか，2005，2006を参照）のように，消費者がいかにして情報処理し，選択・購買に至るかという一連の流れを理解したところで，なぜ，かくも多様な製品属性が必要となるかがよくわからないからである。今日的な顧客づくりは単純な情報チャネル政策を意味していないのである。なお，ここでいう快楽とは「主観的に（当人にとって）望ましい感情を経験すること」（堀内，2004）である。

　スポーツにはその根源的な欲求として，「アゴン（競争）」「アレア（運）」「ミミクリ（模倣）」「イリンクス（めまい）」があることがよく知られている（カイヨワ，1970）。しかし，消費者は他者と競争したいとか，幸運をつかみたいとか，誰かに変身したいとか，あるいは，めまいを起こすほど興奮したいなどとは必ずしも思っていない。身体による自由の表現を素朴に楽しんだり，心地よさを感じたり，仲間と気楽に会話を楽しんだり，「からだにいい」とか「好ましいことをしている」と感じたり，時にはハラハラしたり，ワクワクしたり，元気づけられるなど，ささやかな楽しみや喜びを自分なりに見つけてスポーツの場に足を運ぶことのほうがはるかに多い。自分の欲求に従って自然な快楽を選べるのが現代のスポーツ製品なのである。

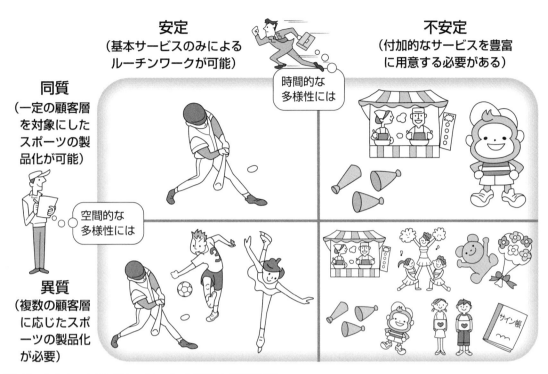

■ Fig.3.1.1　市場バラエティの4類型と製品戦略

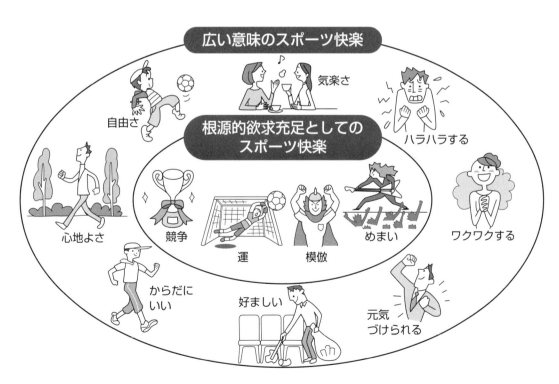

■ Fig.3.1.2　スポーツ消費者が経験する感情

1.3 ベネフィットの束

消費者は個々それぞれに，そのスポーツは「こうだと自分に具合がいい，こういう感じがよい」というふうに，自分にとっての利益（ベネフィット）を思い描く。それらを実際のサービスに反映させることによって，スポーツ製品概念はどんどん拡張していくことになる。それは，次の5つのレベルからなる「顧客価値ハイアラーキー」（Kotler，2000）として説明できる。

まず，顧客たちが何を買っているのかということを最も原初的なレベルで考えてみる必要がある。スポーツ消費者が求める多様な感情経験（快楽）がそれに相当するわけであり，これが「中核ベネフィット」となる。ただ，それらはいずれも触知不能な顧客の価値であり，消費者の購買を引き起こすためには，何らかの実在する形によって示すことができなければならない。こうして中核ベネフィットは「基本製品」に転換されることになる。しかし，それらを何の色づけもしないで市場に出してもなかなか買い手がつかない。したがって第3のレベルでは「期待製品」を用意しなければならない。つまり，消費者がそのスポーツを買い求める時に通常期待するであろうと思われる，さまざまな属性や条件を組み合わせて市場に出す必要がある。

第4のレベルは，消費者の期待をさらに上回る「膨張製品」である。これは，本来のスポーツ活動には直接関係しない付加的なサービスである。競合するほかのスポーツ製品との差別化を意図したり，顧客の満足をより膨らませたりするために必要となっている。そして，第5のレベルに「潜在製品」がある。このレベルは将来的に拡張し得る新たな機能のすべてを含む。一時のサプライズ的なサービスが将来，期待ないし膨張製品になることもあり得るわけである。

1.4 顧客満足への対応

マーケティングマネジメントの分野には，顧客満足を，サービス購入前の期待と購入後のパフォーマンス（実際の性能）の評価関数としてとらえる考え方がある（嶋口，1984）。サービス属性が多数に及ぶ場合，「満足－不満足」のリニアモデルでは効率的な対応ができないからである。もし各属性を Fig3.1.4 のような顧客満足の概念的空間に位置付けることができるならば，それぞれに応じた戦略代替案が導きやすくなる。すなわち，「Ⅰ.不満足空間」に位置するサービスは期待が高くパフォーマンス評価が低いわけであるから，「改善」と同時に「無関心化」の戦略も選択できる。「Ⅱ.満足空間」では，すでに十分な期待と高い評価が得られているのであるから，その「維持」が基本であるが，「表層機能強化」などの戦略もあってよい。また，「Ⅲ.潜在的不満足空間」にあるようなサービスについては「パフォーマンス・期待強化」が必要である。しかし本来不満足でありながら，もともと期待も低いわけであるから，それが顕在化していないわけである。したがって「低プライオリティ」の選択もあり得る。さらに，実際には顧客満足が得られていながら顧客からあまり期待されていない「Ⅳ.潜在的満足空間」では，「期待上昇化」が図られなければならないが，その一方，「過剰削減」の戦略も取り得る。

Fig.3.1.4 には，1980年代に盛んにつくられた地域スポーツクラブの属性効用（今日の消費者ベネフィット）がプロットされている。多少過剰サービス感もあるくらい大きく膨れ上がった現代のスポーツ製品に比べ，この時代「Ⅳ.潜在的満足空間」に位置するものが全くない。

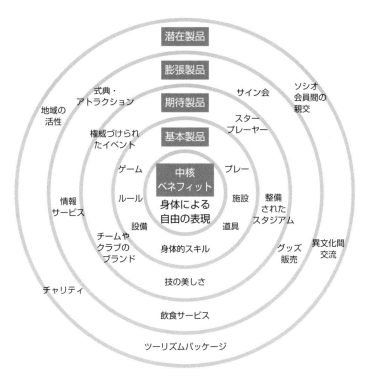

■ Fig.3.1.3　5つの製品レベル

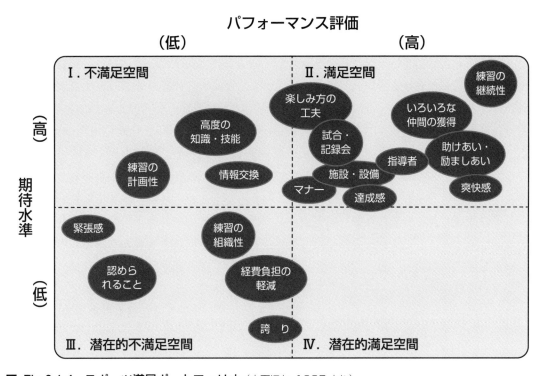

■ Fig.3.1.4　スポーツ満足ポートフォリオ（山下ほか，1985より）

2. スポーツのブランディング

2.1 スポーツのコモディティ化

　スポーツ製品を「ベネフィットの束」として拡張するということは，いうなれば純粋な意味でのスポーツ価値に一般的な製品価値を付加して膨らませるということでもある。あらゆるスポーツ組織がこの努力を画一的に続けたとすれば，結果的には似たり寄ったりのサービスばかりが増産され，スポーツ市場のコモディティ化（どのスポーツを購買しても，スポーツはスポーツという状況）が進む。こうした事態を避けるため，スポーツ組織は自らが生産するスポーツに差別的な優位性を与えることを意図して，顧客間でばらばらになりがちな価値を1つの「言語」ないし「記号」に統合しようとする。この作業がスポーツのブランディングである。

　スポーツをブランド化し，スポーツビジネスにイメージ戦略を先駆的に導入した企業にナイキ社があることはよく知られている。以来，消費者が目にするスポーツ選手のほとんどが「〈ロゴ〉の身体」（清水，2004）といわれるまでに，この戦略は広くスポーツ界に浸透している。しかし奇妙なことに，この〈ロゴ〉は街中にあふれかえり，いまではスポーツとほとんど無縁な場でも「〈ロゴ〉の身体」を目にすることができる。逆にコモディティ化（日用品化）を促進しているかのようである。かの「ナイキ」ですら，もはや製品の差別機能としてよりも，「集団幻覚」に近いとの指摘もあるくらいである（クライン，2009）。スポーツブランドは，個々の消費者の「主観的な望ましさ」をより確かなものにするためのものでなければならない。

2.2 顧客を持ったスポーツ

　ある限られたスポーツに対して消費者が偏った購買態度を示すような場合，それらのスポーツは「ブランド」として分類される。そうした「顧客を持ったスポーツ」には，消費者の快楽がある特定の製品価値と結びついている可能性が非常に高い。和田（1997）によれば，そうした価値は一般に「基本価値」「便宜価値」「感覚価値」「観念価値」からなっているという。

　基本価値とは，この価値を持たなければ製品そのものが存在し得ないといった価値である。スポーツでは自己の「身体的世界の広がり」や「身体的自由への願望を実現できる喜び」が体験できなければならない（高橋，1997）。便宜価値とは，その製品を消費するにあたって便宜性を供与する価値である。スポーツは，そのレベルさえ考えなければ，誰とでもプレーできるし，気軽に観戦も会話も楽しめる。感覚価値は，視覚，聴覚的に心地よく楽しく消費し得る値である。ナイキのスポーツシューズには「スウッシュ」と呼ばれる勝利の女神の羽をかたどったシンボルマークが入っており，消費者は格好いいと感じる。観念価値とは，製品に対して製品の品質や機能以外の「ストーリー」を付加するものである。ナイキはマイケル・ジョーダンの並外れたバスケットボール技術に目をつけ，彼をエンドーサー（自社製品の推奨者）に起用。スウッシュマークを消費者の夢ストーリーの「代用品」に仕立てることに成功した。ブランド価値は後二者によって形成されると考えられがちではあるが，スポーツは元来，基本価値や便宜価値だけでも十分な顧客確保ができる確かな文化であったことを忘れてはならない。

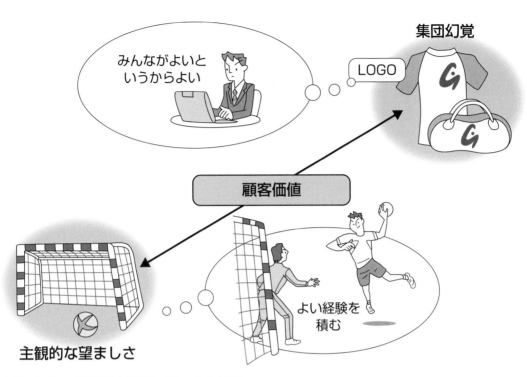

■ Fig.3.2.1　顧客価値の統合（2つの方向性）

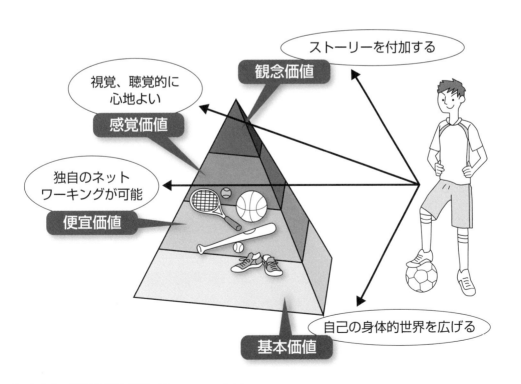

■ Fig.3.2.2　製品価値の構造（和田，1997 より）

2.3 製品の識別機能と名前の価値

　スポーツブランドとは，「特定の製品価値（前項の４つ）がシンボライズされたスポーツの名前」である。スポーツ種目名そのものがブランドとしての機能を果たしていた時代もある。しかし現代では，それは単なる製品の識別機能にすぎない。今日のような成熟した市場の中にスポーツが置かれるようになると，そのスポーツ固有の価値をどんなに説明しても，消費者はどうしても感性のほうへ走ってしまう。したがって，種目名以上の名前の価値がそこに求められる。Fig.3.2.3 にスポーツブランドとおぼしきものを例示してみた。これを見れば，発生源の事情によってさまざまなブランド化現象があることがわかる（山下，2011 に詳しい）。

　スポーツ用品に冠された商標のみならず，スポーツイベント名やそれを提供する組織，場所の名前から，スポーツ競技の統括団体名，クラブ（球団）名やサポーター名，「名品」（優れたパフォーマンス）の作者（アスリート）名，彼らの名前を使用した商品（図中の MaoMao は浅田真央ブランド）に至るまで幅広い。時にそれは，市民スポーツのブーム（グラウンドゴルフ，フラ〈ダンス〉など）であったり，地域ブランディングの手段であったりする。また，スポーツメディアやスポンサーシップの中にもスポーツブランドらしきものがある。最近では日本代表チームはみな「愛称」で呼ばれている。スポーツに独創的な名前をつけることは，最もコストのかからない顧客づくりの方法である。しかし，消費者の価値観や規範と両立しない提案は一時の「ヒット商品」を生み出すことはあっても，長くブランドとしてのステータスを保ち続けられるかどうかはわからない。スポーツブランドになるかどうかを決めるのは，あくまでも消費者の記憶に刻み込まれる名前の価値であり，それは時を超えた「感動の記憶」ともいえる。

2.4 スポーツブランドの役割

　スポーツライフの形成上，ブランドがどのような役割を果たしているかを考えてみよう。まずは，ブランド本来の役割であるスポーツ製品の「選択」ということである。消費者は，品質，信頼，特徴といった面で，望みにかなったスポーツを選んで購入する。一方，まっとうな製品選択とは別に，「遊び」としてのスポーツ消費がさまざまな形で生活の中に広がっている。それは流行としての新しさであったり，奇抜な変身，あるいは所属集団の一体感であったりする。それらは生活の変化を積極的に楽しむといった，特別な記号性を持ったブランドである。その特殊な記号性を受身的に取り入れると，また別なスポーツライフが生まれてくる。特定のブランドにロイヤルになることによって，スポーツコンプレックスの解消を図ったり，自分の好みや個性を強調したり，逆に隠してしまおうとする方向である。あるスポーツの話になると際限なく雄弁に語り続ける人々がいたり，先に紹介した「集団幻覚」に近いスポーツ製品の購入などである。一般にいう「ブランド依存症」もここに入る。いずれも，鬱屈した生活や人間関係の不安から自己を「救済」してくれるものとしてブランドの意味がある。ブランドの持つもう１つの役割は「安住」ということである。気に入った「マイスポーツ」を持つということは，安心してそのスポーツに没頭できる。多様なスポーツ製品が次々と現れる今日，購入理由をあれこれ考える必要もなく，情報スクリーニングの効果がある。

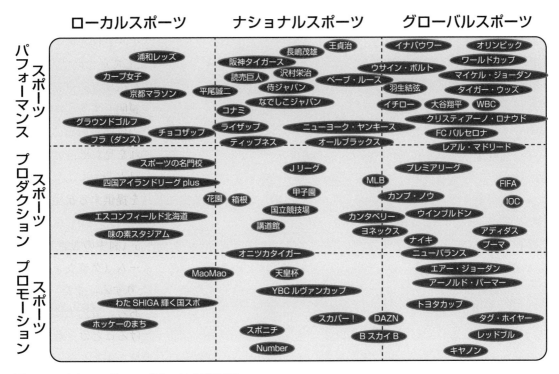

■ Fig.3.2.3　スポーツブランドの発生源

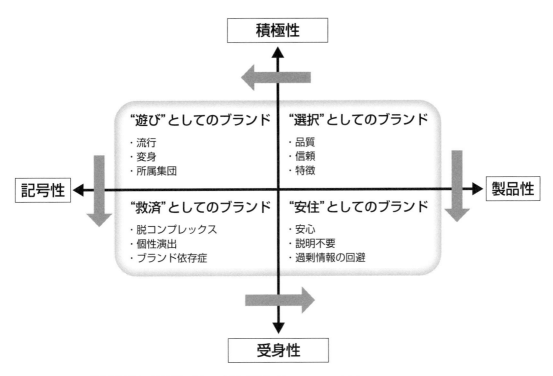

■ Fig.3.2.4　生活行動におけるブランドの役割 (鳥居, 1996 より)

3. スポーツホスピタリティのつくり方

3.1 マーケティング3.0

　スポーツは元来「モノ」ではなく，生産が不安定である。したがって，市場創造（一般にいう「マーケティング」）などの考え方はなかなか発達しなかった。それを一変させたのは1984年のロサンゼルスオリンピックであり，放送権やスポンサーシップなど「権利」製品の安定供給が可能になったことと関係が深い。「ユベロス・マジック」（広瀬，2007）といわれるこの制度はスポーツ版産業革命に値し，以来「スポーツマーケティング」という言葉が広く認知されるようになる。その実際は，スポーツイベントの主催者が各種権利製品を多数のビジネス消費者に「売り込む」ことであり，コトラーほか（2010）のいう「マーケティング1.0」をそのまま踏襲した形のものである。ちなみに，末端のスポーツ消費者との関係性などは全く視野にない。

　ところで，それ以前のスポーツマーケティングはといえば，末端のスポーツ消費者を対象とし，種々のスポーツサービスを効果的かつ効率的に受け渡すための方策と考えられていた（山下，1985；中西，2006）。これらは消費者の嗜好が1人ひとり違うことに着目したものであり，実はスポーツにおいては「マーケティング2.0」のほうが先行していたということになる。しかし，本書でも再三指摘しているとおり，現代のスポーツ消費者は，もはや企業によってコントロールされる受動的な存在ではない。自発的に自分たちのスポーツ問題を解決しようとしている。企業側にもステークホルダー全体の便益を目指すことが求められている。スポーツ製品やスポーツブランドはいまや一企業が一方的につくりあげるものではなく，多数対多数の協働によって創造するものである。この状態は「マーケティング3.0」の時代の到来を意味する。

3.2 スポーツサービスとスポーツホスピタリティ

　スポーツサービスは，スポーツ組織とスポーツ消費者との関係を取り持つ基本概念である。いうまでもなく，送り手はスポーツ組織であり，消費者は受け手である。その具体的な内容は，スポーツの「場所を提供する」「活動の機会をつくる」「仲間を集める」といったことであり，消費者が自分では容易になし得ない，またはしたくないと思うようなことを代替わりする機能がそこに求められる。スポーツ組織はその役務を義務的にこなせば対価を得ることができるわけであり，「お客様は王様である」という一時的主従関係が成り立つ。しかし，マーケティング3.0の時代にあっては，そうした機能的な対応のみでは消費者との関係性を維持することが困難である。スポーツ消費者をただスポーツへの意向や感情（マインドとハート）を持った存在としてとらえるにとどめず，精神（クリエイティブな側面）も含めた全人的存在としてとらえ，新しい関係構築を目指さなければならない。そのために必要な概念が「ホスピタリティ」である。

　スポーツホスピタリティは，スポーツの価値を消費者と共に創り出そうとする姿勢であり，スポーツサービスを内包する上位概念として意味がある。スポーツサービスによる「場づくり」の機能に，共創的な「価値づくり」の志という付加的要素が加わることによって，関係性が発展するのである。それは主客同一関係による「心温まるおもてなし」として体現される。

	マーケティング1.0	マーケティング2.0	マーケティング3.0
	製品中心の マーケティング	消費者志向の マーケティング	価値主導の マーケティング
目的	製品を販売すること	消費者を満足させ, つなぎとめること	世界をよりよい場所に すること
可能にした力	産業革命	情報技術	ニューウエーブの技術
市場に対する企業の 見方	物質的ニーズを持つ マス購買者	マインドとハートを持つ より洗練された消費者	マインドとハートと 精神を持つ全人的存在
主なマーケティング コンセプト	製品開発	差別化	価値
企業のマーケティング ガイドライン	製品の説明	企業と製品の ポジショニング	企業のミッション, ビジョン,価値
価値提案	機能的価値	機能的,感情的価値	機能的,感情的, 精神的価値
消費者との交流	1対多数の取引	1対1の関係	多数対多数の協働

■ **Fig.3.3.1　マーケティング 1.0，2.0，3.0 の比較**（コトラーほか，2010 より）

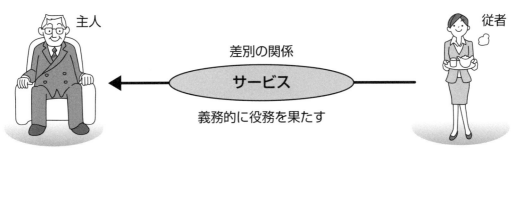

■ **Fig.3.3.2　サービスとホスピタリティの概念比較**（服部，2006 より）

3.3 ホスピタリティの共創的相関関係

　ホスピタリティマネジメントは，型にはまった「人的サービス」の促進を意味するわけではない。マーケティング3.0の時代は「消費者参加」の時代でもあり，ゲストとホストが「対等となるにふさわしい共創的相関関係」(服部，2006) を構築することと理解しなければならない。共創とは，人と人が関わりあう中で，飛躍しながら絶えず予知できない新しいものをつくりあげることである。相関関係とは，相互に影響しあう関係で，一方が他方との関係を離れては意味をなさない関係でもある。その構築プロセスは複雑な様相を呈するが，「出会い」「ふれあい」「頼りあい」「高めあい」の4段階に要約される。プロスポーツ組織でいえば，選手，サポーター，クラブスタッフの三者が，例えば，①試合内容に共鳴したり共感したりする（出会い），②交流プログラムなどを通じて互いに刺激しあう（ふれあい），③互いに欠けている部分を補って1つの統一体となる（頼りあい），そして④互いが自分の才能や活動，仕事に自信や誇りを持つ関係へと進化する（高めあい），などといった発展のケースが考えられる。

　現在，スポーツ市場にも「ニューウエーブの技術」として，ブログ，SNS，X（旧Twitter），YouTube などのソーシャルメディアが入り込み，個人や集団が互いにつながったり交流したりすることを容易にする。人々はスポーツに関する意見や考えを特定の他者に伝えることが簡単にできるようになったし，スポーツ組織の行動やスポーツ製品の価値は消費者から厳しくチェックされるようになってきている。この技術は，人々がコンシューマー（消費者）からプロシューマー（生産消費者）に変わることを可能にするわけであり（コトラーほか，2010），消費者を共創的に遇し相互作用の質を高めていくことの重要性はさらに増すものと思われる。

3.4 ポストサービス社会の顧客づくり

　スポーツ組織が顧客との関係を維持するために何ができるかを考えてみると，①製品（product），②場所（place），③販売促進（promotion），④価格（price），⑤人材（people），⑥物的環境要素（physical evidence），⑦提供過程（process）に関する事項にまとめられる。通常，サービスマーケティングは，これら7つの"P"を最適に組み合わせる（ミックスする）ことによって成り立つと考えられている（近藤，1999）。ただ，これらはすべてサービス提供者から見たものであり，組織が統制可能な要因のみということに注意する必要がある。上述のような共創的相関関係はサービス的要因を操作することで生まれるものではなく，別の努力がいる。

　例えば，どんなによい試合結果を残しても（高品質の製品をつくっても），チームやスタッフ間に年長者を絶対視するような体質が感じられたりすると，現代のファンは「出会い」を拒否するかもしれない。機械的な送迎や効率優先の席割，形式主義的な広報誌，関係者のみを優待する価格設定などが，気さくさや温かさを奪い，かえって「ふれあい」の機会を減じることもある。目先の勝敗だけにとらわれて，スター選手の獲得に躍起になるような組織からは「頼りあい」などは生まれない。また，ユニフォームやロゴマークによって斉一性を保つことで満足していたり，いつも同じやり方で歓待の催しやネット配信を行ったりしているだけでは「高めあい」も期待できない。時代はマーケティングミックスから組織風土の見直しへと推移している。

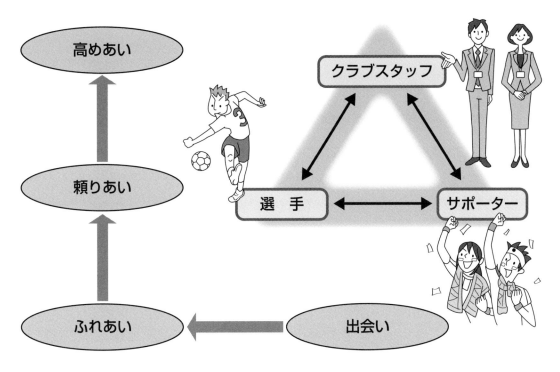

■ Fig.3.3.3　スポーツに見る共創的相関関係

マーケティングミックス的要因	製品	・よい試合を見せる ・プレースタイルをアピール	**組織風土的要因**	平等主義	・誰とでも同じように接する ・年長者を絶対視しない
	場所	・会場へのアクセスをよくする ・席割を工夫する		気さくさ	・誰もが気さくに話す ・感情を互いに打ち明ける
	販売促進	・広報誌を配る ・秀逸な広告をつくる ・サポーターの口コミ		温かさ	・誰でも温かく迎え入れる ・他者を積極的に尊敬する
	価格	・年間シート割引，優待券 ・フレックスプライスの導入		将来志向性	・中長期的なクラブの将来像を共有する ・勝つことをすべてに優先させない
	人材	・スター選手の発掘 ・優秀なクラブスタッフ		協調性	・団結心を過度に強調しない ・個人的利害に左右されない ・言い争いをしない
	物的環境要素	・良好なピッチ状態を維持 ・ユニフォームイメージ ・マスコット，ロゴマーク		革新性	・新しいアイデアがいつも試される ・ワクワクさせる計画が推奨される
	提供過程	・試合前の歓待プログラム ・試合中の警護・看護体制 ・試合経過のネット配信			

■ Fig.3.3.4　マーケティングミックスから組織風土の見直しへ

第4章 **スポーツガバナンス**

1. スポーツマネジメントのルールづくり

1.1 スポーツ不祥事とマネジメントリスク

　近年，スポーツ指導者によるハラスメント問題，大学運動部員の違法薬物所持事件，さらには総合型地域スポーツクラブ（総合型クラブ）における助成金の不正受給といったローカルな問題から，FIFA幹部やIOC委員による汚職事件といったグローバルな問題に至るまで，スポーツの不祥事をめぐる話題には事欠かない。このこと自体，スポーツが社会的に大きな注目を集めるようになっていることを意味するが，それは同時に，各々のスポーツ組織が急速な社会変化に対し，これまで以上に柔軟かつ正しく適応していかなければならなくなっていることを如実に物語っている。これらのスポーツ不祥事には，問題を起こした当事者やスポーツ組織の社会的信用を失墜させ，スポーツの文化的価値を著しく低下させてしまう危険性だけではなく，スポーツの商品価値までをも損なってしまうといったマネジメントリスクが常につきまとっている。スポーツの健全かつ持続可能な発展という観点からも，今日のスポーツ組織には，不祥事が生じた際に迅速な対応を見せるといった手腕だけではなく，これらを未然に防止し，自律的な経営を行っていくための体制を構築していくといった責任が求められているのである。

1.2 スポーツ資本のひとり歩き

　スポーツにおける不祥事や紛争の原因は，「スポーツ資本」のひとり歩きといった観点（山下，2015）から説明可能である。スポーツ資本とは，スポーツを商品化するための元手であり，施設使用やスタッフ雇用に必要な「金融資本」のほか，選手や指導者が所有する体力や身体的スキル，知識や判断力といった「技術資本」が含まれる。またブルデュ（1988）のいうように，名誉や威信といった，人々の認知や承認に基づく信用力も，「象徴資本」として蓄積，運用されることになる。それゆえ，スポーツ資本は，それ自体が有限なものであるスポーツ資源とは異なり，過去の生産活動や営利活動の過程で生み出された生産物の一部としても位置付けられる。

　しかし，元手（手段）になるはずの資本が目的化することで新たな問題が引き起こされることもある。例えば，あらゆる組織に経済的自立が求められる状況では，市場原理によってスポーツの形が歪められてしまうことも想像に難くない。指導現場における体罰問題は，指導者の技術や知識が選手に正しく伝達できていないことが原因となることも多い。選手に対する「まじめさ」や「品格」の強要は，熱中症や落雷などに伴う重大事故やケガの悪化を引き起こす危険をはらんでいるし，知名度や競技実績を重視した人事が組織の停滞を招くこともある。スポーツにおける「疎外」ともいうべきこれらの現象は，スポーツの生産過程においてある特定の人々の立場が軽視され，スポーツ資本が公正かつ適切に運用されなくなってしまった際に生じている。

38

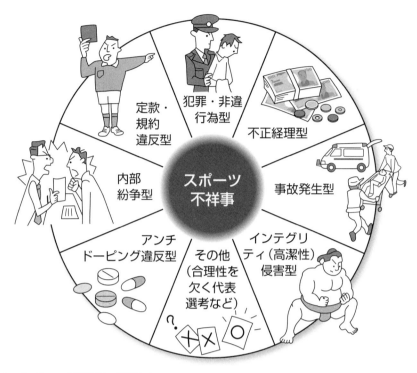

■ **Fig.4.1.1　スポーツ不祥事の類型**（大橋, 2014 より）

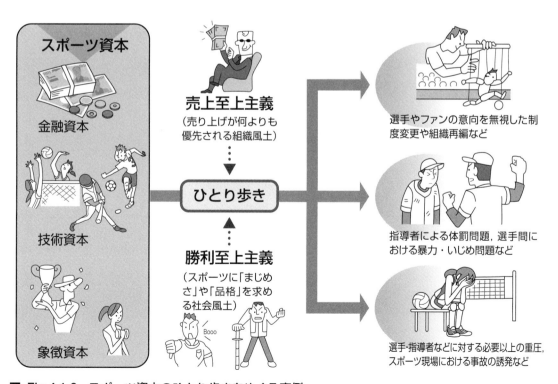

■ **Fig.4.1.2　スポーツ資本のひとり歩きをめぐる事例**

1.3 超企業的組織行動の必要性

　スポーツ製品の多くは，組織外の技術を積極的に活用したり，他企業や顧客と共同で新しいサービスを開発したりといったように，組織や企業の枠を超えた連携の中で商品化されている。スポーツにおける「ゲーム（試合）」も，複数の個人やチームが競いあい，そこにさまざまな支援者の協力が加わることで生み出される1つの「製品」である。協働的スポーツ生産は，人々の間に相互承認や相互扶助，さらには信頼や信用を媒介とした社会関係が構築されることによって，初めてその真価が発揮される。「共存共栄」や「リスペクト」の精神が鍵となるのである。

　しかしながら，複数の企業が共同で事業を展開しようとする際，いずれかの企業において不正行為や内部紛争の事実が発覚すれば，当事者たちの間にある信頼関係は大きく揺らいでしまう。それまでに多額の資金や多くの労働力が投入されていたとすれば，そこには甚大な損害がもたらされてしまうことになる。個別の企業内部における監視・統制の仕組みを強化するだけではなく，「相互連携」と「相互牽制」という超企業的な組織行動の体制を同時進行的に構築していくことは，今やスポーツにおける協働を活発にしていくための必須条件となっている。

　こうしたことは，地域スポーツクラブや部活動といった組織においても同様である。例えば，指導者の問題行動を抑制していくためには，選手のみならず，学校や保護者，卒業生（OBやOG）や地域住民などによる日常的な監視を行っていく必要がある。他方，これらのステークホルダーと指導者との間で，チームの理念や方針を共有するといった関係性，あるいは共に選手たちを見守っていこうとする相互連携の仕組みが成り立っていなければ，ステークホルダーの「行きすぎた行動」によって，チームの活動には大きな支障が生じてしまうのである。

1.4 スポーツガバナンスの概念的理解

　いくら組織としてのマネジメントがうまく機能し，個別の目標が達成されたとしても，そのことが社会から認められない場合，スポーツ組織には「ガバナンスの機能不全」という烙印が押されてしまうことになる。昨今，これまでのスポーツ現場において「常識」や「慣習」あるいは「伝統」として認識されてきたような諸行為が，新たに「解決すべき問題」として位置付けられるといったことも決して珍しいことではなくなっている。

　こうした現象が生じる背景には，これまでのスポーツ組織，さらには国家や行政そのものが，一部の人物や組織の独占的な支配に基づく一元的統治，すなわち「ガバメント」体制によって動かされてきたという経緯がある。長年にわたって保持されてきた権力構造は，スポーツ資本の公正で健全な運用を阻害し，スポーツ組織を社会から孤立させる1つの原因にもなっている。

　このことからも，スポーツガバナンスは「スポーツ資本のひとり歩きを防止するための仕組みや機能」と定義されることが望ましい。「ガバナンス」という新しい統治方式の確立が求められるのは，それらが多様なアクターの参加と協働による問題発見および問題解決を前提としているからである。スポーツの公共性と民主主義を実現するための「ルールづくり」を行っていく過程においても，公−私−共という3つのセクターによる共治（協働的統治）を意味する「コー・ガバナンス」（山本，2011）の理念を基盤に据えるということが何よりも重要なのである。

■ Fig.4.1.3　超企業的組織行動における「相互連携」と「相互牽制」

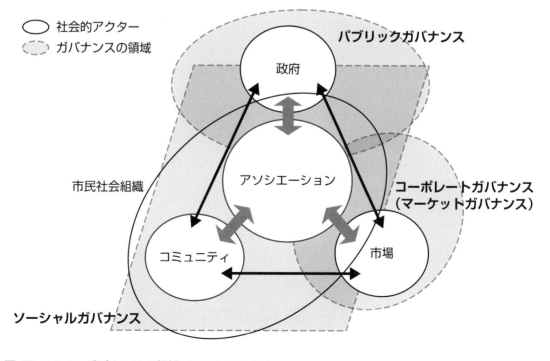

■ Fig.4.1.4　ガバナンスの領域 （澤井，2004 より）

2. コーポレートガバナンスとスポーツガバナンス

2.1 企業としての統治能力

　スポーツにおいて「ガバナンス」という言葉が引きあいに出されるのは，多くの場合，当該のスポーツ組織における統治の仕組みがうまく機能していないと判断されるような事態に陥ったときである。また，これまでは企業スポーツに依存してきたわが国のトップスポーツも，収益向上やファンの獲得を重要視する地域密着型のクラブや球団が増加するにつれて，財政的な規律と健全性を追及していくといった経営のあり方が求められるようになっている（原田，2012）。なかでも，経営者に対する規律付けとしてのガバナンス（コーポレートガバナンス）の構築は，スポーツ資本を運用する組織体として展開する「スポーツ企業」の統治能力，ひいては組織としての自律性や独立性を担保するための重要な手段であるといっても過言ではない。

　それゆえ，スポーツ企業を単なる法的存在（株式会社や有限会社）としてではなく，社会の中に1つの組織として存在する社会・経済的存在としてとらえ直そうとする見方もある（山下，2015）。スポーツ資本のひとり歩きを防止し，企業価値を最大化させていくためには，投資家（オーナー）やリーグ機構などによる垂直的ガバナンスと，公的セクター（中央政府や地方自治体など）や民間セクター（金融機関やスポンサー企業，マスメディア，ファンなど）との間における水平的ガバナンスを同時進行的かつ持続的に機能させていくことが求められているのである。

2.2 スポーツ組織のコンプライアンス

　コンプライアンスは，しばしば「法令遵守」と訳される。「法」という部分に焦点を絞れば，スポーツ基本法に始まり，民法や特定非営利活動促進法（通称 NPO 法），さらにはスポーツ団体協約（スポーツ団体の定款や規約）など，スポーツ組織が依拠すべき法律や規則は多岐にわたる（齋藤，2015）。つまり，これらを正しく遵守できるかどうかということが，スポーツ組織の自律性を見極める際の1つの指標になるということである。また，コンプライアンスという言葉には，法令や団体協約の遵守という側面だけではなく，社会通念や倫理を守るといった意味も含まれている。ともすれば一時的な栄光を獲得するために自らの身体を犠牲にしてしまうといったスポーツ選手，短期的な結果を追い求める中で身の丈を超えた投資を行ってしまうクラブや球団をいかに規制し，その未来を守っていくのか。これらのことを法律や規則で事細かに規制しようとしても，そこには多くの"抜け道"が生まれることになる。スポーツの倫理や高潔性（インテグリティ）といった観点から，法的な拘束力が及んでいない領域に対応していくということも，スポーツ組織におけるコンプライアンスの今日的課題となっている。

　これらの点を踏まえれば，コンプライアンスは「法令遵守」ではなく，むしろ「社会的要請への適応」（郷原，2009）という意味でとらえることが重要である。性別や障がいの有無，所得や社会的地位の格差などによるスポーツ権の侵害は，社会的要請と法令との間に生じる矛盾の中で引き起こされる問題でもある。こうした矛盾を解消していくという発想（環境整備コンプライアンス）も，スポーツ企業の社会的責任という観点からは決して見逃すことができない。

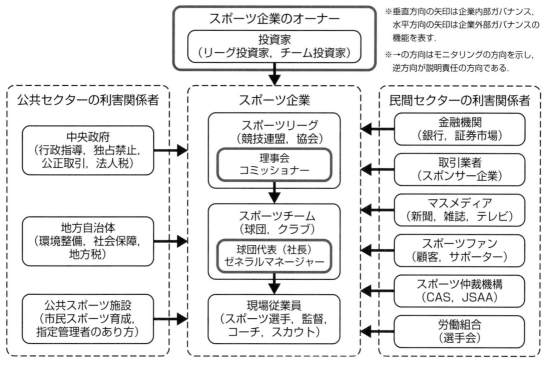

■ **Fig.4.2.1 スポーツ企業のガバナンス** (山下, 2015 より)

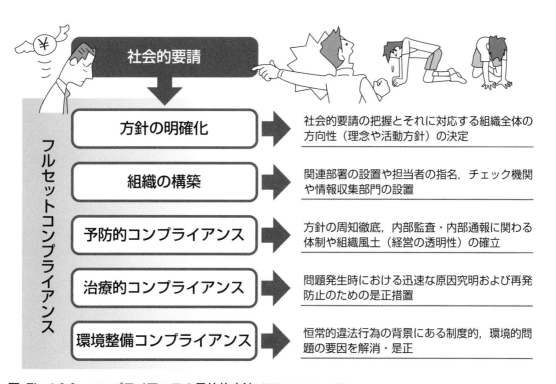

■ Fig.4.2.2 **コンプライアンスの具体的方法** (郷原, 2009 より)

2.3 スポーツ組織の内部統制

　スポーツ組織を運営していくにあたって，効率的かつ効果的に業務を行い，ステークホルダーに対する十分な説明責任を果たしていくということは，ブランドロイヤルティの獲得やよりよい人材の確保といった観点においても大きな意義を持つ。Ｊリーグがわが国のスポーツ界において大きな存在感を示すようになった背景には，「経営諮問委員会」の設置や「クラブライセンス制度」の導入といった，スポーツ組織のガバナンスを強化するための具体策を先駆的に示してきたということも１つの要因として挙げることができる。

　一般的に，内部統制とは「業務の有効性および効率性」「財務報告の信頼性」「事業活動に関わる法令などの遵守」「資産の保全」という４つの目的が達成されているという合理的な保証を得るために，業務に組み込まれ，組織内のすべての者によって遂行されるプロセスのことを意味する。スポーツ組織の経営者は，これら４つの目的を包括的に達成するための体制を組織の日常業務の中に構築していく必要がある。また，内部統制が有効に機能していることを評価するための判断基準としては，「統制環境」「リスクの評価と対応」「統制活動」「情報と伝達」「モニタリング（監視活動)」「IT（情報技術）への対応」という６つの基本的要素が挙げられる。

　Ｊリーグでは，「Ｊリーグ百年構想」やチェアマンの影響力が，リーグ内における統制環境の基盤を形成している。アジア戦略や「シャレン！（社会連携)」の展開，「暴力団等排除宣言」の実施は，Ｊリーグが直面しつつあるさまざまなリスクへの対応が行われた結果であるといえよう。一方，「２シーズン制」導入の事例でも確認されたように，大会方式の変更などに関する説明が不十分で，しかも必要な情報が組織内外で適切に伝達，共有されなかった場合，いくらＪリーグといえども，サポーターからの大きな反発を受けることは否めないのである。

2.4 コーポレートガバナンスの限界

　コーポレートガバナンスの枠組みに基づくコンプライアンスや内部統制は，経営者を「経営効率」や「業績向上」の観点から規律付けていくという文脈の中で運用されていることが多い。それゆえに，これらの整備が進んでいくことで，逆に組織や組織間の閉塞状況を生み出してしまうといった結果を招くこともある。例えば，コンプライアンスという言葉を単なる「法令遵守」として形式的にとらえるだけの状態が続くと，企業内部における「事なかれ主義」の蔓延などに伴って，企業全体の成長が阻害されてしまうといったことも起こり得る（郷原，2009)。内部統制がどれだけ適切に機能していたとしても，スポーツ組織を取り巻くステークホルダーの構図が「組織への（経済的）支援を前提とした関係性」だけで描かれると，結果的にその行く末は，株主やスポンサー企業の発言に大きく左右されることになってしまう。

　この場合，発言力が弱いステークホルダーや発言権が小さいステークホルダーの利益を守っていくことはさらに難しくなる。こうした状況を打開していくためには，ソシオ制度やサポータートラストを通じたファンや地域住民の経営参加，選手会による団体交渉などのように，本来はスポーツ組織の意思決定過程に対してアクセスする権限を持たない存在の「主体的作用」を引き出していくといった「パワーバランスの調整」が必要不可欠なのである。

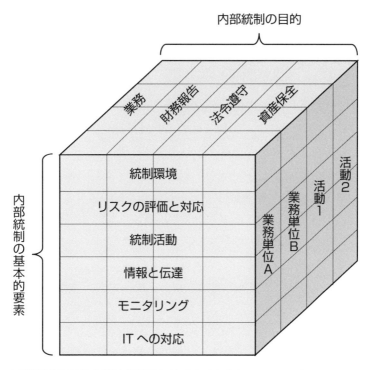

■ Fig.4.2.3　内部統制の目的と基本的要素（企業会計審議会, 2005 より）

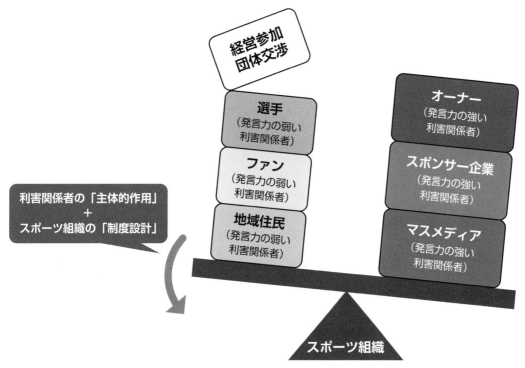

■ Fig.4.2.4　利害関係者間におけるパワーバランスの調整

3. ソーシャルガバナンスとスポーツガバナンス

3.1 「スポーツコモンズ」という考え方

　ガバナンスという概念には，コーポレートガバナンスのように「ステークホルダーの利益のためのエージェント（経営者）の規律付け」（機能としてのガバナンス）ととらえる視点とは別に，「それが成立していることによって何らかの公共財が提供されている状態」（状態としてのガバナンス）としてとらえる視点が存在する（河野，2006）。つまり，スポーツに関わるすべての人々に対して分け隔てなく，スポーツの恩恵が行きわたっていくような社会を創造していくことが，スポーツガバナンスの究極目標であるといっても過言ではないということである。

　コモンズ（commons）とは，イギリスにおける誰の所有にも属さない森林や牧草地などの「共有地」を指す言葉に由来し，現在では広くさまざまな「共有資源・共有財産」を意味する用語として世界共通のキーワードとなっている（黒須，2014）。スポーツ生産に関わる資源や資本のひとり歩きを防止するといった観点から考えれば，スポーツを行う際に必要となる仲間やプログラム，場所なども，地域社会や国際社会におけるコモンズとして，組織や団体の枠を超えた関係性の中で共有，蓄積されていくことが求められる。このことは，行政機関だけではなく，企業やNPOなどが積極的に公共的な財・サービスの提案および提供主体となることで自発的な協働の場を生み出していくといった「新しい公共」の考え方，さらにはその具体的方策として位置付けられる総合型地域スポーツクラブ構想などとも大きく関連している。

3.2　ソーシャルガバナンスの多元性と重層性

　当然のことながら，コモンズを各人が勝手に利用すれば争いが生じる。そのため，そこでは人々の合意に基づく共通のルールが必要となる。このルールづくりを政府・市場・市民による協働を通じて行っていくために，現時点では未発達な段階にあるといわざるを得ない市民社会組織や地縁的コミュニティの役割を戦略的に拡大していこうと考えるのがソーシャルガバナンスの基本的立場である。「ビジネス消費者」のみならず，選手や現場指導者，ファンといった「生活者」をも巻き込んだスポーツ生産のあり方が重要視される今日において，ソーシャルガバナンスの考え方を基礎に置くスポーツガバナンスへの要請はさらに高まっていくことになろう。

　宮本（2005）によれば，ガバナンスの構造はマクロ次元の多元的，重層的構造とミクロ次元の組織的構造に区別することができるという。多元的構造とは，ガバナンスがヒエラルキー（階層構造），市場，ネットワーク，コミュニティといった異なった原理から構成され，それらが相互に影響を及ぼしあっていることを意味する。また，重層的構造とは，グローバル，リージョナル，サブナショナル，ローカルといった次元を超えて，アクター間の権限や機能の移譲（委譲）が進んでいることを示している。つまり，マクロ次元で進展するガバナンスの再編が，組織構造というミクロ次元でのガバナンスのあり方に影響を及ぼしているということである。スポーツガバナンスも，多元化と分権化，さらには組織変容といった，マクロ次元とミクロ次元の変化が相互に影響しあう動的なプロセスの中でとらえられなければならない。

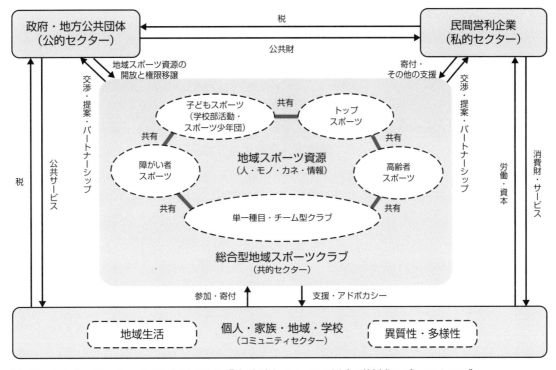

■ **Fig.4.3.1　ソーシャルガバナンスの「方法論」としての総合型地域スポーツクラブ**
(山本・中西，2014より)

多元化
政府，市場，コミュニティ，市民社会の協働を実現する公共空間の再編（特に，市民社会組織や地縁的コミュニティの強化）

分権化
国家や地方自治体が担ってきた機能と権限の移譲（NPOやコミュニティ組織による下からの自立的運動の促進）

ソーシャルガバナンスの形成
（マクロなスポーツガバナンス）

組織構造としてのガバナンスの確立
（ミクロなスポーツガバナンス）

組織変容
スポーツ社会を構成する諸組織・団体におけるコンプライアンスや内部統制の体制構築（スポーツ組織の自律性および独立性の向上）

■ **Fig.4.3.2　多元化・分権化・組織変容としてのスポーツガバナンス**

3.3 スポーツ庁の役割・機能

スポーツ基本法の成立や東京 2020 オリンピック・パラリンピック競技大会の招致決定など を受け，2015 年 10 月には文部科学省の外局としてスポーツ庁が設置された。スポーツ庁の使 命は，青少年の健全育成，地域社会の再生，国民の心身の健康の保持増進，社会・経済の活力 の創造，国際貢献など，スポーツが国民生活において多面にわたる役割を果たすことができる よう，スポーツ行政を総合的・一体的に推進することにある。そのため，文部科学省，経済産 業省，厚生労働省，外務省などの省庁間の重複を調整して効率化を図ることで，新たな相乗効 果を生み出すことが期待されている。また，2019 年には，「スポーツ・インテグリティの確保 に向けたアクションプラン」のもとで，スポーツ団体が適切な組織運営を行うための原則・規 範として，「スポーツ団体ガバナンスコード（中央競技団体〈NF〉向け・一般スポーツ団体向 け）」を策定（2023 年改定）するなど，スポーツ庁は，競技団体や各種スポーツ組織に対する 第三者的な立場からの監視・統制といった側面においても重要な機能を担っている。

他方，わが国のスポーツ行政が，1980 年代以降の新自由主義改革に伴う福祉・公共サービ スの縮小傾向に多大な影響を受けていることを加味すれば，今後も「すべての国民・地域住民 が等しく参加できるスポーツ政策」（内海，2021）をいかに実現していくのかという議論が必 要視されなければならない。こうしたスポーツ政策のあり方は，福祉国家の「スポーツ・フォー・ オール政策」の考え方を基盤に，国や地方自治体が条件整備の義務を推進すると同時に（内海， 2021），個々のスポーツ団体の民主的なガバナンス（国民や地域住民の意見を反映させる回路） を確立し，その主体性（創意工夫）を重要視するといった見方（棚山，2020）を意味している。 ただし，いずれの場合も，「人々のスポーツに向けた自由で自発的な関心」（菊，2011）を引き 寄せるための不断の努力が求められることはいうまでもない。

3.4 スポーツ市民の育成とスポーツの再資源化

ソーシャルガバナンスは，いうなれば，市民社会の形成および強化を通じて，政府・市場・ 市民による相互連携と相互牽制の仕組みを実現するという一種の戦略的な取り組みである。つ まり，ソーシャルガバナンスを基盤とするスポーツガバナンスを樹立するためには，政府や市 場，あるいはそこで生み出された社会構造や画一的なブランドイメージから脱却し，多様性や 異質性に基づく自由で対等な人間関係やスポーツ社会を構築していくといった存在，すなわち 「スポーツ市民」の育成が行われていく必要がある。また，その過程では，既存のスポーツの 魅力や技術を新しい視点や自由な発想をもって再発見，再構築するといった「スポーツの再資 源化」のプロセスをより活発なものにしていくことが重要になる。スポーツに関わるすべての 人々が，自らのスポーツライフを自分自身の手でデザインすることによって，自分なりの楽し み方や社会変革の方向性を模索していく。それはスポーツイノベーションの新たな道筋でもあ る。スポーツガバナンスは，こうした歴史的，社会的な営みの中で構築されていかなければな らないのである。その意味で，われわれは今まさに，スポーツを消費するだけではなく，スポー ツに投資する存在として，スポーツと関わっていくことが求められているのかもしれない。

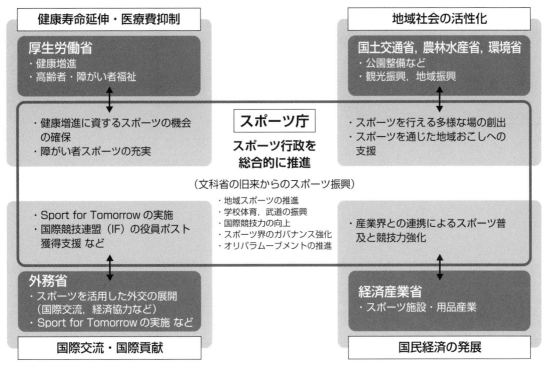

■ **Fig.4.3.3 スポーツ庁の役割**（文部科学省, 2015 より）

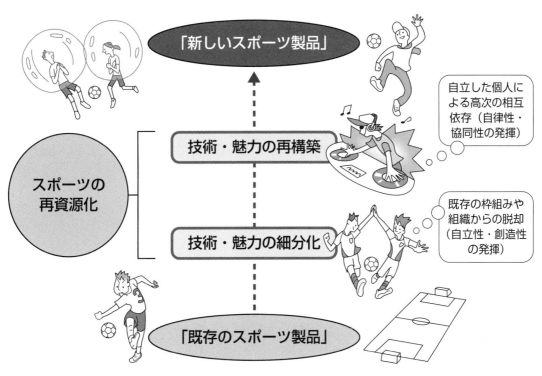

■ Fig.4.3.4 スポーツにおける再資源化のプロセス

演 習 問 題

1 | あなたはスポーツの生産者，それとも消費者？

POINT スポーツの場合，「製品」は自家生産物である。自身の心身やスキルで生産し，それを使用し，廃棄していくわけであるから，人は生産者にもなれるし消費者にもなれる。現代では多様なスポーツへの関わり方（する，見る，支える）ができるようになっているが，その価値を高めるには，事前に他者のサービスを購入するしか方法がない（マネジメントはそれを売ればいいだけの話である）のかどうかを考えてみる。

2 | 現代のスポーツにおいて，特にビジネスや産業，マーケティングに関連して用いられるスポーツという用語にはどのようなものが含まれているか？

POINT 「スポーツ」といえば普通，サッカーや野球，バレーボール，テニス，水泳，陸上競技などのような個々の活動（リアルな身体運動）それ自体を指す。しかし，市場で取引される内容にはそれら以外のものが多く含まれる。実際のところ，市場評価額はそのほうがはるかに高い。スポーツビジネスとして企業を分類することは，必ずしもそれが「スポーツ」を販売していることを意味するわけではないことに注目する。

3 | あなたの好きなスポーツブランドは？

POINT 「ブランド」は北欧の海賊（バイキング）が，あちこち動き回る馬や羊の背中に独自の模様を焼き付けたことに由来している。自己の生産物として，あるいは戦利品として優れたものであることを誇示し，雑多なものの中に紛れ込むのを防ぐのが目的であったわけである。私たちは同じような気持ちでスポーツの「名前」を選んでいるだろうか。世にあふれる「トレードマーク」を購入しているだけに過ぎないのでは？

4 | あなたが理想とするスポーツカンパニーとは？

POINT スポーツ資本を運用する組織体（＝スポーツカンパニー）というのは，それが企業であれ公的機関であれ NPO であれ，複数の主体の共生社会（「カンパニー」にはもともと一緒にパンを食べる「仲間」の意がある）として成り立っている。あなたが興味を持っているスポーツにはどのような主体が関わっているかをまず考え，資本運用を正しく制御し，スポーツにおける不祥事や不平等といった問題が起こらないようにするためには，具体的にどんな仕組みが必要なのかを一度自由に描いてみる。

グローバルスポーツの
マネジメント

第II部では，グローバルなスポーツ組織やイベント，プロスポーツを対象に，そのマネジメントに関するトピックスを取り上げる。最初に，国際競技団体やプロスポーツの「組織構造」「組織間関係」のアウトラインを紹介する。続いて，「スポーツイベント」の価値や関連する「権利ビジネス」など，グローバルスポーツ市場を概観する。その後，プロスポーツの「マーケティング戦略」や「スポンサーシップ」のあり方を考える。最後は，ヨーロッパ，アメリカ，日本のプロスポーツの「ガバナンス」について解説する。

第5章 グローバルスポーツの組織

1. 統括組織

1.1 国際オリンピック委員会（IOC）

　国際オリンピック委員会（IOC：International Olympic Committee）は，本部をスイスのローザンヌに置く，非政府の国際的な非営利団体である。法人格を持つ協会の形態を整えた，存続期間を限定されない組織であり，スイス連邦評議会に承認された組織として活動を行っている。オリンピック憲章において IOC は，オリンピックムーブメントの最高機関であると規定され，オリンピズムを奨励し，オリンピック憲章の使命・役割・責任を果たすことが役割である。

　IOC の組織は，IOC 委員，総会，理事会，各委員会に分類することができる。最高意思決定機関は総会が担っており，IOC 委員の全体会議である。とりわけオリンピック開催地の選定や IOC 委員や会長などの人員選出には，世界の注目が集まる。

　この巨大な私的組織のような IOC 組織の財源には，贈与，遺贈，放映権やスポンサー権，ライセンス権，オリンピック資産の権利活用，オリンピックの開催による収入が挙げられる。また，IOC はオリンピックムーブメントの発展のために，収入の一部を各国オリンピック委員会（NOC）や，オリンピック競技大会組織委員会（OCOG），国際競技連盟（IF）などに分与している。

1.2 国際競技連盟（IF）

　国際競技連盟（IF：International Sports Federations）とは，1種もしくは数種の競技を世界的なレベルで統括する組織である。1980 年頃から結成され始め，20 世紀初頭に整備された。IOC 承認の IF として約 80 連盟（暫定承認含む）があり，すべて非営利組織として運営されているが，組織や大会開催の規模，財源は多様である。IF の組織的な目的は，統一ルールの制定と，それにより実施が可能となる国際競技会の開催，競技の国際的な普及などが挙げられる。

　世界最大の非政府組織といわれる国際サッカー連盟（FIFA：The Fédération Internationale de Football Association）は，1904 年に設立され，国連加盟数を超える 211 の国と地域が加盟している。最高議決機関は，2年ごとに開催される総会である。総会では加盟国協会が各1票の投票権を持ち，会長選出をはじめ重要議案の議決を行う。他方，運営は理事会に委ねられており，理事は大会開催地の決定や大陸別出場枠などの決定に議決権を持つ。理事会の下部組織として，主催大会，業務セクション別に委員会が設けられている。FIFA の最大の組織目的は，ワールドカップの開催である。その収益は，開催国や出場国に加え，出場選手の所属クラブや出場国以外の加盟国にも分配することを目的とした「ソリダリティモデル」のもとに分配され，競技の国際的な普及が行われている。さらに，2018 年に FIFA Foundation が独立組織として設立され，競技を通した社会課題の解決に向けた取り組みも始まっている。

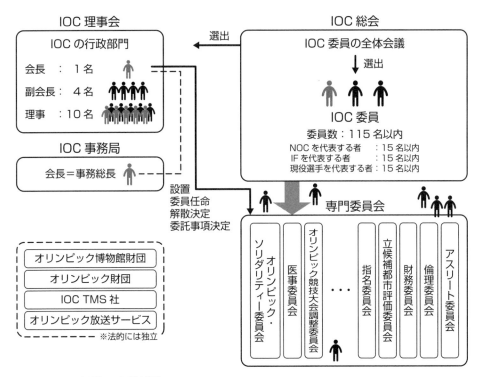

■ **Fig.5.1.1　IOC 組織と人的構造**（オリンピック憲章, 2014 より）

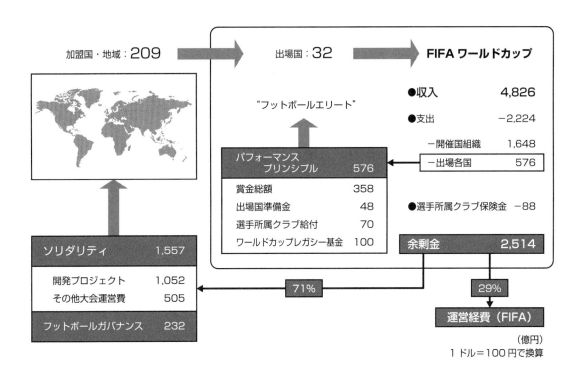

■ Fig.5.1.2　FIFA の収益配分のソリダリティモデル

（2014 ワールドカップブラジル大会の事例：FIFA ホームページより）

1.3 中央競技団体（NF）

　中央競技団体（NF：National Sports Federation）は，日本バレーボール協会や日本陸上競技連盟のように，国内における特定の競技種目の競技力向上や，競技会の開催などの諸活動を展開する組織である。日本オリンピック委員会，日本スポーツ協会，日本ワールドゲームズ協会のいずれかに加盟，準加盟している中央競技団体として，約90の団体があり，日本障がい者スポーツ競技団体協議会には約80団体が登録している。その事業内容は，競技の強化育成や普及が主な目的となっている。法人格は，公益・一般財団法人，公益・一般社団法人などが多く，それらに加えて，特定非営利活動法人もしくは法人格のない任意団体で構成されている。多くのNFが登録制度を持ち，競技者の管理を行っている。このようなNF組織は，事務局組織と委員会組織に分類することができるが，一般的な企業組織と比べ特殊といえるのは，委員会組織である。日本のNFに設置されている委員会は，諮問機関としての役割を持たず，主に外部者で構成され，執行と意思決定を目的としている（笹川スポーツ財団，2012）。

　またNFは，各競技のIFに加盟しその事業を実施している。そのため，IFの決定する国際大会の日程によって，国内大会やリーグ戦の開催日程が変更となることもある。また，NFがIFに属していない場合や，その資格の停止をいい渡された場合には，国際競技会やオリンピック，それらの予選などへの出場ができない。このような権限をIFが有しているため，NFにとってIFはきわめて重要な関係組織となっている。

1.4 IOC，IF，NFの組織間関係

　IOC，IF，NFの各組織は，オリンピックをはじめとする競技会の開催において，相互に関係・補完しあっている。東京2020大会（オリンピック）では，33競技339種目が実施され，205の国と地域から11,420名の選手が参加し，ボランティアとして約8万6千名，関係者として42万名が参加した。このような大規模な競技会を，IOCが単独かつ定期的に開催することは不可能である。例えば，オリンピックの開催に不可欠な「選手」に着目してみよう。NFは，各国内で競技の普及や強化を行い，選手を養成し，その中から派遣選手を選出する。それら選手で構成された選手団を，NOCが取りまとめ，代表として派遣する。他方IFは，各国のNFが連盟の一員として存在することを要件として，選手派遣を認め，オリンピック期間中に選手が行う競技種目の運営や監督を行うことで，オリンピックの開催を可能にしている。もちろん，選手だけでなく，そのほかの人的，財務的な要素に着目しても，その相互関係が説明できる。

　同時に，組織間の関係性は，加盟や承認制度などの，明文化されたルールによっても規定されている。例えばNFはIFに加盟し，他方IFは，オリンピックIF（オリンピック種目），IOC承認IF（オリンピックへの参加を希望する種目）などの認定を受けている。ただし，これら3つの組織のみでも，オリンピックの開催は不可能である。例えば，選手の派遣には，その選手が所属するプロリーグが関わってくる。また，スポンサーやメディアなどは，IOC，各IF，各NFのそれぞれにおいて存在すると同時に，重複する場合もある。このように，3つの組織に加えて多くのほかの組織や人が関係を構築し相互に影響を与えあっている。

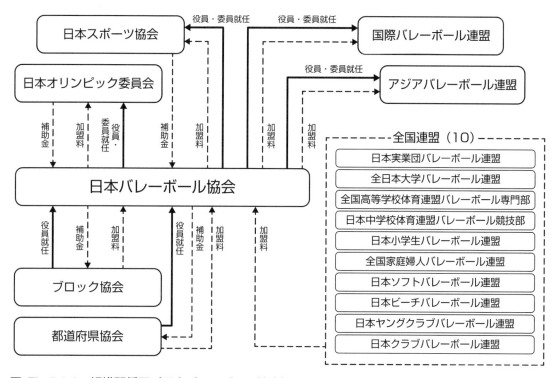

■ **Fig.5.1.3　組織関係図（日本バレーボール協会）**（笹川スポーツ財団，2012 をもとに一部改変）

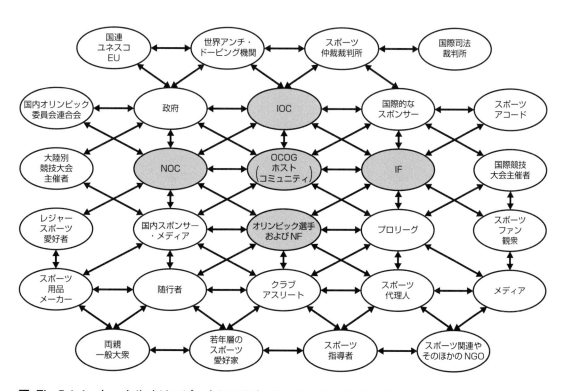

■ **Fig.5.1.4　トータルオリンピックシステム**（フェランほか，2013 より）

2．プロスポーツ組織

2.1　プロスポーツ組織とは

　これまでの日本におけるトップスポーツは，企業をオーナーとする企業スポーツによって発展してきた。しかし，1990年代前半のバブル経済の崩壊を機に，福利厚生として扱われていた企業クラブやチームは，解散や廃部が相次いだ。その企業スポーツに代わって台頭してきたのが，プロスポーツのリーグやチーム（クラブ）などの組織である。

　プロスポーツ組織は，法人格を持つ組織であることが多い。これは，法人格を持つことで，権利と責任を，個人ではなく組織に帰属させることができるようになるからである。なお，その法人格は，世界的には株式会社以外の形態が散見される一方で，日本ではほぼ株式会社形態をとっている。ただし，日本のプロスポーツ組織が「株式会社」であるからといって，営利企業と一概にいい切ることはできない。株式会社形態は，利益を外部（株主）に還元できる機能を持っているということではあるが，その機能を使うかどうかによって，非営利と営利は区別される（武藤，2013）。すなわち，利益をすべて組織内部に再投資するのであれば，非営利となり，日本のプロスポーツ組織は，非営利企業ととらえて扱う必要がある。

　また，プロスポーツ組織で生産されるプロダクト（製品）としての試合（興行）は，その組織単独では生産できないという特性を持っている。つまり，対戦相手となるチームを（シーズンを通して興行が成り立つ程度以上に）確保しなければ，「試合」というプロダクトを生産することができない。そのため，プロスポーツ組織にとっては，同じリーグに属するほかのチームや，リーグ機構がきわめて重要な組織となる。

2.2　プロスポーツ組織の収入構成

　プロスポーツチームの収入構成において，大きな割合を占める収入源としては，放映権収入，商業収入（主にはスポンサー収入），入場料収入の3項目が挙げられる。この割合は，競技での違いはもちろん，同じ競技であっても，国やリーグ，経営規模などによって傾向が異なる。

　サッカークラブの収入構成を見てみると，収入規模の大きいクラブ（リーグ）では放映権料が半分程度を占めている。他方，さほど収入規模の大きくないクラブでは，いくつかの型に分類ができる。放映権料が50％近くを占める「放映権型」や，ロシアやポーランド，日本のようにスポンサー収入が40％を超える「スポンサーシップ型」，放映権料と入場料収入が同程度で収入を規定する「放映権・入場料型」，3項目の割合の差がさほど大きくないベルギーのような「バランス型」などである。なお，日本（J1）は，欧州主要リーグに比べると収入規模は小さい。諸外国に比べて放映権収入が少なく，約半分をスポンサー収入に頼っている。

　大きな割合を占める3項目の収入源以外には，グッズ収入やスクール収入，ファンクラブ収入，移籍金収入，ロイヤルティ収入，リーグからの配分金，賞金などが存在している。収入科目ごとの規模は大小さまざまであり，顧客との取引の種類も，サポーターやスクール生などのBtoC取引から，企業やテレビ局といったBtoB取引まで，多岐にわたる。

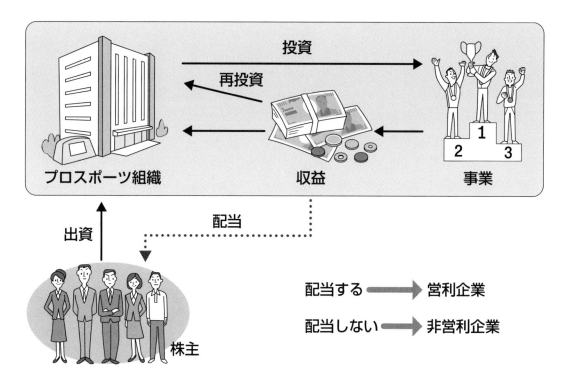

■ Fig.5.2.1　プロスポーツ組織における営利・非営利

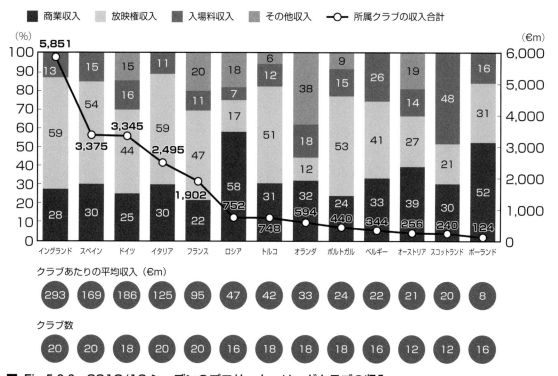

■ Fig.5.2.2　2018/19 シーズンのプロサッカーリーグクラブの収入

(Sports Business Group at Deloitte, 2020 をもとに筆者作成)

2.3 プロスポーツ組織の競合企業

企業にとって,「いかにほかの企業との競争に打ち勝ち,利益を獲得するか」ということは,事業を維持,発展させるために,重要な課題である。そこでは,どのような企業や組織,サービスが競合かを知り,その上でマネジメントやマーケティングの戦略を立てることが意味を持つ。

では,プロスポーツの事業における競合企業はどこだろうか。「競合」という文字から,「同じリーグに所属するほかのチーム」が頭に浮かぶかもしれない。もちろん試合では競争相手である。ただし,ここでの「競合企業」とは,その組織と顧客を取りあう企業を指す。地理的なマーケットが異なるほかのチームと顧客を取りあうことは考えにくい。

顧客は,時間とお金を費やして,プロスポーツ組織の提供する製品を消費する。このように考えると,余暇時間や自由裁量所得を使用するほかの活動を提供している組織が競合とも考えられる。しかし,この観点のみでは,競合と意識すべき組織が多くなりすぎてしまう。そこでヒントとなる視点は,「代替となる製品は何か」という考え方である。この時,ある製品が代替品となり得るかどうかの判断は,製品の技術的な側面だけでなく,求める中核ベネフィットを基準とするとよい。つまり,消費者がスポーツ組織について,どのような点に経済・価値合理性を見出しているかを考えたり,把握したりすることが必要となる。その上で,そのプロスポーツ組織とターゲットマーケットが重複するものが,競合として認識されるべきものである。

2.4 プロスポーツ組織におけるステークホルダーと組織間関係

ステークホルダーとは利害関係者ともいわれ,その組織が関係する者や組織を指す。プロスポーツ組織の組織間関係を整理すると,事業を行う上で関わる必要のある組織が一般的な企業と比べて多様であることがわかる。例えば,「リーグ機構」や「国際・国内競技連盟」「リーグ内の他クラブ」などは,プロスポーツ組織特有の関係組織である。

また,ステークホルダーや関係組織を整理する際には,「どこまでがその組織の〈内部〉か〈外部〉か」という,組織の境界を考える必要がある(桑田・田尾,1998)。この境界をどこに引くかについてはさまざまな見方があるが,プロスポーツでは特に,その判断が難しい。例えばJリーグのヴィッセル神戸と横浜F・マリノスでは,対戦相手であることや,別の法人格を有することから「外部」という判断もできる。他方で,プロダクトの協働生産という観点から考えると,「リーグ内部」(企業でいう,企業グループのような扱い)としてもとらえられる。「組織内」としてとらえられ,それぞれの持つ資源の共有や統合が行われることで,「組織外」として個別に取り組むよりも効果的な戦略やマーケティング施策の立案や,シナジー効果が期待できる場合もある。例えば,リーグ内の複数クラブが共同で出資するマーケティング会社の設立や,近隣クラブ間でのナレッジの共有機会の設置,ダービーマッチを用いたマーケティングなどが考えられる。

どのように組織の境界を判断するのかについての正解はなく,ケースに応じた判断を行うことが実践的には有用である。すなわち,「何が正しい見方か」ではなく,その見方で組織をとらえると「どのようなことが把握できるか」を熟慮し判断することが重要なポイントである。

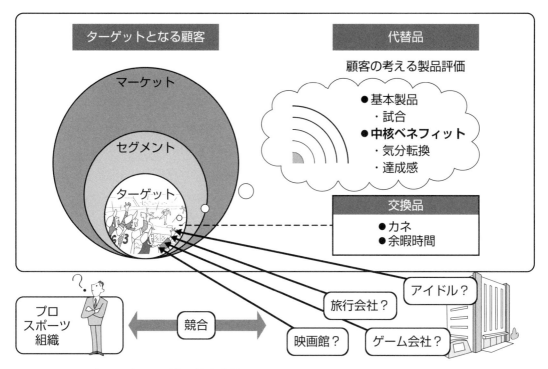

■ Fig.5.2.3　プロスポーツ組織の競合企業

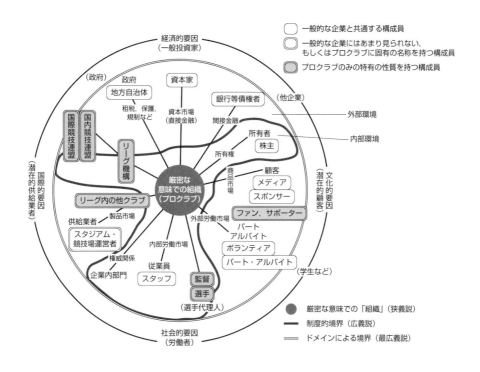

■ Fig.5.2.4　プロスポーツ組織の組織と環境（足立，2013 より）

3. スポーツエージェンシー

3.1 スポーツ代理店とは

　スポーツサービスの供給は，スポーツ組織とスポーツ消費者との間の交換関係によって成り立っている。ここでは，スポーツ組織が生産したプロダクトを消費者に提供し，消費者がその対価となるカネをスポーツ組織に提供するという取引が行われている。この「基本的には直接的な消費者との取引」の間に介在・仲介し，スポーツ組織を代理して，もしくは取って代わって，取引を行う組織が存在する。このような組織が，「スポーツ代理店」や「スポーツマーケティングエージェンシー」「スポーツマネジメント会社」などといわれるものである。

　小規模なイベントであれば，スポーツ組織は観戦を希望する消費者にチケットを直接販売するであろう。つまり，直接取引による対応が可能である。しかし，イベントの規模が拡大し，観客が増加すれば，チケットの取引数が増加するために，スポーツ組織が直接取引を行うとその業務が煩雑になる。さらに大会規模が大きくなれば，テレビ局との放映権の取引や，企業とのスポンサー権利の取引が必要になり，多様な業務が発生する。

　このように，イベント規模の拡大に伴って，取引数・種類，その内容とマーケティング手法などが複雑化，専門化していく。一方で，スポーツ組織の持つ経営資源は限られている。そのため，スポーツ組織は，それぞれの取引について代理店に代理，委託して行わせることに，合理性を見出すようになる。

3.2 スポーツ代理店の役割の変遷

　スポーツ代理店の担う役割の変遷，すなわち多角化の経路は企業によって異なる。例えば，1960年代に創立された世界的なスポーツ代理店であるインターナショナル・マネジメント・グループ（IMG）の事業は，選手の契約書作成や選手マネジメント業務に端を発している。その後，選手育成事業に加え，マネジメント選手の活動の場としてのスポーツイベントの企画・運営事業へ拡大し，競技団体の代理人事業，ライセンス事業，放映権の取り扱いなどに事業を拡大させた（菊地，2007）。他方，単一の広告代理店として最大規模の電通は，1960年代にゴルフやテニスなどの大会を開催していたテレビ局と大会スポンサーの仲介役を担ったことがスポーツ代理店としての出発点となった。その後，競技団体の代理人事業を足がかりに，ライセンス事業や放映権販売，大会運営，選手マネジメント業務へ事業を拡大している（松原，2007）。

　スポーツ代理店が事業拡大を見せる一方で，近年では，代理店に完全に委託していた権利マネジメントを再度スポーツ組織に戻そうとする動きも見られる。例えば，スポーツ組織が組織内に代理店機能を保持しようとしたり，代理店業務を行う会社の設立に出資することで権利販売に参画しようとしたりする事例が見られている。この背景には，代理店が権利保有者となることで，スポーツ組織が高額な権利金を得ることができた反面，結果として権利の管理ができなくなることや（小林，2009），権利が集約されることによりガバナンスが効きにくくなるという問題が表面化したことが挙げられる。

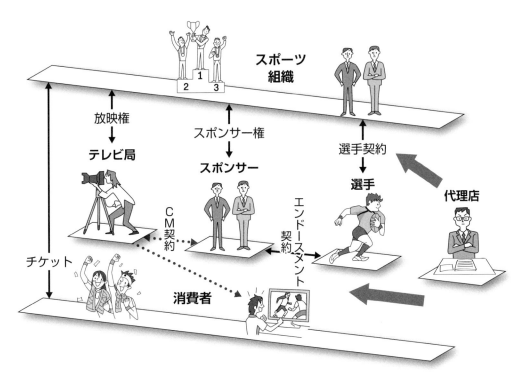

■ Fig.5.3.1　スポーツ代理店の関わり得る取引

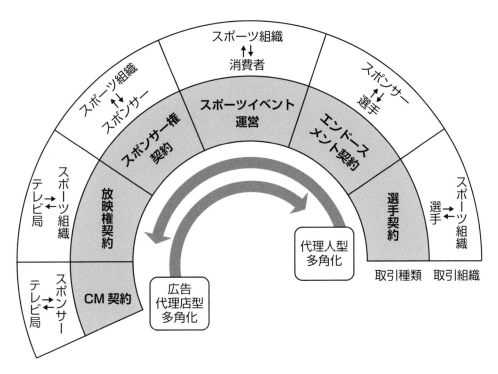

■ Fig.5.3.2　スポーツ代理店の役割の広がり

3.3 スポーツ代理人とは

　スポーツ代理人とは，エージェントともいわれ，スポーツ選手に対して，選手契約の交渉業務を中心に，エンドースメント契約の交渉やマネジメント業務，生活環境の整備などのサービスを提供することで報酬を得る者を指す。日本においては，プロ野球やJリーグの代理人資格制度によって，その数が限定的なこともあり，マネジメント業務についてはマネジメント会社に委託するケースも見られる。代理人は，選手の権利保護やプロスポーツ全体の発展において重要な存在であるが，その一方，権限の濫用や不当行為という問題も存在する。

　スポーツビジネスが巨大産業となっているアメリカでは，各プロリーグの選手組合規程および法制度によって，代理人の規制が行われている。例えば，各選手組合においては，選手を代理する場合の登録認可や年間登録料などが定められ，2004年に連邦法として，スポーツ代理人責任・信託法（SPARTA：Sports Agent Responsibility and Trust Act）が，主に学生選手を代理する者を規制する目的のもとに制定された。他方，競技連盟による規制としては，FIFAが先導し，厳しい公認代理人資格制度を敷いてきた。ただし，2015年より当該制度は廃止され，Jリーグにおいても，登録制の仲介人制度へと移行している。日本のプロ野球においては，2000年に代理人制度が導入されたが，普及しているとはいまだいえないのが現状である。

　代理人資格制度は，質の悪い「好ましくない」代理人を市場から締め出す役割に加え，高い質のサービスを提供する「望ましい」代理人が，「好ましくない」代理人と自らを差別化する「シグナリング」の役割を果たす可能性を持っている。ただし，制度が機能するためには，そのプロスポーツの置かれている外部環境や，選手の移籍に関する状況を鑑み，その策定や制度内容の修正を行っていくことが重要となる。

3.4 スポーツ代理人と選手間の取引における課題

　身体資本の活用を委託する者（プリンシパル）としての選手と，受託者（エージェント）である代理人の関係において危惧される取引の問題とは，どのようなものだろうか。

　まず，問題が発生する原因として次の2点が挙げられる。1点目は，選手が，時間的な制約と代理人業務の専門性を原因として，「代理人の仕事ぶりや，その対価としての報酬が適切かどうか」について評価ができない可能性（情報の非対称性）が高いという点である。2点目は，両者の利害が一致しない可能性（利害の不一致）があるという点である。これにより，選手が代理人の仕事を評価できず，利害が異なる場合，代理人が，自分に有利で選手に不利になるような行動をとる危険性が発生する（モラルハザード）。さらに，選手期間が短いことや移籍のタイミングが限られているために，代理人が法外な代理人報酬の要求などを行ったとしても，選手はそれを受け入れるしかないという問題（ホールドアップ）も懸念される。

　これらの問題の解決策としては，「情報の非対称性の削減」と「利害不一致の解消」が考えられる。ただし，前者については，選手が代理人業務の専門性を身に付けることが困難であることを考えると，後者が現実的な解決策であると考えられる。代理人の持つ利害を，選手の利害と一致させるような制度や社会関係の構築が望まれる。

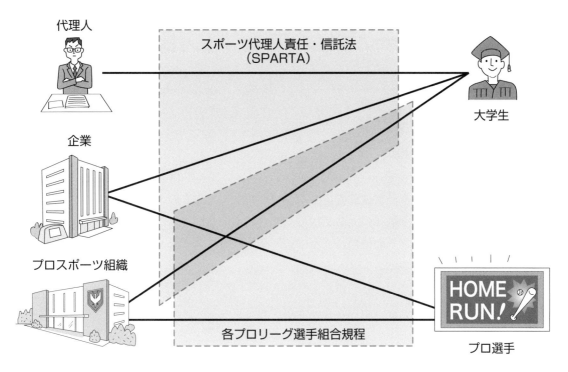

■ Fig.5.3.3　スポーツ代理人行為の規制制度とその範囲（アメリカ）

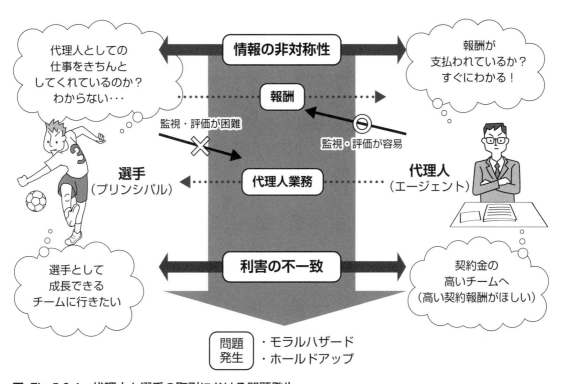

■ Fig.5.3.4　代理人と選手の取引における問題発生

第6章 グローバルスポーツの市場創造

1. メガスポーツイベント

1.1 スポーツイベントの種類

　スポーツイベントといっても、「見る」対象もあれば「する」対象もあり、国際的なメガイベントもあれば地域のスポーツ大会のようなローカルレベルのものまで存在する。また、1年に一度や4年に一度という単発の大会だけでなく、日常的なプロスポーツの試合などもスポーツイベントである。イベントの種類によっては、集客戦略やスポンサー獲得が必要な場合もあり、それぞれに求められるマネジメント機能が異なる。したがって、何らかの基準をもってイベントのタイプを把握しておく必要がある。例えば、「見る」か「する」かという関与形態や、グローバルかローカルかという規模による分類がある。

　しかし、明確な区分が困難なイベントも少なくない。東京マラソンは3万人以上の市民ランナーが参加対象であると同時に、世界のトップ選手も招待され、見る対象にもなっている。また、ヨーロッパ各国のサッカーリーグの試合は、その国内だけでなく世界各国でテレビ放映されている。そこで、それらの基準要因を連続性があるものとして図示することも1つの方法であり、これによって各イベントの位置付けが確認できる。そうすると見る対象であるイベントのすべてが、メディアの注目度が高く経済活動規模が大きいとは限らず、グローバルスポーツイベントが必ずしもメディアの注目度が高いわけではないことがわかる。見る対象でグローバルという両方の要件を満たすメガスポーツイベントは、最も注目度が高く、経済規模も大きい。

1.2 スポーツイベントの価値

　多様なスポーツイベントがある中でも、各種メディアが多額を投じて報道することを望み、多くの企業が同じく多額を投じてスポンサーになることを求めるオリンピック・パラリンピックやFIFAワールドカップなどは、世界有数の価値あるメガスポーツイベントである。この価値の高さは、どれだけ多くの人がテレビを通して見るかということで決まる。特にイベントのスポンサー企業にとっては、魅力的な市場、つまり購買力のある国や地域においてどの程度テレビ視聴者が存在するのかが基準となる。そういう点では、夏季および冬季のオリンピックよりも、アメリカ国内リーグのNFL（アメリカンフットボール）の優勝決定戦にあたるスーパーボウルが最も価値あるイベントとして評価されるのも理解できるであろう。これ以外にも、全米大学バスケットボール決勝トーナメント（NCAA ファイナル4）やメジャーリーグベースボール（MLB）の優勝決定戦などのアメリカ国内のイベント、およびヨーロッパのサッカークラブによるチャンピオンズリーグなどの価値が、世界水泳、世界陸上、世界体操選手権などのサッカー以外の種目による国際大会よりも高く評価されている。

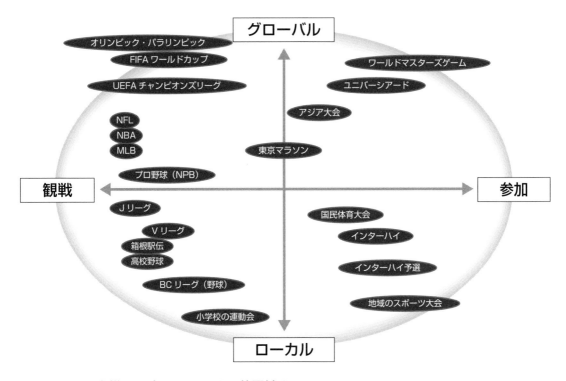

■ Fig.6.1.1　多様なスポーツイベントの位置付け

	イベント名称	開催地	ブランド価値
1	スーパーボウル（アメフト）	アメリカ	5.80億ドル
2	オリンピック：夏季	国際	3.48億ドル
3	オリンピック：冬季	国際	2.85億ドル
4	FIFAワールドカップ（サッカー）	国際	2.29億ドル
5	レッスルマニア（プロレス：WWE）	アメリカ	1.70億ドル
6	NCAA男子ファイナル4（大学バスケットボール）	アメリカ	1.50億ドル
7	デイトナ500（カーレース：NASCAR）	アメリカ	1.36億ドル
8	UEFAチャンピオンズリーグ（サッカー）	ヨーロッパ	1.27億ドル
9	カレッジフットボール・プレイオフ（アメフト）	アメリカ	1.06億ドル
10	MLBワールドシリーズ（野球）	アメリカ	1.01億ドル

■ Fig.6.1.2　世界のメガスポーツイベントの価値（Ozanian, 2015 より）

1.3 スポーツイベントの誘致

　価値の高いメガスポーツイベントは，その開催地に与える経済的および社会的な影響が多大であるため，各都市は競ってそれらのイベントを誘致する。メガイベントはその準備に数年間を要すること，そして開催能力を見極めて開催都市を決定するために慎重な検討が必要であることから，開催を希望する都市は相当早くからその計画策定を含む招致活動に取り組むことが求められる。オリンピック・パラリンピックの場合は大会開催の7年前にIOC委員の総会において開催都市が決定されるのだが，まず，開催を希望する大会の9年前にIOCに大会開催希望の表明となる申請書を提出する。それに向けてNOCは国内での立候補都市の調整を行い，申請都市を決定しておく必要がある。2020年大会に向けては，日本の申請都市となった東京のほかに，5都市が申請書を提出した。この申請書を評価する基準には，大会開催に対する政府の支援，国民の支持，そしてインフラの整備，都市の治安，開催するスポーツ施設，および宿泊施設，選手・役員・メディア・観客の輸送などがある。

　評価の結果からいくつかの都市が選ばれ，申請都市から立候補都市として承認されることになる。2020年大会では，東京，イスタンブール，マドリードが立候補都市となった。立候補都市はIOCからの質問に答える形式での立候補ファイルを作成し，期日までに提出する。このファイルをIOC委員，各種国際競技団体，NOC，IOC選手会，そして国際パラリンピック委員会からの代表者，および専門家による評価委員会が審査し，視察も行い，報告書をまとめる。それを受けてIOC総会で開催都市が選定される。

1.4 スポーツイベントのグローバル化

　メガスポーツイベントは，スポーツが早くからイベントという形式で行われてきたヨーロッパ諸国を中心に開催され，発展してきた。IOCやFIFAなどの国際競技団体の役員の構成にその名残がある。これに加えて，経済大国かつスポーツ大国のアメリカ，そして第二次世界大戦後に急速に経済成長を遂げた日本なども複数のメガスポーツイベントの開催を経験してきた。このような先進国で発展し成熟したメガスポーツイベントが，新興国においても興味や関心が持たれるようになり，そこでの開催が可能になることがスポーツイベントのグローバル化である。かつて日本が高度経済成長期に東京オリンピック（1964年）を開催したように，1988年には韓国・ソウルで，2008年には中国・北京で夏季オリンピックが開催された。そして，2016年はブラジル・リオデジャネイロ大会である。FIFAワールドカップは，2010年に南アフリカ大会，2014年にブラジル大会，2022年にカタール大会が開催された。

　このようなグローバル化によって，スポーツイベントはそのプロダクトとしての寿命を延ばし，衰退せずに発展を続けていると見ることもできる。つまり，先進国において成長，成熟し，これ以上の成長が望めず，あとは現在の規模を保つだけの状況に置かれたプロダクトとしてのスポーツイベントが，新興国においては新たなプロダクトとして位置付けられ，そこで再び成長が見込めるようになる。サッカー人気が急激に高まっているASEANでのFIFAワールドカップの開催やアフリカでのオリンピック開催が近い将来において実現する可能性は十分にある。

段階	期日	ステージ
申請都市	2011年9月1日	IOCへ2020年夏季オリンピック大会候補申請提出
	2012年2月15日	IOCへ申請ファイル（IOCの質問事項に従って開催計画の概要をまとめた文書）を提出
立候補都市	2012年5月24日	IOC理事会がイスタンブール，東京，マドリードを立候補都市として承認する決定を発表
	2013年1月7日	立候補ファイル提出
	2013年6月25日	IOC評価委員会報告書の公表
	2013年9月7日	第125次IOC総会（アルゼンチン・ブエノスアイレス）2020年オリンピック・パラリンピック競技大会開催都市として東京が決定

■ **Fig.6.1.3　2020年東京オリンピック開催決定までの流れ**

（フェランほか,2013；東京都オリンピック・パラリンピック準備局,2014より）

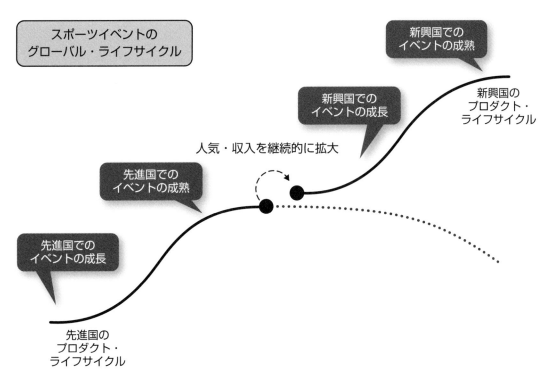

■ **Fig.6.1.4　スポーツイベントのライフサイクルとグローバル化** （今枝,2014より）

2.1 「権利を売る」という仕組み

スポーツにおける権利ビジネスの代表格といえるスポンサーシップの定義として，経費負担や支援という言葉が用いられてきたように（間宮，1999），以前は日本国内において，スポーツ側が頼み込んで企業に出資，あるいは物品を提供してもらうという考え方が一般的であった。この関係は，企業に経済的な余裕がある場合は問題ないのだが，経営状況が厳しくなると成立しなくなる。実際に，多くのスポーツ組織は，バブル経済崩壊後に企業に見放されるという経験をしてきた。スポーツ組織に出資する価値を両者が十分に検討してこなかった結果である。

　企業からスポーツ組織への資金の動きが，寄付やフィランソロピーでない限り，両者がメリットを得るようなビジネス関係が成立することが，その関係が継続するための条件である。つまり，企業はスポーツ組織および運営されるスポーツイベントを活用してビジネスメリットを得る権利に対して，その等価を出資するのである。スポーツ組織はパートナーとなる企業のマーケティング活動に有効となる多様なメリットを準備し，その権利と引き替えに資金を得るという仕組みが「スポーツスポンサーシップ」である（藤本，2008）。このほかにも，スポーツ組織のロゴを使用して物品を販売する権利（ライセンシング），スポーツ選手を広告塔として活用する権利，そして大会や試合をテレビ放送する権利（放映権）など，スポーツ組織が資金と交換に提供できる権利は多様に存在する。

2.2 スポーツの権利ビジネス誕生

　オリンピックを開催すれば儲かるという認識が広まっているが，以前は開催都市の負担がかなり大きかった。1976年のモントリオール大会では，計画以上に開催費用がかさみ膨大な赤字を抱え，市民の税金によるその返済に30年もかかった。このような負担のために開催地として立候補する都市も一時は少なくなっていたが，大会運営を黒字に変え，開催都市にとってオリンピックが魅力的なコンテンツになるきっかけを作ったのが，1984年のロサンゼルス大会であった。大会組織委員長のピーター・ユベロス氏を中心として，民間の資金を積極的に活用する仕組みが導入された。それがオリンピックに関わるさまざまな「権利を売る」というビジネスであった。スポンサーシップ契約においては，1業種1社というルールを導入し，契約した企業にとってはライバル企業を排除でき，その業界では独占的にオリンピックに関わる権利が得られる仕組みを作った。このスポンサー企業のメリットを最大限に高めたことが，契約料収入を大幅に増加させた。また，放映権は最高額を提示した放送局のみと契約され，これに伴う収入も大幅に増加し，前回大会に比べて3.5倍以上に膨れ上がった。その後も放映権料の劇的な高騰は続いている。オリンピックと並んで有数の国際スポーツイベントとして位置付けられるFIFAワールドカップも，1業種1社のスポンサーシップ契約の導入などによって収入を増やした。世界各国での視聴者数の増加を重視し，できるだけ低額に保ってきた放映権料も，サッカー新興国である日本と韓国での大会開催（2002年）をきっかけに急激に高まった。

FIFAワールドカップ 2019−2022収入 (2022カタール)		オリンピック・パラリンピック 2017−2020/21収入 (2018平昌・2020/21東京)
1,091億円 （ホスピタリティ権利含む）	チケット収入	無観客
3,939億円	放映権料収入	5,226億円
2,064億円	スポンサーシップ 収入	2,639億円
884億円	ライセンシング 収入	151億円

※115円／USドル（2021年1月31日現在）

■ Fig.6.2.1　FIFA ワールドカップとオリンピックの権利ビジネス

（FIFA ANNUAL REPORT 2022；OLYMPIC MARKETING FACT FILE 2023EDITION より）

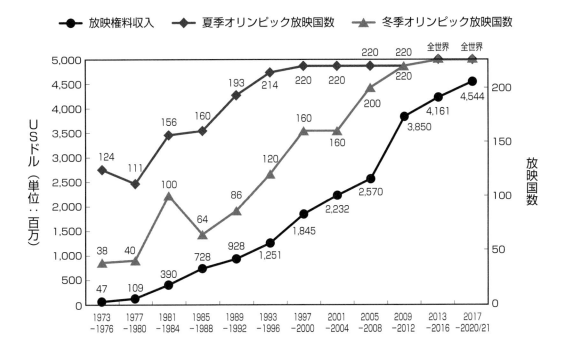

■ Fig.6.2.2　オリンピックの放映権料収入と放映国数の推移

2.3 権利ビジネスにおける好循環

　企業にとって魅力ある権利を提供することができるメガスポーツイベントを除いて，ほとんどのスポーツイベント，さらにプロスポーツ組織などは，権利を買ってくれるスポンサー探しに苦戦している。ただ，交渉がうまく進み，いったん権利ビジネスがスタートすると好循環を生み出す可能性がある。つまり，権利と交換に得られる資金は，スポーツイベントやスポーツ組織の事業の拡大に投じることができ，その結果，顧客に対して提供するサービスの質が向上する。

　例えばプロスポーツチームは，ユニフォームへのロゴ掲載やスタジアムでの広告看板設置などの権利によるスポンサーシップ契約料を得ることで，チームの収入が増える。この増収によって，チームにとって重要な経営資源である選手の補強をすることができる。選手強化は，チームのパフォーマンスおよびそれに伴う成績を高め，観客やテレビ視聴者の満足を生み出す。これが，既存顧客の観戦頻度を高め，また新規顧客の獲得にもつながり，観客，テレビ視聴者が増加する。つまり，スポンサー企業名・ブランド名やその商品名をユニフォームや看板において目にする消費者が増えることになり，スポンサー企業にとってもメリットが高まる。すると，次期のスポンサーシップ契約において，契約継続，契約料の値上げ，新規契約など，さらにチーム収入が増加する可能性が高まる。これで一巡したが，収入が増加すれば，また選手強化が可能になる。一方で，成績悪化，観客減少，スポンサー契約解除のうちのどれがきっかけになるかはわからないが，悪循環が起こる可能性もあるので，十分な注意が必要である。

2.4 スポーツ施設のネーミングライツ

　都市名や都道府県名ではなく，企業名・ブランド名や商品名を冠したスポーツ施設が日本国内でも多く見られるようになった。これは，「ネーミングライツ」と呼ばれ，主にスポーツ施設などに名前を付ける権利を企業などに付与し，その対価を得るという権利ビジネスの仕組みである。アメリカのプロスポーツのスタジアムやアリーナでは，1990 年代後半からこの導入が増え，同時に以前にはない高額な契約も見られるようになった。1999 年にはアトランタに年間約 12 億円という当時は破格の契約で Philips Arena が，2002 年にはヒューストンに同額で Reliant Stadium（現 NRG Stadium）が誕生した。現在，多くの契約は年間約 5 億から 10 億円程度であるが，年間約 20 億円という大型契約も大都市を拠点とするプロチームのホーム施設において見られる。

　早くからこの権利ビジネスの仕組みを導入したアメリカでは，20 年や 30 年という比較的長い契約を結んでいるスポーツ施設が多く，スポーツ施設は安定した収入を長期にわたって得ることができる。一方で，長期契約が少ない日本においては，数年先の収入源が見えず，長期計画を立てることが困難である。さらに短期契約では，施設名称を消費者に覚えてもらうことも難しく，企業にとっても十分な効果が得られない。そんななかでも，2003 年から複数年契約を繰り返し，計 20 年以上も続く味の素スタジアムは，年間 2 億円以上を安定して得ている。また，2005 年に 5 年間で 25 億円の契約が交わされたヤフードーム（その後ヤフオクドーム）は，現在も福岡 PayPay ドームとしてネーミングライツ契約が継続している。最近では，エスコンフィールド HOKKAIDO において年間 5 億円 10 年契約が結ばれるといった例も見られる。

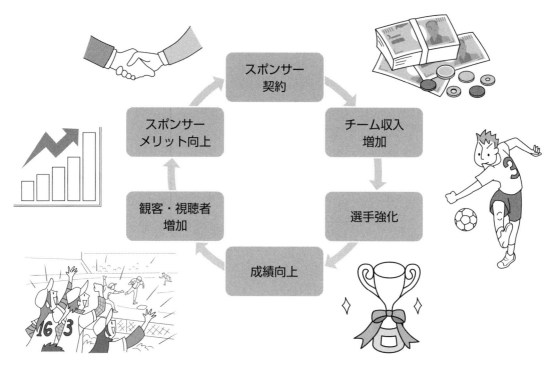

■ Fig.6.2.3　スポーツスポンサーシップの好循環

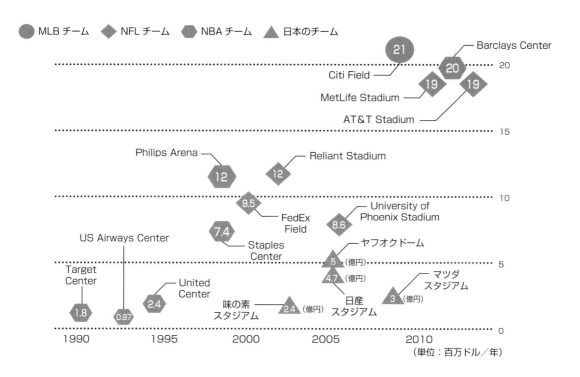

■ Fig.6.2.4　プロスポーツのホーム施設のネーミングライツ（Schaul and Belson, 2013 より）

3. 経済効果とスポーツレガシー

3.1 スポーツの経済効果

　スポーツイベントの開催は，その主催組織の収入を生み出すだけでなく，そのイベント開催地に経済効果をもたらす。「○○大会の経済効果は○○兆円」「○○の優勝による経済効果は○○億円」というようなニュースをよく目にする。しかし，多くのケースが短期的な一過性の経済効果だけを取り上げている。つまり，スポーツイベントに何人が集まり，1人当たり平均でいくら支出したというような一時的なカネの動きに焦点があてられる。

　スポーツイベントの経済効果について考える時に重要なことは，その都市や地域におけるスポーツを取り巻くカネの動きを長期的な視点でとらえることである。各自治体は，スポーツ施設を充実させる，あるいはイベントを誘致し，企画することによって，地域外からも多くの参加者を誘引できる。ただ，そのイベント企画および施設整備は，税収がもとになっている自治体の資金が投じられて行われる。イベントや魅力的な施設に導かれた来訪者は，その地域内でさまざまな消費を行う。スポーツ施設を利用し，ホテルに宿泊し，食事をし，お土産を買う。このような消費行動が地域における収益を高め，関連業界での雇用を生み出す。そして地域住民の収入増加を導く。すると自治体の税収が増加し，またスポーツイベントや施設への投資額が増えるというように循環する。つまりスポーツイベントは，一過性の経済効果を生み出すだけではなく，カネが循環する仕組みを作ってこそ開催地への経済効果があるといえるのである。

3.2 経済効果算出の落とし穴

　スポーツイベント開催やプロスポーツ組織の活躍による経済効果は，一般的には産業連関表という，国内経済における財やサービスの産業間取引を示した統計表を用いて推計されている。はじめに，そのイベントによって新しく生み出された自治体や開催組織の支出や参加者の消費などの直接的な経済効果が算出される。次にこれらの消費が発生した際に起こる各産業の生産の増加，つまり一次波及効果が加算される。さらに一次波及効果で雇用者所得が増え，消費支出が増えるのだが，その結果誘発される生産額を推計する。これが二次波及効果である。各段階での消費額の見込み次第で，最終的な推計に大きな差が生じる。スポーツイベントの経済効果推計額がさまざまであるのはこのためで，これでは正確な効果を推計できているとはいい難い。経済効果を推計する過程において配慮すべき点は，イベントから波及された域外での経済活動を差し引くことである。例えば，スポーツ施設建設の資材の一部が域外で製造された場合の雇用者所得の増加とそれに伴う消費および波及効果は，推計する経済効果から除く必要がある。また，経済効果として推計された金額が単純に地域において上乗せされた経済活動と考えてはいけない。スポーツイベントによる新規需要から生まれた生産活動がなかったとしても，既存の需要による生産活動があったはずで，むしろそのほうが雇用者所得は多かったかもしれない。そもそもイベントによって生み出された消費の裏側に，イベントのために減少あるいは停止する日常の消費活動があることも認識しておくべきである。

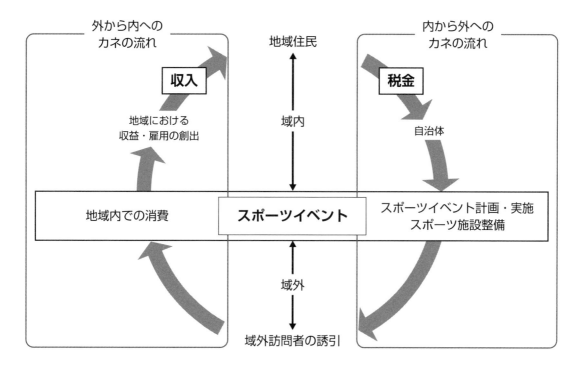

■ Fig.6.3.1　スポーツイベントを取り巻くお金の動き（Howard and Crompton, 2004 より）

公表年月日	調査・研究レポートタイトル	調査元	経済効果
2012年 6月7日	2020年オリンピック・パラリンピック開催に伴う経済波及効果は約3兆円雇用誘発数は約15万人	特定非営利法人 東京2020オリンピック・パラリンピック招致委員会 東京都スポーツ振興局	2兆9,600億円
2013年 9月13日	2020年東京五輪の経済効果をどう見るか―7〜12兆円の経済浮揚効果―	株式会社日本総合研究所	6兆7,780億 〜 11兆7,780億円
2013年 9月19日	2020年東京五輪が日本経済に与える影響	三菱UFJモルガン・スタンレー証券株式会社景気循環研究所	29兆3,000億円
2013年 9月27日	2020年東京オリンピックの経済効果〜五輪開催を触媒に成長戦略の推進を〜	みずほ総合研究所株式会社	2兆4,900億円
2014年 1月	2020年東京オリンピック・パラリンピック開催に伴う我が国への経済波及効果	一般財団法人森記念財団都市戦略研究所	19兆4,000億円

■ Fig.6.3.2　東京オリンピック・パラリンピックの経済効果推計
（一般財団法人長野経済研究所, 2014 より）

3.3　スポーツイベントの多様なレガシー

　スポーツイベントは開催都市に有益な事象を残す。例えば，1964年東京オリンピックの開催にあたっては，旧国立競技場をはじめとするスポーツ施設が建設され，さらには新幹線や高速道路，幹線道路などのインフラが整備され，東京およびその周辺，そして日本の経済的発展が導かれた。このようなイベントの遺産はレガシーと呼ばれ，スポーツイベントの開催において重要視されている。そのイベントが開催地に何を残すのかという，レガシーに関する計画は，イベントの計画時点，あるいは誘致する時点から求められる。オリンピックやFIFAワールドカップで求められる巨大なスポーツ施設は，その後の有効活用が難しいため，大会終了後はコンパクトに形状を変えて活用される計画が立てられ，実行されている。大会中に選手村として使用された宿泊施設が，その後に一般住宅として利用されている事例もある。

　このようなレガシーの多くは，計画的で，有形，そしてポジティブなものがほとんどである。しかし，実際には，想定していなかった非計画的なレガシー，目に見えない無形のレガシー，ネガティブなレガシーも多く存在する。スポーツ施設やインフラなどの物理的レガシーに注目が集まるが，スポーツイベントが開催都市および住民に与える社会的・心理的な便益を含めた無形のレガシーにも注目すべきである。また，膨大な赤字を残した1976年のモントリオールオリンピックは，まさに予期しなかったネガティブなレガシーが多かった。市民に多額の借金を背負わせ，スタジアムも有効に活用されていない。このようなネガティブなレガシーについても評価，分析を行い，今後のイベント招致や開催に適切な情報を提供するべきである。

3.4　スポーツレガシー

　スポーツイベントのレガシーは，経済，インフラ，情報・教育，市民生活・政治・文化，記憶と歴史などさまざまな領域において見られるが，当然ながらスポーツそのものに関わるレガシーも存在する（Cashman, 2005）。1964年の東京オリンピックによって日本国民のスポーツへの関心が高まり，する人，見る人が増えた。2002年FIFAワールドカップ日韓大会では，サッカーを応援することへの人々の関心が高まり，国内Jリーグの試合入場者数減少に歯止めがかかり，見るスポーツとしてのサッカーが確立された。

　このようなスポーツレガシーは，メガスポーツイベントを開催した都市や国においてだけ起こるものではない。国外での国際大会における自国チームや選手の活躍が，人々のスポーツへの関わりに影響を与えることは少なくない。2011年にサッカー女子日本代表がワールドカップを制した。その直後，それまで1,000人にも満たなかった国内リーグ戦に17,812人が押し寄せた。世界一の影響でその年後半の観客数が増加し，2011年度の平均入場者数は2,796人になった。ラグビーにおいても，2015年ワールドカップで日本代表が活躍した後の国内リーグ戦において観客数の増加が見られた。その人気は2019年ワールドカップ日本開催でさらに高まり，にわかファンの存在が認知されるようになった。このにわかファンが離れると一気に観客数が減ることは，女子サッカーのその後の状況から見ても明白である。にわかファンの定着は人気の継続の鍵であり，各リーグにはさらなる工夫が求められる。

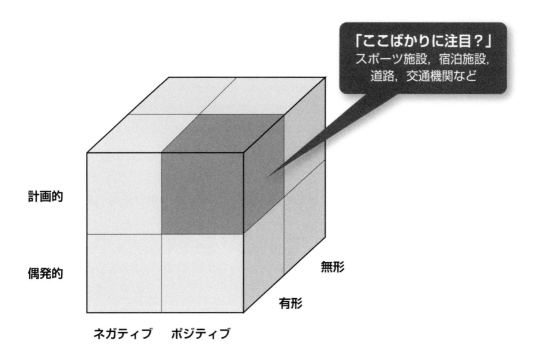

■ **Fig.6.3.3 レガシーキューブ**（Preuss, 2007 より）

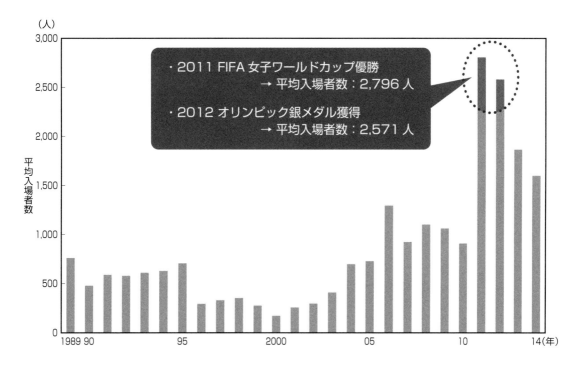

■ **Fig.6.3.4 サッカー女子日本代表の国際大会での好成績と「なでしこリーグ」との関係**

第7章 グローバルスポーツのマーケティング

1.プロスポーツの集客テクニック

1.1 スポーツファンのセグメンテーション

　マーケティングにおいて最も重要なことは，顧客のニーズを満たすことであるが，プロスポーツにおいてはこのニーズが多様である。観戦者はみな同様に，その試合展開，選手の秀でたスキルやチームの戦術を試合開始から終了まで集中して見ているわけではない。一緒に来た友人や家族と会話をしたり，飲食したり，非日常的な空間を楽しんだりしている観客も少なくない。

　このような一様ではない観客のニーズの把握とその充足を効率よく行うために必要なことは，何らかの基準によって観客（潜在的観客も含む）をいくつかの小集団（セグメント）に分け，各セグメントに適した対応を検討することである。これが「マーケットセグメンテーション（市場細分化）」である。例えば，観戦頻度を基準にセグメンテーションを行うと，シーズンチケットを所有しているような頻度が高いセグメントに含まれる観客は，チームの勝利による達成感やチームとの一体感を求める傾向があり，一方で低頻度の観戦者は社交や日常からの逃避などを比較的重視している傾向がある。各セグメントに異なった戦略をとるのは必然である。さらに，情報入手方法，支出可能な料金，最適の試合開催日時などが異なる傾向もある。

1.2 集客におけるマーケティング

　人が物やサービスの購買・消費に至るには，基本的には次の過程をたどる。まずニーズを認知し，それを満たす製品・サービスを探索する。先に自身の記憶を頼り（内部探索），その情報が不十分であればさまざまな媒体での情報収集を試みる（外部探索）。その結果，いくつかの候補を比べて最適のものを選び，購入し，消費する。これはスポーツ観戦に至る場合も同じである。

　スポーツ観戦に至る過程の中で，プロスポーツチームが最も注力する必要があるのは情報探索の段階である。事前評価の候補に挙がらないと消費される可能性がないと考えると，消費者が集めた情報に「○○の試合観戦」が含まれる必要がある。そのための1つの方法は，プロモーション活動によって消費者の外部探索による情報処理過程に刺激を与えることである。電車の中吊り広告，ホームページやSNSによる情報発信，特別なイベントや特典を付けたりする販売促進活動など，さまざまな手段を駆使して消費者の情報網にかかるようにする。

　もう1つは，消費の結果から導かれる満足を与えることである。満足した経験は消費者の記憶にとどめられ，次の消費機会の内部探索において，その情報が引き出される。この顧客満足は口コミで他者に伝わることもあり，これが伝わった者にとっては外部探索になる。この口コミ情報は，記憶として保持されてその後の消費意思決定時の内部探索で活用されることもある。いずれにせよ，顧客満足を与えることは，時間はかかるが結果的に集客に結びつくのである。

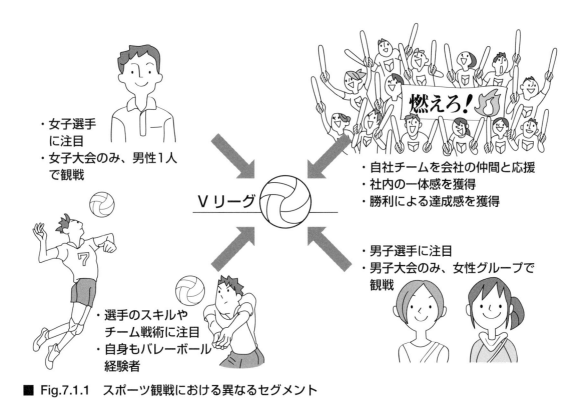

・女子選手に注目
・女子大会のみ、男性1人で観戦

・自社チームを会社の仲間と応援
・社内の一体感を獲得
・勝利による達成感を獲得

・選手のスキルやチーム戦術に注目
・自身もバレーボール経験者

・男子選手に注目
・男子大会のみ、女性グループで観戦

Ｖリーグ

■ Fig.7.1.1　スポーツ観戦における異なるセグメント

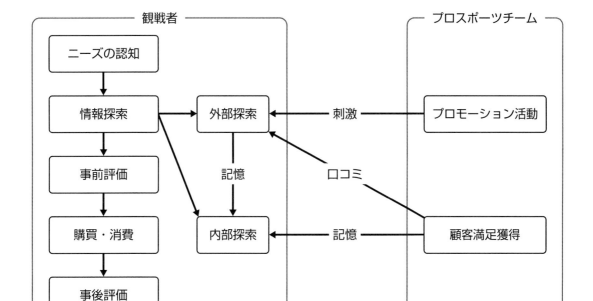

■ Fig.7.1.2　消費意思決定における情報探索 （Blackwell ほか, 2001 より）

1.3 試合に負けても集客できる方法

　一般的には提供される製品やサービスの質が高ければ，顧客満足が得られ，再購買意図とそれに続く購買行動を導くと考えられている（Cronin ほか，2000）。しかしながら，プロスポーツはその提供するサービスの品質を常に高く保つことが困難である。つまり，試合会場で選手のパフォーマンス，および繰り広げられる試合展開を都合よく操作できないということである。筋書きを作り，偶然性をなくしてしまうとスポーツではなくなってしまう。そこでプロスポーツチームは，試合以外のハーフタイムショーや飲食などの周辺サービスに注力して，ある程度は提供するサービスの質を保ち，中核である試合内容が悪くても大きな不満を引き起こさないように努めている（Mullin ほか，2014；Yoshida and James，2010）。

　それでもプロスポーツという興業における試合そのものの出来映えの影響は大きい。人々の試合結果への関心は高く，成功者（勝者）と関係を強める一方で，失敗者（敗者）との関係を絶つという人間の習性が，スポーツの応援行動においては顕著に表れる（Cialdini ほか，1976）。前者は「バーギング」といって勝ったチームの栄光を利用して自尊心を高める行動で，後者は「コーフィング」といって負けたチームのネガティブな影響を遮断して，自身のイメージや評価を低下させないようにする行動である。試合の勝敗を成否だとすると，50％の確率でチームは失敗者になってしまうのだが，そんなに頻繁に顧客に見捨てられるとプロスポーツ経営は成り立たなくなる。そこで必要なのが「コーフィング」しないファンである。負けてもチームとの関係を絶たずに応援に来てくれるファンを多く持つことが，長期的に安定した集客には欠かせない。

1.4 プロスポーツのグローカリゼーション

　日本のプロ野球やJリーグで活躍した選手が，北米やヨーロッパに移って活躍するようになった。また，Jリーグは2012年にアジア室を設置し（2015年からは国際部），東南アジアでのJリーグの認知・人気の向上に関する戦略と同時に，アジアにおけるサッカーの発展に寄与することにも取り組んでいる。Jリーグに所属する各クラブも東南アジア諸国での活動や各国クラブとの連携を図り，グローバル化が推進されている。この背景には，少子高齢化が進む日本国内の市場に限りがあり，国外に市場を求めるねらいが存在する。

　ただ，プロスポーツビジネスにおいては，いまだ国内にも潜在市場が存在する。1993年のJリーグ開幕当時に存在した10クラブは，政令指定都市を中心にホームタウンが設置された。当時のプロ野球球団も同様に大都市に本拠地を置いており，北海道（札幌）や仙台を拠点とする球団が誕生したのは比較的最近のことである。Jリーグは開幕から30年が経ち，全国各地で60クラブが活動するようになった。これまでプロスポーツが存在しなかった地方都市にまでその市場を拡大している。ただしこのローカル化は，市場開拓だけが目的ではない。ホームゲームに足を運んでくれる地元ファンの数，および地元企業の財政的支援がプロスポーツチームの経営を大きく左右する。そのため，各プロ野球球団やJクラブ，プロバスケットボールやこれからプロ化を目指す各競技のトップリーグのチームには，地域密着戦略が欠かせず，プロスポーツチームの地域社会への貢献が求められる。

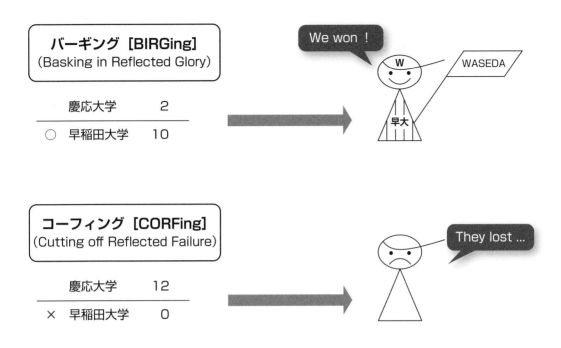

■ Fig.7.1.3　チームの勝敗とファンの反応

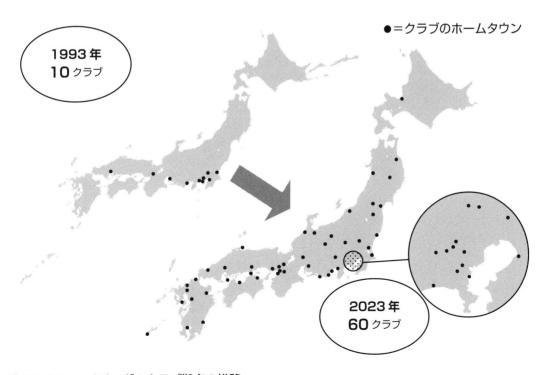

■ Fig.7.1.4　Ｊリーグのクラブ拠点の推移

2. スポーツとスポンサーシップ

2.1 マーケティングとスポンサーシップ

　スポーツマーケティングという言葉は，「見る」スポーツや「する」スポーツを人々に提供して，人々のスポーツに対するニーズを満たすという，スポーツそのもののマーケティングに加えて，スポーツを利用したマーケティングも指し示す。この "marketing of sports" と "marketing through sports" の違いを理解しておく必要がある（Pitts and Stotlar, 2007）。後者が，いわゆるスポーツスポンサーシップであり，企業がスポーツチーム（クラブ）やリーグ，あるいはイベントに契約料を支払い，その見返りとして自社のマーケティングの機会を獲得する。例えば，国際的スポーツイベントやプロスポーツの試合会場に企業名・ブランド名や商品名を記載した看板を設置したり，ユニフォームに企業名を掲載したりして，広告・宣伝効果を高め，商品の売上向上や企業・ブランドのイメージ向上を期待する。これは，スポンサー企業にとってはマーケティング活動の1つであるプロモーション活動にあたる。一方で，スポーツ組織にとってはマーケティングではなく，財源確保，つまりファイナンスにあたる。

　国内のスポーツ組織（競技団体・連盟など）が「マーケティング」を冠した部署を持っているが，そのほとんどがスポンサー獲得を担当している。その組織が関わるスポーツイベントの観客や視聴者を増やす，あるいは競技人口を増やすようなスポーツそのもののマーケティングを行っているわけではない。このような用語の使い方を確認しておくことも必要である。

2.2 スポンサーの意思決定

　企業がスポーツ組織やイベントのスポンサーになる場合，その契約料と同等のマーケティング活動の権利が得られ，マーケティング効果が見込めるかどうかが，契約における意思決定の要因となる。その期待される主要効果は，既述のように企業・ブランドおよび製品が認知され，イメージが向上し，売上が高まることである。その効果が得られるかどうかの判断には，そのイベントや試合の観客数，それらを伝えるメディアの数と多様性，そしてそのメディアの視聴者数などが用いられる。なかでも重要なことは，その観客や視聴者が，スポンサードする企業がターゲットとしている顧客層と一致しているかどうかの判断である。このほかには，企業が取引をしている他社の関係者をスポンサードするイベントに招待する機会や，ほかのスポンサー企業とビジネス上有益な関係を構築する機会も重要な意思決定材料になる（スタットラー，2010）。

　ただし，実際には支払う契約料に見合った直接的な広告・宣伝効果が得られないことがわかっていながらスポンサー契約を結ぶケースもある。1業種1社というスポンサーシップ契約の縛りがある場合，自社がその契約を確保することで他社を締め出すことができる。自社の広告効果に見合う契約料ではなくても，他者にその権利を与えないという自社の優位性を含めるとその価値は高く評価できる。また，自社と同様の，あるいは自社が目指すようなグローバル企業が国際イベントのスポンサーに名を連ねている場合も，それらの優良企業と同等の評価を得るために，高額な契約料を支払ってでもスポンサーになることを決めることもある。

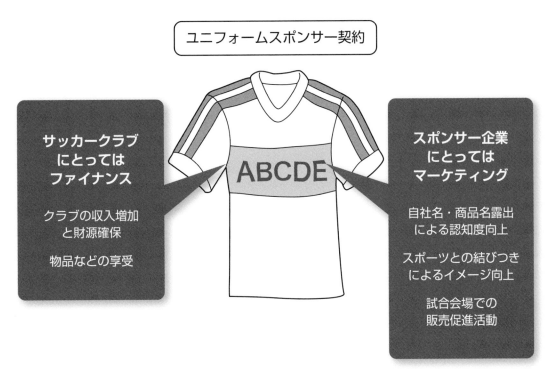

■ Fig.7.2.1　スポンサーシップの機能の違い

■ Fig.7.2.2　スポンサーシップ契約の意思決定

2.3 スポーツにおけるスポンサーフィット

　スポーツイベントやプロスポーツチームをターゲットとしてスポンサーになる企業にとっては，スポーツのプラスのイメージを利用することが目的の1つになるため，そのような企業の中には，スポーツとはかけ離れたイメージを抱かれているような企業も存在する。しかし，スポンサー契約はスポンサー企業とその対象となるスポーツイベントやスポーツ組織の両者の一致性が効果を高めると考えられている。この一致性が「スポンサーシップフィット」と呼ばれる概念である。

　このフィットは，イメージの類似性だけではなく，地理的類似性，知名度の類似性，消費者からの好意的態度の類似性，試合中のスポンサー商品の使用度，試合の観客や視聴者とスポンサー企業の顧客層の類似性などによって，その程度が決まる。また，たとえこれらの類似性が低くても，スポンサーシップを長期間継続しているとフィットが高まるとも考えられている（Olson and Thjomoe, 2011）。このような要因によるフィットが高ければ，この組み合わせは消費者の記憶にとどまりやすくなり，スポンサー企業やブランドおよびその商品が想起されやすくなる。すると，それらの購買行動の可能性が高まり，企業が求める効果が得られることになる。

　なお，スポーツ側にとってもこの一致性は重要である。スポーツの爽やかで健全なイメージを利用しようと接触してくる企業の中には，社会的評価が決して高くない企業も存在する。そのような企業とスポンサーシップ契約を結ぶことで，スポーツ側のイメージや評価が低下する可能性は十分に考えられるため，慎重な検討が必要である。

2.4 アンブッシュマーケティング

　国際的に注目度の高いメガスポーツイベントやプロスポーツ関連の組織に対して巨額を投じてビジネスの権利を獲得する企業がある一方で，スポーツイベントの盛り上がりに便乗して，身銭を切らずにマーケティング効果を得ようとする「ずるい」企業による活動がある。これが「アンブッシュマーケティング」と呼ばれるものである。アンブッシュ（ambush）とは「待ち伏せして隠れたところから攻撃する」ことを意味する。つまり，公式スポンサーとして表舞台に立つことなく，密かにマーケティング活動をすることである。

　1業種1社の契約が主流となった現在では，各業種において契約料を支払った1つの企業だけが，そのイベントに関わるビジネスの権利を獲得し，マーケティング活動を展開することができる。しかし，契約できなかった企業にとっても，2年に一度や4年に一度という国際スポーツイベントは，各社のグローバル戦略のためには是が非でも利用したい広告媒体である。

　しかし，このアンブッシュマーケティングの対象となるスポーツ組織は，このようなずる賢い活動を制御しなくてはならない。さもなければ，多額を投じている公式スポンサー企業は不公平感を抱き，契約料が無意味であると感じる。これは，今後のスポンサーシップ契約に決してよい影響を与えないであろう。実際には，国際イベントを統括する組織やプロスポーツリーグは，この制御のために，さまざまな規則を設けている。

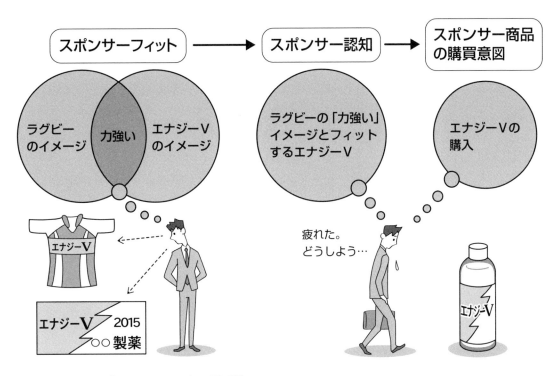

■ Fig.7.2.3　スポンサーフィットの重要性

サッカー国際大会での日本代表の試合当日の新聞に掲載された車の広告

■ Fig.7.2.4　アンブッシュマーケティングの実例

3.ブランディングとエンドースメント

3.1 トレードマークの戦略的利用

　ブランドとは個々の消費者の「主観的な望ましさ」であるという考え方（第3章2参照）とは裏腹に，実際には安定的な顧客獲得や市場拡大を目的にした一大ビジネスツールとして発展している。スポーツブランドは今や，「スポーツ組織やチーム，メーカーが，競合他社との差異化を図るために使用するトレードマーク」（Shank, 1999）としての意味合いが強い。トレードマークとは「名前，単語，スローガン，デザイン，ロゴ，色，音，またそれらの組み合わせなど，消費者がそのブランドに対する包括的な知識（イメージ，体験，態度など）を形成する上でコア（中心）となる要素」である。このことを広く解釈すれば，〈ロゴ〉のみならず，関連するスポーツ商品，企業，チーム，イベント，アスリート，そして特定のスポーツ種目も十分ブランド化が可能な要素となる。ブランディングとは，これらのトレードマークを戦略的に利用して，組織，会社，またはその商品の価値を最大化させるためのイメージづくりの作業全体を指す。

　スポーツを利用したブランディングの成功例として，レッドブル（Red bull）が挙げられる。栄養ドリンク市場においてリーダーシップをとるというブランド理念を追求するため，"Red Bull Gives You Wings" というキャッチコピーを確立し，そのブランドイメージの定着のために，Xゲームなど「翼」を連想させ「限界に挑戦する」スポーツのスポンサーとなった。さらに，ターゲットを若者中心とすることで，北米やヨーロッパのエナジードリンク業界において "Edgy（先端を行く）" なブランドイメージを定着させることに成功した。

3.2 アスリートによるエンドースメント

　エンドースメント契約とは，アスリートなどが企業から報酬（金銭的援助や同社製品の無償提供など）を受け取る代わりに，その企業の商品を公の場で使用し，商品のプロモーションに協力するという契約である。この契約において，企業がアスリートのスポンサー，アスリートが企業のエンドーサー（その企業の製品を保証する人）となる。ナイキがマイケル・ジョーダンやタイガー・ウッズなどのスターアスリートと契約を結んだことは，スポーツマーケティング戦略としてよく知られている。さらに，アスリートはスポーツ関連企業以外のエンドーサーとしても活躍してきた。それは消費者が，「スポーツマンシップ」「ヒロイズム」といった普遍的な文化的価値観をアスリートのパフォーマンスの中に見出しているからである。企業が進んでスポーツ選手をエンドーサーとして活用するのは，アスリート達が体現する文化価値を，自社の商品イメージとリンクさせるためである。その意味では，企業にとってアスリートは単なる商品を売るための道具ではなく，消費者が共感できる文化的価値観を体現するシンボルであり，共同ブランディングのパートナーであるといえる（Seno and Lukas, 2005）。また，多くのアスリートは自らをブランドとして認識し，マネジメントし始めている。従来アスリートのイメージ戦略に携わってきたスポーツエージェント業界においては，アスリートのライフステージを考慮に入れ，アスリートをブランドとしてデザインする能力が求められている。

```
┌─────────────────────────────────────────────────────┐
│         ブランドとしてのアイデンティティの確立           │
│              ロゴやブランド理念の確立                   │
│            ターゲットとなる消費者層の設定               │
└─────────────────────────────────────────────────────┘
                         ↓
┌─────────────────────────────────────────────────────┐
│            ブランドマーケティングの実践                 │
│      確立したブランドアイデンティティを市場に浸透させる   │
│        競合他社との差異化，ポジショニングを行う          │
└─────────────────────────────────────────────────────┘
                         ↓
┌─────────────────────────────────────────────────────┐
│               ブランド価値の評価                       │
│    ブランド価値の持続・発展のため，ブランド価値の評価を行う │
│       また，そのための適切な評価軸を設定する            │
└─────────────────────────────────────────────────────┘
                         ↓
┌─────────────────────────────────────────────────────┐
│                ブランドの発展                          │
│    既存のブランド価値を生かし，新たなビジネスエリアに進出する │
│       または，新しい顧客層へアプローチする              │
└─────────────────────────────────────────────────────┘
```

■ Fig.7.3.1　ブランディングの 4 ステップ

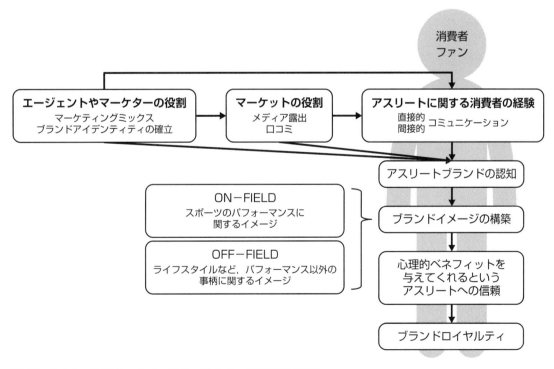

■ Fig.7.3.2　アスリートのブランドイメージ構築の過程

3.3　アスリートのブランディング

　公の人格を持ち，その存在の中に文化的価値が確立しているトップアスリートはすでにブランドである。また，いまだ無名のアスリートであったとしてもブランドとしてマネジメントすることによって，スポーツアイコンとしての文化的，商業的価値を最大化することが可能であるといえる。アスリートをブランドとしてマネジメントすることのメリットとしては，①チームとの契約金，エンドースメントの契約金に付加価値が付くこと，②商品カテゴリーを超えて，多くのエンドースメント契約を獲得できること，③一時的なパフォーマンスの出来・不出来に関わらず，ファンのロイヤルティを獲得できること，④現役中に築き上げたブランドイメージをセカンドキャリアに生かすことができることなどが挙げられる（Araiほか，2014）。

　では，アスリートのブランド価値はどのようにして決まるのだろうか。近年，スポーツ消費者のアスリートへの興味は，競技時のパフォーマンスや振る舞いにとどまらず，アスリートの日常へと拡大している。その点では，アスリートのブランド価値は，勝敗，プレースタイルなどのパフォーマンスに関わる要素（ON-FIELD）と，魅力的なライフスタイル，容姿の美しさ，ファンとのコミュニケーションなど，競技に関わらない要素（OFF-FIELD）の双方によって評価されるべきである。アスリートのブランド価値は，その時代に多くの人が共感する文化的価値が，どれだけ彼ら彼女らのアスレティックパフォーマンスやライフスタイルの中で表現されているか，またそのようなイメージが，効果的なコミュニケーション手法によって消費者に浸透しているかによって決まる。アスリートには，各々のキャリアステージに合わせて，自身を効果的にブランディングするような取り組みも求められる。

3.4　アスリートのブランドマネジメントとスキャンダル

　近年，国際的なアスリートのスキャンダルが大きく取り沙汰されている。その主な理由として，①メディアの多様化によってメディア間の競争が激化し，センセーショナルなコンテンツを競って提供する必要性が生まれたこと，②消費者の興味がアスリートの私生活にまで及んでいるため，アスリートはロールモデルとしての役割を，フィールド外においても求められる傾向にあること，③ソーシャルメディアの普及によって，アスリートがファンに対してダイレクトに情報を発信できるようになったと同時に，失言のリスクも高まったことなどが考えられる。

　スキャンダルのリスクの拡大と同時に，スキャンダルによる影響も拡大している。アスリートが引き起こすスキャンダルはスポーツ産業において大きな打撃となり得る。例えば，2009年に起きたタイガー・ウッズの不倫スキャンダルでは，メインスポンサーであるナイキや，ゲータレードの株価に一時的ではあるがネガティブな影響を与えた（Knittel and Stango, 2012）。アスリートは多くの若者にとっての社会的なアイコンであり，モラルリーダーともなり得る存在である（Grano, 2009）。したがって，彼ら彼女らのスキャンダルは，経済的な影響にとどまらず，青少年のモラル認識や価値観に大きな影響を及ぼすと考えられる。スキャンダルの影響力は文化によって異なり，その時代・文化圏の消費者が重要とする価値観を毀損するような事件は大きな影響力を持つ。このことをアスリートはよく理解する必要がある。

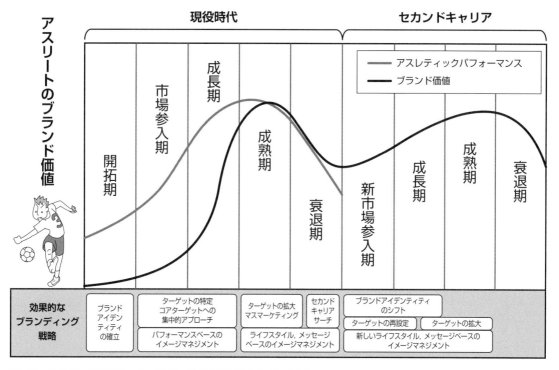

■ Fig.7.3.3　アスリートブランドのプロダクトサイクル

ブランドの価値は，SNSやプレスリリースを通したアスリート側からのブランドアイデンティティ確立の働きかけと，市場文化からの働きかけとの双方向の活動から共創される。

そのため，スキャンダルの評価や影響力も市場文化に大きく影響を受ける。それだけに，アスリートは自身が象徴する文化的価値をよく理解する必要がある。

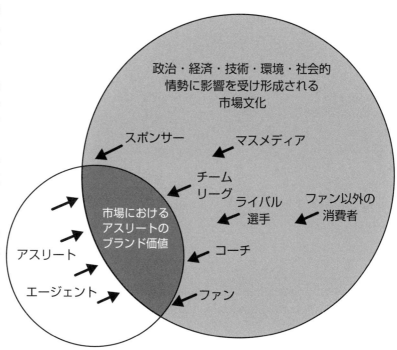

■ Fig.7.3.4　アスリートのブランド価値の理解（筆者作成）

第8章

グローバルスポーツのガバナンス

1. 国際スポーツ組織のガバナンス

1.1 グローバリゼーションとスポーツインテグリティ

　現代のスポーツは，19世紀後半以降に生じたグローバリゼーションの影響を大きく受けている。とりわけ，1960年代以降は，プロスポーツ選手や指導者の国際的な移動（移住），スポーツ商品・用具をめぐる取引，メディア化されたスポーツ選手やレジャーの形態などに関わるイメージ，「国」という見方そのものからはずれたイデオロギー・ハビトゥス・アイデンティティといった4つの局面が結合することによって，グローバルなスポーツ・システムが構成されてきた（Maguire, 1999）。また，このような地球規模の変化に対して，スポーツ＝メディア複合体（The Global Media-Sport Complex）と，それと密接に関わるスポーツ商品の生産・消費の世界的な連鎖が影響を及ぼしてきたことも無視できない（Maguire, 1999）。

　他方，スポーツにおける政治・経済・メディアの影響力の拡大・浸透は，時として，インテグリティ（高潔性）を阻害するような事態を生み出してきた（佐伯, 2009）。IOCやFIFAなどの国際スポーツ組織では，経営倫理やスポーツ倫理の欠如による汚職や腐敗，さらにはアスリートの権利や心身の安全が脅かされるような状況を防止することがきわめて重要な課題となっている。

1.2 国際オリンピック委員会（IOC）のガバナンス・モデル

　2009年にコペンハーゲンで開催された第13回オリンピック・コングレスでは，オリンピック・ムーブメントの正統性と自律性を保持するための「良好なガバナンスの基本的普遍原則（Basic Universal Principles of Good Governance）」が承認された。さらに，2022年には，これらの原則が「オリンピック・アジェンダ2020+5」の枠組みで，より時代に即したものに改正された。これらの原則には，スポーツとオリンピック・ムーブメントにおいて考慮されるべきさまざまな要素に加えて，国際的に認定されているコーポレートガバナンスの基準が反映されており，オリンピック・ムーブメントのすべてのメンバーは，これらの原則を適用し，自らの規則と規定，方針，活動に反映させなければならないことになっている（IOC, 2023a）。

　その上で，IOCは，2020年に内部監査人協会（IIA：The Institute of Internal Auditors）が発表した「3ラインモデル（The Three Lines Model）」に従う形で，リスク管理と組織活動の有効性，効率性およびコンプライアンスに関する保証の体制を構築している（IOC, 2023b）。第1ラインはIOCの日常的な業務活動におけるリスク管理であり，第2ラインは，第1ラインの担当者を支援する機能によって構成され，法規制や情報セキュリティ，内部統制などの役割を果たしている。そして，第3ラインは，IOCの統治機関および事務局長などの経営管理者に対してIOCの有効性を保証するという独立的機能を有する。

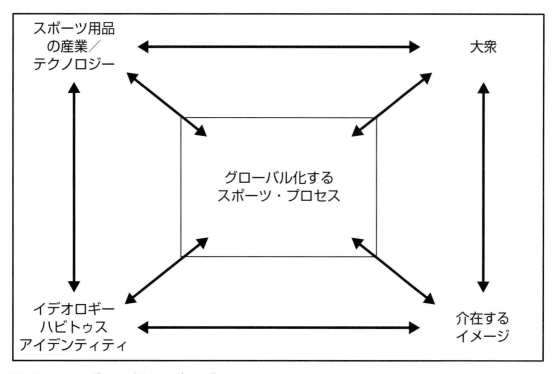

■ **Fig.8.1.1　グローバルなスポーツ化のフローチャート**（Maguire, 1999 より）

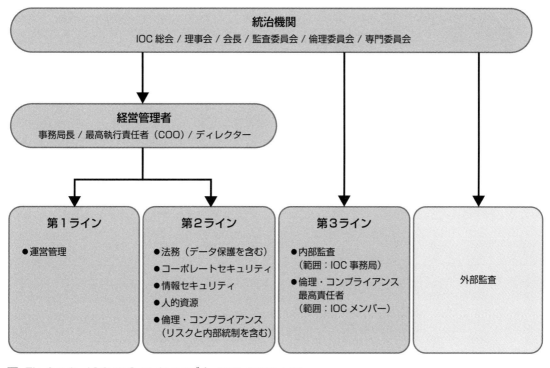

■ **Fig.8.1.2　IOC の 3 ラインモデル**（IOC, 2023 より）

1.3 国際サッカー連盟（FIFA）のガバナンス強化に向けた取組

　FIFA や IOC のような国際スポーツ組織では元来，独自の規則や規制を持つ自治ネットワークを通じて，各々の競技やイベントが自律的に規制されており，一般的な法（労働法や財政法など）の適用を大きく免れてきたという経緯がある（Geeraert et al., 2013）。しかしながら，近年では，こうした国際スポーツ組織の独立性や自立性が疑問視されるような事態が発生している。典型的な事例としては，2015 年に FIFA 幹部 9 名の逮捕をはじめとする大規模な汚職事件によって，IF としての統治能力と透明性の欠如が大きな問題となったことなどが挙げられる。

　FIFA が設置する 4 つの独立委員会の 1 つである「ガバナンス・監査・コンプライアンス委員会」は，FIFA の財務やガバナンス，コンプライアンスに関する事案の監視において，評議会（Council）に助言・支援・監督を行うといった役割を担っている。同委員会では，内部統制環境のモニタリング，ガバナンス関連規則の変更および新規導入の監視，人権・安全対策・児童保護や持続可能なイベントおよび環境に関する助言などが行われている（FIFA, 2022）。

　しかしながら，実際には，2018 年および 2022 年のワールドカップなどにおいても，開催地決定をめぐる不正・汚職疑惑が浮上しているほか，2022 年にはスタジアム建設に関わる移住労働者の人権侵害なども問題視されることとなった。FIFA のガバナンス改革に対しては，さまざまな批判が寄せられていることから（Hough, 2022），今後もその動向に注目していく必要がある。

1.4 スポーツ仲裁機構（CAS）の役割

　スポーツ仲裁裁判所（CAS：Court of Arbitration for Sport）は，スポーツに関連するトラブルを，各国の裁判所ではなく，スポーツ界の枠内で解決することを目的とした仲裁機関である。CAS は，IOC によって 1984 年に設立され，1994 年以降は IOC から独立した「スポーツ仲裁国際理事会（ICAS：The International Council of Arbitration for Sport）」による運営がなされている。CAS に対しては，出場資格の認定，ドーピングをめぐる裁定，移籍のトラブルなど，スポーツに関するさまざまな不服申し立てが行われており，1986 年から 2022 年までの期間で，約 1 万件にも及ぶスポーツ仲裁が実行されている（ICAS, 2023）。

　加えて，1996 年以降，ICAS は夏季・冬季オリンピック競技大会の開催ごとに臨時部門である「CAS アドホック部（The CAS Ad Hoc Division）」を設け，大会参加者に対して，大会会場での紛争解決サービスを無償で提供している。そこでは，競技日程に合わせた時間枠内（原則として 24 時間以内）での紛争解決を実現できる体制が構築されており，選手選考をめぐる紛争をはじめ，ドーピングや審判による判定，国籍変更をめぐる問題など，さまざまな事案が取り扱われている（日本スポーツ仲裁機構, 2019）。また，こうした CAS アドホック部は，オリンピック競技大会だけではなく，コモンウェルスゲームズ，UEFA 欧州選手権，FIFA ワールドカップ，アジア競技大会など，ほかのスポーツイベントにおいても同様に設置されるようになっている。

　CAS は，グローバルかつ終局的なスポーツ紛争解決機関（オリベリオほか, 2018）であることから，スポーツ資本のひとり歩きを防止するという文脈においてもきわめて重要な役割を果たしているものと考えられる。

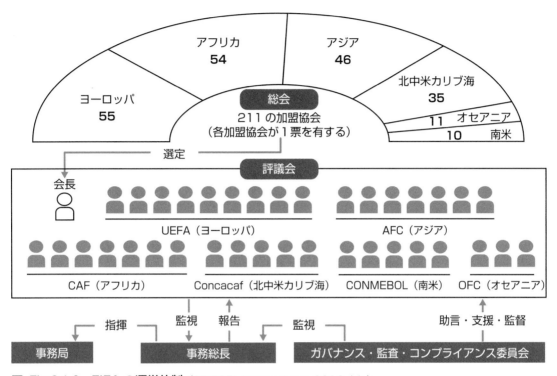

■ **Fig.8.1.3　FIFA の運営体制**（SPIEGEL International，2018 より）

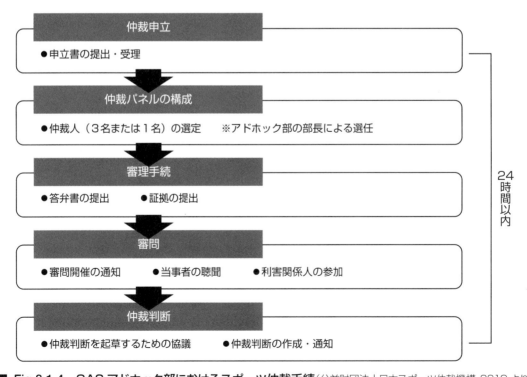

■ **Fig.8.1.4　CAS アドホック部におけるスポーツ仲裁手続**（公益財団法人日本スポーツ仲裁機構，2019 より）

2. プロスポーツのガバナンス

2.1 ヨーロッパ（欧州）型とアメリカ（北米）型

　スポーツガバナンスを「スポーツ資本のひとり歩きを防止するための仕組みや機能」ととらえた場合，その範疇には，スポーツにおける不正や汚職の防止だけには限定されない，より多様な視点が含まれる。プロスポーツの「リーグ・ガバナンス」もその1つであり，これまでにも，クラブ間における健全な競争を確立・維持し，スポーツの文化的価値を向上させていくための統治（または協治，共治）のあり方をめぐって，さまざまな議論が展開されてきた。

　また，世界各国のプロスポーツリーグは，昇格・降格の有無（開放型または閉鎖型），およびリーグ戦の放映権などといった諸権利の処理とその現金化に関する権限の所在（リーグ集権型またはチーム分権型）という観点から，大きく4つのタイプに分類することができる（福田, 2022）。各国プロスポーツリーグの制度設計は，地域の土着のクラブ文化の延長線上に位置付けられるヨーロッパ（欧州）型プロスポーツや，「合理主義的な『システマティックかつおもむろな努力』」（中村, 1993）の中で大きな発展を遂げ，エンターテインメント・ビジネスとしての地位を盤石なものにしているアメリカ（北米）型プロスポーツなどのように，その国や地域の歴史的・文化的・社会的な特徴を色濃く反映しているといっても過言ではない。

2.2 ヨーロッパ（欧州）型プロスポーツのガバナンス

　フットボール（サッカー）に代表されるヨーロッパ（欧州）型プロスポーツリーグは，毎年のリーグ成績によって昇格・降格が発生する開放型のリーグ形態となっている。さらに，チーム分権型の構造が形成されていることから，世界各国のスター選手が多数所属するような「ビッグクラブ」と，経営規模の小さな地方クラブが混在しているといった特徴がある。

　他方，EU諸国の各リーグを取り巻くガバナンスの諸相は，時代と共に大きく変容してきた。例えば，選手移籍の自由化を認めた1995年のボスマン判決は，EU法の適用を通じた政治的介入の典型例であるが，これらはスポーツ界への市場原理の流入（移籍金の高騰）とフットボールの機能不全を加速させる契機となった（上田, 2014）。こうした事態に直面しながらも，国際プロサッカー選手会（FIFPRO），欧州プロサッカーリーグ協会（EPFL），欧州クラブ協会（ECA）の各組織と欧州サッカー連盟（UEFA）が，各ステークホルダーの代表組織とその統括組織として互いに承認しあうことで，マルチアクター・マルチレベルの新たなガバナンス構造が形成されるようになった（Geeraert et al., 2013）。UEFA主催大会に出場するクラブの財政健全化を目的として2011年に導入された「ファイナンシャル・フェアプレー規則（Financial Fair Play Regulations）」は，こうした多様なアクターの合意によって成立したものと理解できる。

　このように，ヨーロッパのスポーツでは「スポーツは誰のものか」をめぐる緊張関係が絶えず存在していることがうかがえる。多くのクラブで，会員の投票によって会長・役員を決定するソシオ（Socio）や，ファンが相互会社を設立し，クラブの株式を購入するサポーターズトラスト（Supporters' Trust）などの仕組みが存在する背景にも，同様の緊張関係が見え隠れしている。

	閉鎖型	開放型
リーグ集権型	アメリカプロスポーツリーグ （NFL, MLB, NBA, NHL, MLS）	Jリーグ
チーム分権型	日本野球機構（ＮＰＢ）	欧州プロサッカーリーグ （英国プレミアリーグほか）

■ **Fig.8.2.1　各国プロスポーツリーグの構造**（福田，2022より）

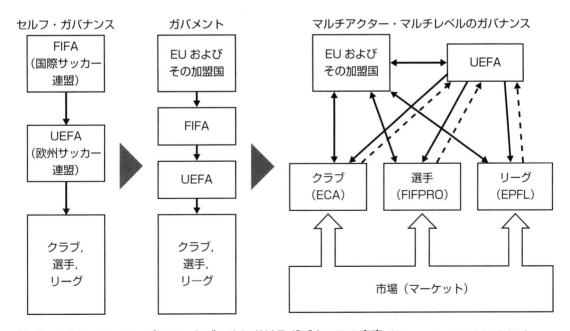

■ **Fig.8.2.2　ヨーロッパのフットボールにおけるガバナンスの変容**（Geeraert et al., 2013より）

2.3 アメリカ（北米）型プロスポーツのガバナンス

　北米4大プロスポーツリーグといわれるNFL・MLB・NBA・NHLをはじめ，メジャーリーグサッカー（MLS）といったアメリカ（北米）型プロスポーツリーグは，昇格・降格がない閉鎖型のリーグ形態を採用すると同時に，シングル・エンティティ（単一事業体）によるリーグ集権型の構造を形成している。また，それぞれのリーグでは，放映権料などの収入がリーグ組織の権限のもとで一括管理され，これらの収入が各チームに分配される「レベニューシェアリング」のほか，選手年俸の上限額を設定し，これらの上限額を超過した場合には贅沢税（Luxury tax）などを徴収するといった「サラリーキャップ」などの仕組みが存在している。加えて，前年度の成績が下位のチームから順に選手の指名を行うという「ウェーバー式ドラフト」が導入されている点も1つの特徴であるといえる。さらに，NFLでは，試合数の一定部分が，前年の成績が近いチーム同士での対戦カードになるといった「コモンオポネント方式」が採用されている。ここで挙げた1つひとつの特徴（制度）は，リーグ組織が権限を発揮しながら，チーム間における収入格差の是正と戦力均衡を図ることによって，各チームに「全体最適化」を志向した経営を実践させることを可能にしているといってもよい。各チームの共存共栄を実現するためのリーグ・ガバナンスを発揮することを通じて，「試合結果の不確定性」を担保した，エキサイティングな商品（スポーツプロダクト）を提供していくことが目指されているのである。

2.4 日本のプロ野球（NPB）とプロサッカー（Jリーグ）

　一般社団法人日本野球機構（NPB）に加盟する各プロ野球球団は，閉鎖型・チーム分権型のリーグ構造を形成している。新たな球団がNPBへの新規参入を果たすためには，株主構成や専用球場，保証金25億円などの諸条件を満たすことに加えて，実行委員会およびオーナー会議での承認が必要になるなど，そこには大きな参入障壁が存在する。また，放映権料などの契約は，各球団で個別に行われているほか，リーグ組織が各球団の予算繰りに干渉しないことから，球団間の資金力の差がそのままチーム力の差につながりやすい環境にあるといえる（小林，2022）。

　一方，プロサッカーJリーグ（公益社団法人日本プロサッカーリーグ）では，「Jリーグ百年構想」といった長期的なビジョンのもと，開放型・リーグ集権型の制度設計がなされてきた。Jリーグへの加盟にあたっては，Jリーグクラブライセンスの取得が必要になるが，実質的には，Jリーグ（J1・J2・J3），JFL，地域リーグ，都道府県リーグの各リーグ間での昇格・降格が可能な仕組みとなっている。また，Jリーグでは，1993年の開幕当初から，放映権（公衆送信権）や商品化権などに関わる収入の一括管理と分配（Jリーグ配分金）を行うと同時に，各クラブに対しては，クラブ名から企業名を外し，地域名を冠することを義務付けてきた。

　このように，日本のプロ野球とJリーグは，ヨーロッパ（欧州）型とアメリカ（北米）型の構造を参考にしつつ，これらの両方の特徴を柔軟に受け入れながら，それぞれ独自のリーグ形態を構築してきたといえる。ただし，「地域社会と一体となったクラブ作り」を目指してきたJリーグに関しては，こうした柔軟性が発揮されてきたがゆえに，経済価値（経済性）と社会価値（公共性）をめぐるジレンマが発生している可能性（山本，2023）が指摘されることもある。

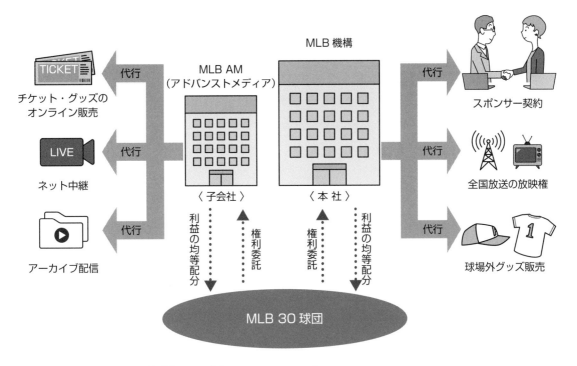

■ Fig.8.2.3　MLB のビジネスモデル（小林，2022 より）

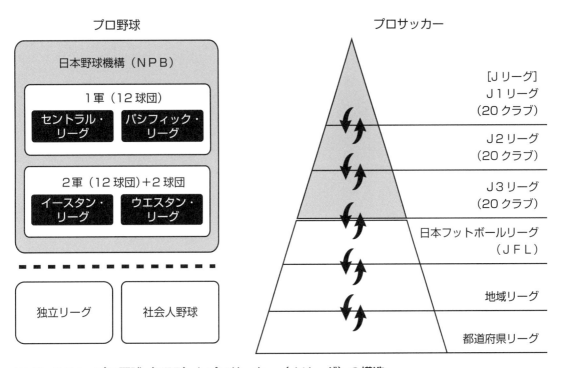

■ Fig.8.2.4　プロ野球（NPB）とプロサッカー（J リーグ）の構造

3. 国家のスポーツ政策とスポーツガバナンス

3.1 スポーツ政策システムとスポーツガバナンス

　ガバナンスは，規範，規則，プログラム，政策の策定と実施を通じて，共通の目的を達成したり，集団的な問題を解決したりしようとする機関や組織間の政治的調整のシステムでもある。つまり，こうした政治的調整のシステムが効力を発揮することによって，スポーツ資本のひとり歩きを防止していくことが可能になるのである。ただし，各国のスポーツ政策とガバナンスの構造は，歴史・文化・政治的文脈の影響を強く受けることになる（VOCASPORT, 2004）。例えば，Fig.8.3.1 における「官僚的な形態（bureaucratic configuration）」とは，政治的／民主的な正統性を持つ公権力（国家）が定めるルールによって特徴付けられるシステムのことを意味している。これに対して，「起業家的な形態（entrepreneurial configuration）」の特徴は，スポーツに対する社会的または経済的な「需要」から生じるシステムの調整といった点に見出されることから，ここでの国家の役割は，市場原理が表現され得る枠組みをつくることにあるといってもよい。また，「伝道者的な形態（missionary configuration）」に位置付けられる国家では，意思決定において大きな自律性を有するボランタリーなスポーツ活動が支配的な存在となっている。最後に，「社会的な形態（social configuration）」に分類される国家においては，単一のプレーヤーによる一元的な支配ではなく，スポーツがもたらす「共通善（common good）」に関心を持つ多様なアクターの共存・協働を前提としたアプローチが展開されている。このように，それぞれの国によって，理想とするスポーツ政策のあり方が異なっているということを理解しておく必要があろう。

3.2 イギリスの国家戦略とスポーツガバナンス

　イギリスのスポーツ政策は，文化・メディア・スポーツ省（DCMS：Department for Culture, Media and Sport）が所管するが，具体的な政策は地方政府ごとに存在するスポーツカウンシル（Sports Council）が推進している状況にある（笹川スポーツ財団, 2011）。2015 年には，DCMS より "Sporting Future: A New Strategy for an Active Nation" と題する国家戦略が発表された（2023 年には "Get Active: a strategy for the future of sport and physical activity" を発表）。その上で，2016 年には，「スポーツガバナンス憲章（A Charter for Sports Governance）」と「スポーツガバナンスコード（A Code for Sports Governance）」が相次いで策定・公表されている。このうちのスポーツガバナンスコード（2021 年に改訂）には，それぞれのスポーツ団体が，非省庁公的機関である UK スポーツおよびスポーツイングランドから分配される公的資金（国庫や国営宝くじ）の提供を受けようとする際に遵守すべき基本的な原則・規範（団体運営の有効性や透明性，ステークホルダーへの説明責任，財務の健全性など）が示されている。

　イギリスのスポーツガバナンスコードは，団体規模・活動内容・資金規模などの観点から 3 つの階層（Tier）に分けられており（日本スポーツ振興センター, 2018），スポーツや身体活動の機会を提供する，国・地域・地方の団体，コミュニティグループ，慈善団体など，合計 4,000 以上の団体に適用されている（UK Sport, online）。

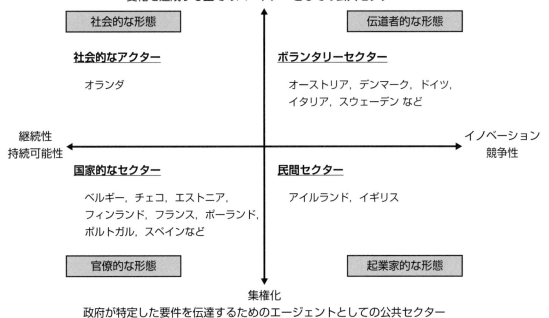

■ **Fig.8.3.1　EU加盟国におけるスポーツ政策システムの4類型** （VOCASPORT, 2004より）

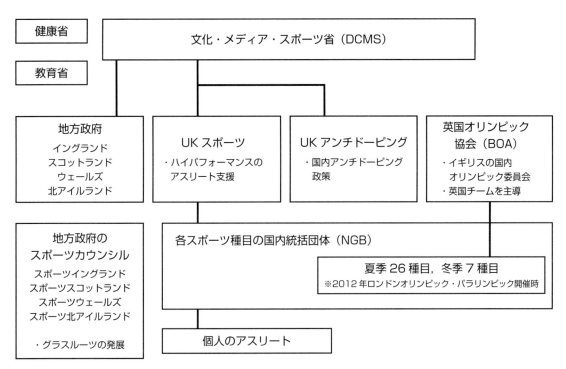

■ **Fig.8.3.2　イギリスのスポーツ組織体制図** （笹川スポーツ財団, 2011に加筆）

3.3 スポーツインテグリティ・オーストラリア

オーストラリアは，イギリスとならびスポーツインテグリティの分野において先進国とされている（日本スポーツ振興センター，2018）。とりわけ，オーストラリア政府では，「オーストラリア・スポーツ・コミッション（ASC）」「オーストラリア・スポーツ・アンチ・ドーピング機構（ASADA）」「ナショナル・インテグリティ・オブ・スポーツ・ユニット（NISU）」という3つの主要機関によって，スポーツをめぐる汚職などへのリスク対応が推進されてきた。

1985年に設立されたASCでは，スポーツセクターのリーダーシップを担うと同時に，オーストラリア・スポーツ協会（AIS）の運営を通じて，国民のスポーツ参加率と競技力の向上が目指されてきた。スポーツ団体への資金援助を行うASCでは，ガバナンスに関する原則およびガイドラインの策定，スポーツ団体に対するガバナンス強化に向けた支援プログラムなどが提供されてきた（日本スポーツ振興センター，2018）。また，ASADAの前身である1990年創設の「オーストラリア・スポーツ・ドラッグ・エージェンシー（ASDA）」は，世界で最初に設立されたアンチ・ドーピング組織の1つである。加えて，2012年に設立されたNISUでは，オーストラリアのスポーツを，競技の不正操作やドーピング，そのほかの汚職の脅威から守るための全国規模の監督・監視・調整が実行されてきた。その上で，2020年からは，スポーツインテグリティに関わる能力・知識・専門性を結集させた連邦政府省庁（Non-corporate Commonwealth entity）である「スポーツインテグリティ・オーストラリア（Sport Integrity Australia）」が創設され，国内のスポーツインテグリティに関わるすべての責任が一本化されることになった。

3.4 日本のスポーツ団体ガバナンスコード

日本のスポーツ庁（Japan Sports Agency）では，2018年の「スポーツ・インテグリティの確保に向けたアクションプラン」を受けて，スポーツ団体が適切な組織運営を行うための原則・規範として，中央競技団体（NF）向けおよび一般スポーツ団体向けの「スポーツ団体ガバナンスコード」が策定されている。中央競技団体向けコードの対象となるのは，日本スポーツ協会（JSPO）に加盟する中央競技団体および日本オリンピック委員会（JOC）に加盟する中央競技団体，さらには日本パラスポーツ協会（JPSA）に加盟する中央競技団体のうち日本パラリンピック委員会（JPC）への加盟団体であり，それ以外のスポーツ団体は，一般スポーツ団体向けコードの対象となっている。中央競技団体向けコード（2023年改定）では，13の原則すべてを適用し，自己説明・公表を行っていくことが求められると同時に，4年に一度，統括団体（JSPO，JOC，JPSA）からの適合性審査を受けることが義務付けられている。これに対して，一般スポーツ団体向けコードでは6の原則とより簡素なガバナンスコードが適用されているが，スポーツ振興助成事業等に係る申請や総合型地域スポーツクラブの登録・認証の際には，JSCウェブサイトを活用した自己説明および公表が求められることとなっている。

また，スポーツ団体の適正なガバナンス確保のための仕組みとして，スポーツ庁，JSC，JSPO，JOC，JPSAの各組織の長を構成員とした「スポーツ政策の推進に関する円卓会議」が設置されており，適合性審査の結果報告や不祥事事案の対応に関する協議などが行われている。

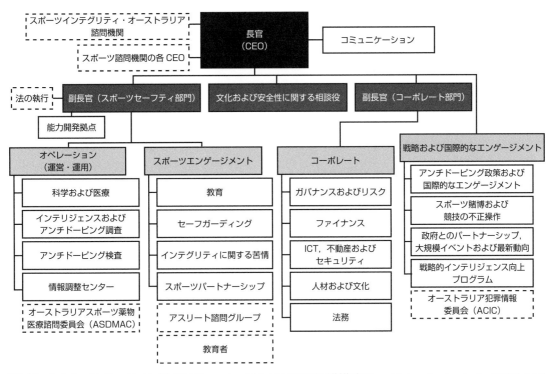

■ **Fig.8.3.3　スポーツインテグリティ・オーストラリアの組織構造**(Sport Integrity Australia, 2023 より)

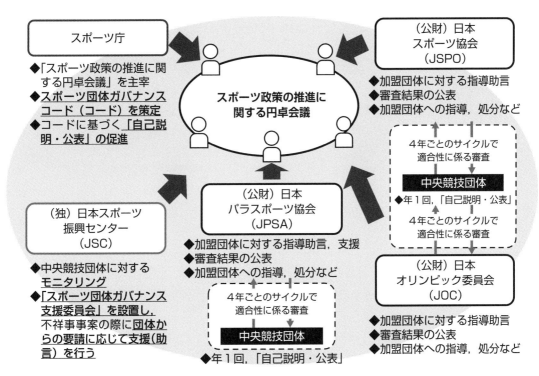

■ **Fig.8.3.4　中央競技団体のガバナンス強化のための仕組み**（スポーツ庁, 2023 より）

演　習　問　題

1 | あなたの好きなスポーツには，どのような組織が関わっているか？

POINT 「組織」は，その組織だけでは成立することができない。さまざまなほかの組織と連携を取りながら，社会に存在している。また，どのような見方をするかによって，関わりあう組織がスポーツ組織の「内部組織」なのか，それとも「外部組織」なのかの区別が変わることも忘れてはならない。さらに，スポーツ組織ごとに，関わる組織は異なり，関係する組織との関わり方の度合い（関係の深さなど）も多様である。

2 | スポンサー企業やメディアの注目を集めるスポーツイベントとは？

POINT 企業やメディアがスポーツイベントと関わりを持つ目的を考えてみよう。高額な契約料を支払って，スポンサーシップ契約を結んだり，放映権を獲得したりするのはなぜか。それぞれに広告宣伝効果や高視聴率獲得などのビジネスメリットがある。そのメリットが大きく，獲得しやすいスポーツイベントとはどのようなものだろうか。イベントのタイプを考慮した上で，多様な側面からイベントの価値を検討してみよう。

3 | 「スポーツのマーケティング」と「スポーツを利用したマーケティング」の違いは？

POINT マーケティングの定義を確認した上で，2つの異なるスポーツマーケティングのそれぞれは「誰が」「何を」マーケティングするのかについて整理してみよう。その際，スポーツ組織（プロスポーツクラブや球団，イベント主催団体）の立ち位置を確認しておく必要がある。その上で，それぞれのマーケティングにおけるスポーツ組織の目的を明確にし，効率よくその目的を達成する方策についても検討してみよう。

4 | スポーツ不祥事が起こってしまう原因は，どういった点にあるのだろうか？

POINT スポーツに関わるさまざまな団体・組織において「ガバナンス強化」が目指されている背景の1つには，アスリートによる犯罪・非違行為やドーピング，スポーツ団体・組織の役員による不正・汚職などが頻繁に発生していることが挙げられよう。このようなスポーツ不祥事には，関係当事者のパーソナリティや心理などといった個人的要因に加えて，その競技や組織・団体の歴史・文化・風土，さらにはスポーツ組織・団体を取り巻く政治・経済・社会の状況などといったさまざまな要因が影響しているものと考えるべきである。

ローカルスポーツの
マネジメント

第III部では，ローカルスポーツという領域でのマネジメント課題に焦点を集中させる。最初に，わが国のスポーツ政策を見据え，「新しい公共」の担い手と地域スポーツの関係について解説する。続いて，地域スポーツにおける「イノベーション」の方向性とそのプロセスを素描する。その後，相互作用の場としての地域スポーツのあり方を考え，「ローカルネットワーク」の構築へと発展させる。最後は，「ソーシャルガバナンス」の観点から「地域」というスポーツ資産の有効活用法と社会関係資本の生かし方について理解を深める。

第9章

地域スポーツのキーアクター

1. 地域スポーツの担い手

1.1 行政の中の地域スポーツ

　国民の「スポーツ権」を保障したスポーツ基本法には，人々が生涯にわたって心身ともに健康で文化的な生活を営むことができる社会の実現を目指すという理念が掲げられている。また，国と地方公共団体が連携を図りながら，スポーツ基本計画また地方スポーツ推進計画に基づき，スポーツを幅広く推進するための施策を策定，実施する「責務」があることも明記されている。

　一方，スポーツ行政には，文部科学省のみならず，健康寿命の延伸を図ろうとする厚生労働省，スポーツを通じた国際交流や国際貢献を図ろうとする外務省，生活環境を整備し，地域活性化を図ろうとする国土交通省・農林水産省・環境省，スポーツの産業化によって国民経済の発展を図ろうとする経済産業省などが関与しており，「スポーツ」は，多様な公共政策のなかに位置付いている。各々の施策を総合的に推進するため，2015年に「スポーツ庁」が設置された。

　「地域スポーツ」は，人々の生活範域や活動場面で形づくられるスポーツという行為や活動の総称ととらえられており，そのアクター（担い手）は，地域住民をはじめ，多岐に及ぶ。各アクターは，法律や制度といった行政システムでスポーツ権が保障されているものの，より豊かなスポーツライフの実現とともに，より豊かな地域社会を創造するために，相互的かつ補完的な関係を保ちながら，地域スポーツ環境の整備・充実に対して主体的に働きかける必要がある。

1.2 企業と地域スポーツ

　人々の生活シーンは，マーケティングとイノベーション抜きには語れない。特に企業は，これらの2つを駆使して，消費者のニーズを満たす多様な用品・用具やプログラムの開発，また消費者が気づいていない新しいライフスタイルの提案などを手がけて，人々のスポーツシーンを豊かにしてきた。さらに企業は，質の高いサービスの提供とともに，人とスポーツの新しい関係性をデザインしながら，行政には担うことができない機能や役割を補完している。

　一方，企業は，スポーツチームを保有し，教育期間終了後のスポーツ活動の受け皿となり，競技力向上にも寄与してきた。しかし多くの企業は，長引く不況の煽りを受けながらも，地域スポーツの推進と事業化に努めている。例えば，企業は，選手・コーチの派遣やスポーツ指導などの地域貢献活動を実践している。また，スポーツ活動や運営に資金，物品，労力などを見返りなしで援助する「フィランソロピー」や，イベント協賛や公共施設のネーミングライツ（施設命名権）のような「スポンサーシップ」は，企業の「社会的責任(CSR: Corporate Social Responsibility)」といえる。今後は，地域スポーツの推進と事業化を通じて，社会課題の解決と企業利益の追求を両立させる「共通価値の創造(CSV: Creating Shared Value)」という発想が強く求められる。

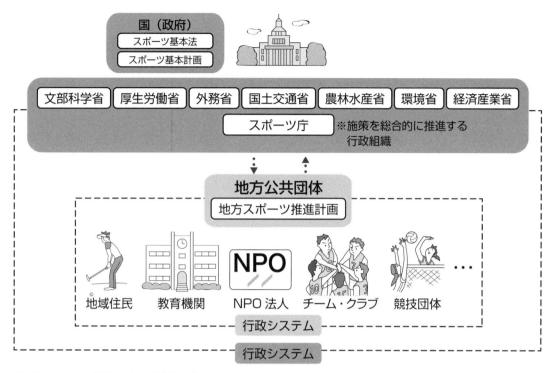

■ Fig.9.1.1　行政の中の地域スポーツ

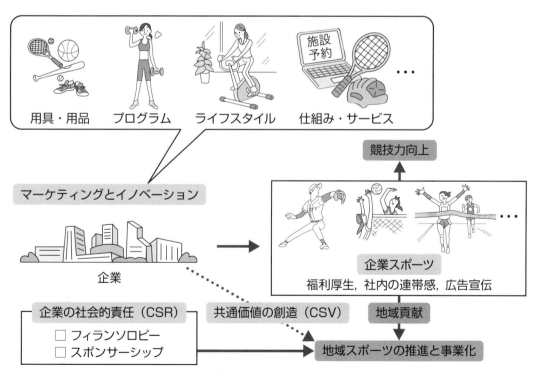

■ Fig.9.1.2　地域スポーツにおける企業の役割

1.3 学校の役割

　自分が属する集団や社会の行動様式や規範，知識や価値体系などを内面化することによって，自分らしさを形づくり，表現し，その集団や社会の発展に寄与しながら，その集団や社会にとってふさわしい成員になっていくことを「社会化」と呼ぶ。学校は，人々がさまざまな事柄に社会化されていく過程で重要な役割を担っている。特に，児童生徒がスポーツ参加へと至る過程において，家族や友達のような「重要なる他者」だけではなく，学校は教科教育や課外活動を通じて，子どもたちの行動様式や規範意識の動機づけ，形成，習慣化に強い影響力を持つ。そのため，「する・見る・支える・創る」といった多面的な視点からスポーツに関わり，その価値に触れながら，生涯を通じてスポーツに親しむために必要な「スポーツリテラシー」を身に付ける教育が，これからの学校には強く求められる。

　一方で，少子化の進展や教職員の働き方改革を踏まえて，2020年9月に「学校の働き方改革を踏まえた部活動改革について」，2022年12月に「学校部活動及び新たな地域クラブ活動の在り方等に関する総合的なガイドライン」が示された。部活動のあり方をはじめ，学校と地域社会の協働・融合を促進し，新たな仕組みをつくる必要性が示された。ハードウェア（施設・設備など）とソフトウェア（人的・知的資源）を有する学校を，学校教育の場としてだけではなく，多様なアクターが集って交流し，互いに学びあい，助けあい，刺激しあって新たな価値や文化を創出するコモンズ（共有地）として機能させることが，より一層，望まれる。

1.4 スポーツNPO

　行政をはじめ，地域におけるさまざまな団体のスポーツ推進に対する事業化や取り組みは，資源に制約されるため一過性であったり，組織の存在感を強調しようとするため分散化・拡散化したりする。そのため，事業効果が地域社会全体へ浸透しにくく，継続的かつ一貫性のある事業化やシステム構築に至らないことが多い。このような状況を考慮し，地域スポーツの推進には，住民の参画をベースに，行政，企業，教育機関，自治会や市民活動団体などの多様なアクターが有機的なパートナーシップやコラボレーションを図り，限られた資源を共有化するような相互補完的かつ相互依存的な取り組みが望まれる。その中核的な役割を担えるのが，「特定非営利活動法人」，いわゆる「NPO法人」である。

　NPO法人は，「非営利組織」という名称によって利益を上げることが否であるように認識されたり，行政サービスを代行する組織のように誤解されたりしているため，資金面や人的資源面で脆弱になりがちである。しかし，利害関係ではなく，掲げる社会的ミッションへの賛同によって多様なアクターがNPO法人に参画するため，地域資源の共有化と効率化が図りやすく，異なる技術やアイデア，そしてネットワークなどを有する個人や組織が結合することによって，シナジー効果や新しい価値を創出しやすい。また，人々が持つ知識や技能に加えて，互いに連携しあい，協力しあうことは，地域社会に「ソーシャルキャピタル」（第12章2参照）という資産を蓄積することにもつながる。NPO法人には，このようなソーシャルキャピタルを，地域スポーツにおける新しい価値の創造や変革のためのアクションに生かすことが期待されている。

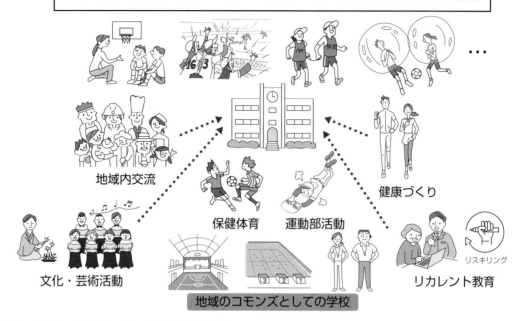

■ Fig.9.1.3　地域のコモンズとしての学校

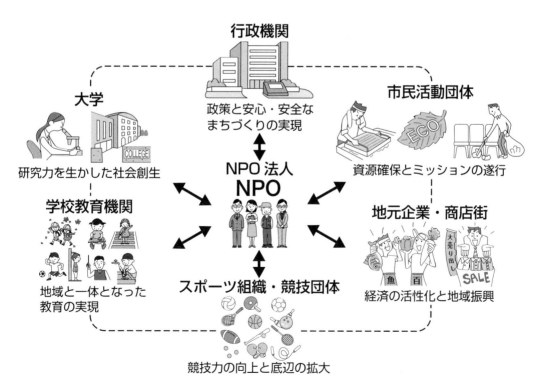

■ Fig.9.1.4　地域内ネットワークと資源の共有化を図る NPO 法人

2．コミュニティ政策とボランタリーアソシエーション

2.1 スポーツ政策の方向性

　国（文部科学省）は，「スポーツ振興基本計画」（2000 年 9 月 13 日告示，2006 年 9 月 21 日改定；2001 ～ 2011 年度）の終了を見据えて，2010 年 8 月 26 日に今後のわが国のスポーツ政策の基本的方向性を示す「スポーツ立国戦略」を文部科学大臣決定という形で策定，公表した。このスポーツ立国戦略では，「新たなスポーツ文化の確立」を目指す姿として設定し，２つの基本的な考え方と 5 つの重点戦略が提言されている。その後，そうしたスポーツ立国戦略の趣旨などを反映した「スポーツ基本法」が第 177 回国会（常会）において議員立法により成立し，2011 年 6 月 24 日には平成 23 年法律第 78 号として公布され，2011 年 8 月 24 日から施行された。このスポーツ基本法は，1961 年に制定された「スポーツ振興法」（昭和 36 年法律第 141 号）を全面改正したものであり，スポーツに関する基本理念や「スポーツを通じて幸福で豊かな生活を営む権利」（スポーツ権），およびスポーツ政策・施策の基本的事項などを規定している。

　わが国の「スポーツ基本計画」（第 1 期→第 2 期→第 3 期）は，スポーツ基本法の理念および第九条（スポーツ基本計画），第十一条～第二十九条（第三章 基本的施策）をスポーツ政策のエビデンスとして，スポーツ立国の実現を目指す指針と具体的施策（5 年計画）から体系化されている。また，2015 年 10 月 1 日に設置された「スポーツ庁」（第 4 章 3.3 参照）は，かかるスポーツ政策を含め，他省庁（厚生労働省，国土交通省，農林水産省，環境省，外務省，および経済産業省）の健康・スポーツ関連施策やコミュニティ政策なども継承している。

2.2 住民の自主性とパターナリズム

　第 1 期スポーツ基本計画では，「住民の主体性」に基づく地域スポーツ環境の整備が地域社会の再生（コミュニティ政策）と生涯を通じた住民のスポーツ参画の基盤に役立つという観点から，総合型クラブを含め，コミュニティの中心となる地域スポーツクラブの育成・推進を施策の 1 つとして挙げている（第 3 期でも継承されている）。また，都道府県や市区町村の「地方スポーツ推進計画」（スポーツ基本法第十条）にも同様の政策・施策が掲げられている。

　しかし，「令和 4 年度総合型地域スポーツクラブ育成状況調査」（スポーツ庁，令和 4 年 7 月 1 日現在）によれば，1,401 市区町村（全市区町村の 80.5％）に 3,584 クラブが創設済みもしくは創設準備中であるが，いまだに都道府県・市区町村間のクラブ育成格差は大きい。この格差こそ，政策立案・展開に潜む「パターナリズム」問題である。パターナリズムとは，強い権限を持つ人（父親）が，他者（子ども）の利益になるとして，当該者の意志に反して行動に介入，干渉するという「家父長的温情主義」を意味する。スポーツ政策というものは，「地域社会再生」「スポーツ参画の基盤形成」など，住民の公益のためであるとして，政府や行政が住民のスポーツ生活に介入，干渉し，「住民の主体性」（自己決定権）に制限を加えているわけである。最近の医療界は，医師が患者によかれと思って一方的に治療方針などを決める温情主義から，医師と患者の情報共有による協働的決定主義へと移行してきている。

「スポーツ立国戦略―スポーツコミュニティ・ニッポン―」
（2010年8月26日文部科学大臣決定）
◆スポーツ立国戦略の目指す姿：「新たなスポーツ文化の確立」
◆基本的な考え方：
　「1．人（する人，観る人，支える〈育てる〉人）の重視」
　「2．連携・協働の推進」
◆5つの重点戦略
　戦略1＜ライフステージに応じたスポーツ機会の創造＞
　戦略2＜世界で競い合うトップアスリートの育成・強化＞
　戦略3＜スポーツ界の連携・協働による「好循環」の創出＞
　戦略4＜スポーツ界における透明性や公平・公正性の向上＞
　戦略5＜社会全体でスポーツを支える基盤の整備＞

「スポーツ基本法」
（2011年6月24日公布，2011年8月24日施行）
●前文：「スポーツ＝世界共通の人類の文化」「国家戦略としてのスポーツ施策の推進」「スポーツ権の保障」
●第1章　総則（第一条－第八条）：「スポーツ施策の基本的事項の制定と総合的・計画的な推進」「スポーツ団体のガバナンス」
●第2章　スポーツ基本計画等（第九条・第十条）
●第3章　基本的施策（第十一条－第二十九条）：「基礎的条件の整備等」「多様なスポーツの機会の確保のための環境の整備」「競技水準の向上等」
●第4章　スポーツの推進に係る体制の整備（第三十条－第三十二条）：「スポーツ推進会議」「地方公共団体のスポーツ推進審議会等」「スポーツ推進委員」
●第5章　国の補助等（第三十三条－第三十五条）
●附則：「スポーツ庁，スポーツに関する審議会等の設置」など，行政組織の在り方の検討

スポーツ立国の実現を目指す「スポーツ基本計画」の策定・公表

「第1期スポーツ基本計画（2012年3月30日）」（2012～2016年度）
【基本的な政策課題】年齢や性別，障害等を問わず，広く人々が，関心，適性等に応じてスポーツに参画することができる環境を整備すること。
［政策目標］①学校と地域における子どものスポーツ機会の充実　　②ライフステージに応じたスポーツ活動の推進
　　　　　　③住民が主体的に参画する地域のスポーツ環境の整備　　④国際競技力の向上に向けた人材の養成やスポーツ環境の整備
　　　　　　⑤オリンピック・パラリンピック等の国際競技大会等の招致・開催等を通じた国際交流・貢献の推進
　　　　　　⑥ドーピング防止やスポーツ仲裁等の推進によるスポーツの透明性，公平・公正性の向上
　　　　　　⑦スポーツ界における好循環の創出に向けたトップスポーツと地域におけるスポーツとの連携・協働の推進

「第2期スポーツ基本計画（2017年3月24日）」（2017～2021年度）
【基本目標】「スポーツ参画人口」を拡大し，スポーツ界が他分野との連携・協働を進め，「一億総スポーツ社会」を実現する。
［政策目標］①スポーツを「する」「みる」「ささえる」スポーツ参画人口の拡大と，そのための人材育成・場の充実
　　　　　　②スポーツを通じた活力があり絆の強い社会の実現　　③国際競技力の向上に向けた強力で持続可能な人材育成や環境整備
　　　　　　④クリーンでフェアなスポーツの推進によるスポーツの価値の向上

「第3期スポーツ基本計画（2022年3月25日）」（2022～2026年度）
［政策目標］①多様な主体におけるスポーツの機会創出　　②スポーツ界におけるDXの推進　　③国際競技力の向上
　　　　　　④スポーツの国際交流・協力　　⑤スポーツによる健康増進　　⑥スポーツの成長産業化　　⑦スポーツによる地方創生，まちづくり
　　　　　　⑧スポーツを通じた共生社会の実現　　⑨担い手となるスポーツ団体のガバナンス改革・経営力強化
　　　　　　⑩スポーツの推進に不可欠な「ハード」「ソフト」「人材」　　⑪スポーツを実施する者の安全・安心の確保
　　　　　　⑫スポーツ・インテグリティの確保

■ Fig.9.2.1　スポーツ政策のエビデンス

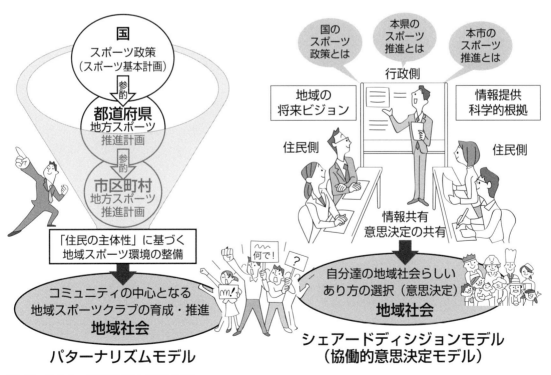

■ Fig.9.2.2　温情主義と協働主義

2.3 応益・応能の原理

恩田（2008）によれば，伝統的な地域社会，いわゆる「農村型コミュニティ」は，住民の「権利」（利益）が一定の「責任・義務」を果たすことで得られる「応益」原理に基づくが，同時にそれは1人ひとりの能力に応じて貢献する「応能」原理も持ちあわせていたという。村落は，各人に「村仕事」を求めるが，その責任・義務は各人の能力に応じたものでよく，公平な参加が公正な分配を保障する「互助システム」であった。と同時に，村仕事への非協力者は地域社会の秩序を乱す者として，責任・義務の裏に潜む「村八分」（非難・排除・懲罰）という「牽制・制裁システム」も組み込まれていた。こうした両システムの相互補完性によって，伝統的な地域社会の豊かさと暮らしやすさは維持されていたといってもよかろう。

さて，スポーツ基本法においては，「スポーツを通じて幸福で豊かな生活を営むことは，全ての人々の権利」であること（スポーツ権）が明記され，国および地方公共団体の責務（第三条，第四条）やスポーツ団体の努力（第五条）などが規定された。しかし，住民の豊かなスポーツライフと地域生活を形成，維持，定着させるには，これまでの「応益・応能の原理」を現代社会にふさわしい形で再編集し，うまく組み込んでいくしかない。現代的な地域社会では，住民のスポーツ権は地域づくりやスポーツの文化的発展に対して1人ひとりの能力に応じた貢献を行うという「使命」を果たすことで得られ，そうした使命を実現できたときの「精神的な充足感」を大切にする「ボランタリー経済」（第10章3参照）という地域システムが求められる。

2.4 アソシエーティブスポーツクラブ

「アソシエーション」は，ボランタリー経済システムを実現していく上で顧慮されるべき重要な概念である。この概念はもともと，マッキーヴァー（1975）が「コミュニティ」の対置概念としたものである。しかし今では，両概念が相互に重層的な関係にあるという観点から，国家でも市場でもなく，NPOやNGO，ボランティア団体，そして社会運動（団体）などが基調とする自律的連帯主義や，「人と人とが出会い，語り，理解し合い，結び合い，決定し，そして共に行為する，相互肯定的な関係」（佐藤，2002）という基本的結合原理を意味するものとして用いられる。とりわけ，「他者奉仕と自己充実・発展を願う心性」（ボランタリズム；田尾，2001）を主体的な行動原理とし，「人々が自由・対等な立場で，かつ自由意思に基づいてボランタリー（自発的）に，ある共通目的のために結び合う非営利・非政府の民主的な協同のネットワーク型集団」（佐藤，2002）を「ボランタリーアソシエーション」と呼んでいる。

アソシエーティブスポーツクラブとは，各種スポーツ事業の提供や地域生活の危機的位相，課題などに関するメッセージの発信などを共通目的とするボランタリーアソシエーションとしてのクラブであり，これまでの「単一種目・チーム（競技志向）型」の地域スポーツクラブに代表されるような，単なる「スポーツ愛好集団」としてのクラブではない。いうなれば，日常生活圏を基盤に，住民のボランタリーな参加と協働によって，住民の豊かなスポーツライフを実現するための地域スポーツ振興上の諸課題と地域社会の多様な生活課題などを解決するという理念の実現に向けて，多様な文化・スポーツ事業を営むネットワーク型組織クラブなのである。

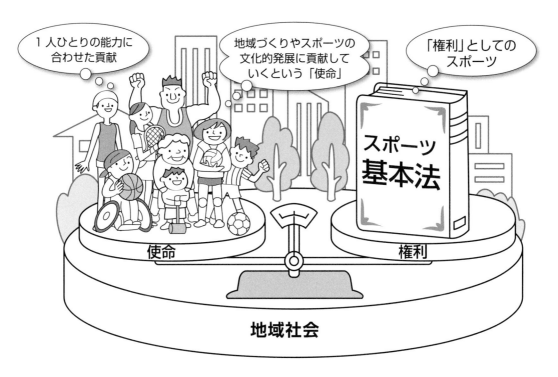

■ Fig.9.2.3　地域社会の原則

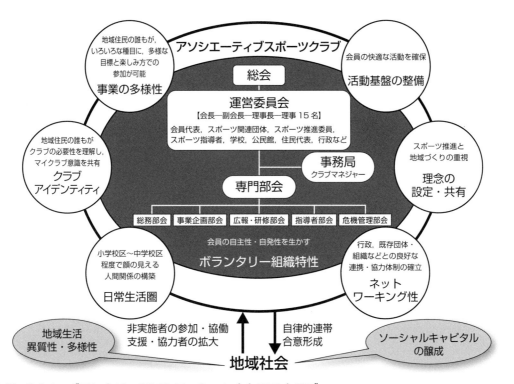

■ Fig.9.2.4　ボランタリーアソシエーションとしてのクラブ

3. 「新しい公共」の形成と地域スポーツ

3.1 「新しい公共」とは何か

　今，「新しい公共」が社会全体で大きな脚光を浴びている。それは，政府・行政だけでは公共財・サービスの提供に限界があり（政府の失敗），また企業・市場による消費財・サービスの供給にも経済的な効率性を達成できない現象（市場の失敗）も生起しているからである。これからは，国民・市民も，そうした財・サービスの単なる受益者（消費者）にとどまらず，「公共」の担い手としての自覚と責任を持つ必要がある。「新しい公共」とは，「人々の支えあいと活気のある社会」の創造に向けたさまざまな当事者達の「自発的な協働の場」である。これは必ずしも新しい考え方ではなく，古くから地域や民間の中にあった「公共」を再編集し，すべての人に居場所と出番があり，人に役立つ歓びを大切にする社会づくりを目指すことにほかならない。

　「『新しい公共』宣言」（内閣府「新しい公共」円卓会議，2010年6月4日）や「スポーツ立国戦略」および「第1期スポーツ基本計画」では，総合型クラブを拠点とした地域住民の主体的な取り組みが「新しい公共」の形成に重要な役割を果たすことが大きく期待されている。それは，総合型クラブが，地域スポーツの推進という観点からは住民に開かれたスポーツ事業を自主的，自発的に提供する「共的」なアソシエーティブスポーツクラブとして，一方，公共的な地域生活という視座からはスポーツという私的活動を通じた社会的ネットワークの構築と地域コミュニティの再建が期待される「生活拡充システム」として位置付けられるからである。今こそ，NPO，NGOや市民活動団体などのボランタリーアソシエーションの出番なのである。

3.2　地域スポーツのタイプ

　地域スポーツとは，地域社会の中で行われる日常的なスポーツ活動であり，住民の地域生活を豊かにする文化的活動でもある。そうした地域スポーツは，1950年代後半から登場し始め，各時代の社会・経済的な影響を受けながら，おおむね4つの段階を経て今日に至っている。

　第Ⅰ期は，全町健康づくり運動や綱引き大会などの「鍛錬型スポーツ」を地域ぐるみで活動するという価値体系（他律性，地域重視）が支配的で，何はともあれ手を替え品を替えて，地域のみんなが参加するスポーツ行事を創り出す「プロダクトイノベーション」の時代であった。

　第Ⅱ期は，1964年東京オリンピックの影響もあり，各個人が勝利志向を強め，種目ごとの競技会中心の「競技型スポーツ」に力点が置かれ（他律性，個人重視），各個人がスポーツ技術を磨きそれを売りにする（技術デザイン）という「テクノロジープル」を追求する時代であった。

　第Ⅲ期は，健康・スポーツ産業などが急速に台頭し始め，お金がかかっても個人が自由に楽しむ「プレイ型スポーツ」を志向する価値体系（主体性・個人重視）が拡散し，誰もがスポーツ活動を通じて欲求充足できる（機能デザイン）という「ニーズプッシュ」の時代であった。

　第Ⅳ期は，スポーツを「生活文化」としてとらえ，「地域づくり」につなげるという価値体系（主体性，地域重視）が強調され始め，性別，年齢，社会的役割など関係なく，みんなでいろいろなスポーツ活動が楽しめる場や機会を考案するという「プロセスイノベーション」の時代である。

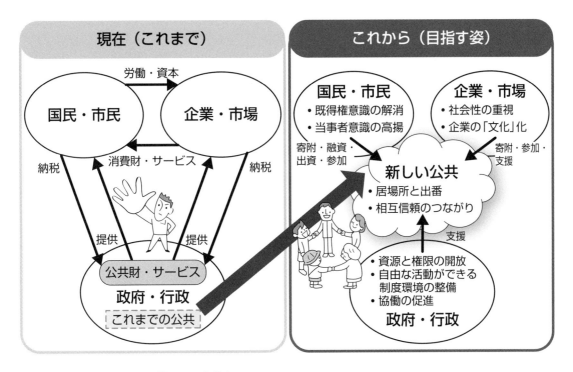

■ Fig.9.3.1　古くても，「新しい公共」

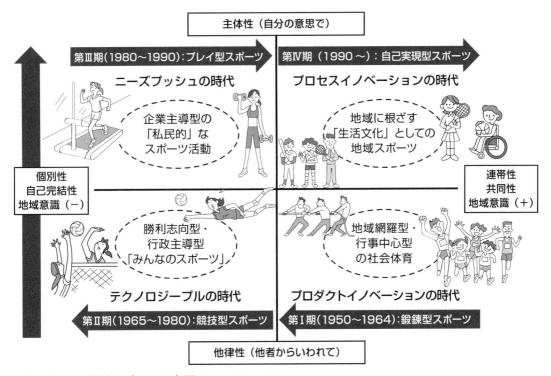

■ Fig.9.3.2　地域スポーツの変遷（厨，1990より）

3.3 共助行為としてのスポーツ

米沢藩の上杉鷹山は，自ら助ける「自助」，近隣社会が互いに助けあう「互助」，藩政府が手を貸す「扶助」といった「三助」の精神を基本に，藩の財政再建を成し遂げたことで有名である。この精神は，「自分（個人・家庭中心）でできることは自分で行い（自助），自分でできないことは住民みんなで互いに助けあい（共助），個人や住民でも解決できないことは行政が助ける，支援する（公助）」といったように，できる限り小さい単位で自治を行い，できないことのみをより大きな単位の組織や団体などで補完するという「補完性の原理」にも色濃く反映されている。しかし最近では，行政や住民自身が「企業主体（市場中心）の私的行為」（私助）などに行政支援や地域活動を代替してもらうというアウトソーシングの状況も見受けられる。

このように考えると，現代社会には，「個人，家族やグループ中心のスポーツ」「行政支援に基づくスポーツ」「交換関係に基づくスポーツ」「共助行為としてのスポーツ」など，多様なスポーツ活動の形態が存在している。とりわけ，「共助行為としてのスポーツ」は，「親睦・交流・生活充実活動」（芸術・文化的活動や子育て支援，青少年育成，踊り・祭りなど）や「安全確保・防衛活動」（交通安全，防犯，防災，高齢者・障害者福祉，保健など），および「環境美化・保全活動」（清掃，草刈り，ゴミ収集・処理など）などと同じように，「互酬性（お互い様），相互扶助（助けあい，支えあい，譲りあい）」に基づくスポーツ活動である。こうしたスポーツ活動は，「住民の，住民による，住民のための，地域スポーツの推進と地域づくり」の要諦といってもよい。

3.4 スポーツを縁（えにし）に

スウェーデンの政治経済学者であるペストフ（2000）は，「福祉トライアングルモデル」を用いて，福祉分野における非営利活動を説明した。このモデルに倣って，現代社会におけるスポーツ活動の形態をマッピングしてみると（Fig.9.3.4），①私（的）・非営利・非公式な「個人・家庭やグループ中心のスポーツ」，②公（的）・非営利・公式な「行政支援に基づくスポーツ」，③私（的）・営利・公式な「交換関係に基づくスポーツ」，そしてこれらの中間に位置する④私（的）・非営利・公式な「共助行為としてのスポーツ」といった4領域に分類することができる。また，中央の円は，非営利組織（ペストフは第3セクターと定義）の活動範囲でもある。

領域①（コミュニティセクター）では「伝統的な地域スポーツクラブ」（単一種目・チーム型クラブや対象別クラブなど）が，領域③（私的セクター）では「ビジネスとしてのスポーツクラブ」が，それぞれのスポーツ活動を実践している。領域②（公的セクター）では，行政が直接的に関与してさまざまなスポーツ振興に関わる活動を展開している。とりわけ，領域①では個人や仲間で群れあうスポーツ活動がバラバラに実践されているが，地域社会の成長エネルギーはスポーツ活動を通じて老若男女あらゆる人間が交わりあうことで初めて生まれる。地域社会には異質なものが混在するから，文化が成熟し次世代へと継承されていくのであり，類で群れあっている限り，地域社会の未来など切り開けない。スポーツはまさに文化の「縁」（えにし）であり，スポーツを「縁」にした社会的ネットワークと「新しい公共」の形成（領域④：共的セクター）を展望したアソシエーティブスポーツクラブが地域社会の未来を切り拓くのである。

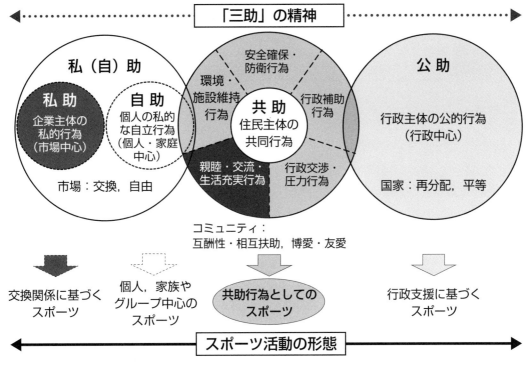

■ Fig.9.3.3　互酬性に基づくスポーツ

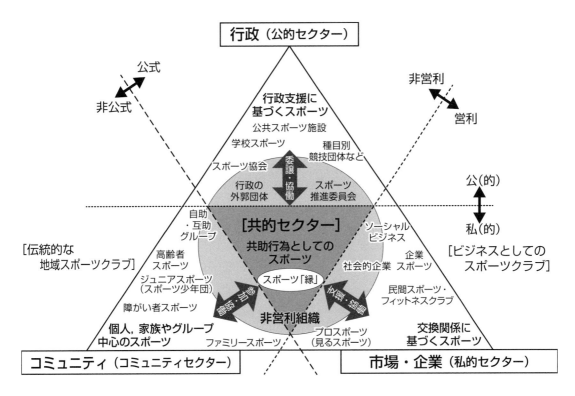

■ Fig.9.3.4　スポーツ「縁」のトライアングルモデル（ペストフ，2000 より）

第10章 地域スポーツのイノベーションモデル

1. 地域イノベーションとしての総合型地域スポーツクラブ

1.1 地域イノベーションの範囲

　イノベーションとは，「新結合」「新機軸」「革新」「変革」などと訳されるが，わが国では技術の発明に限定した「技術革新」という意味で用いられることが多かった。しかし，シュムペーター（1977）によれば，①新しい製品の生産，②新しい生産方法の導入，③新しい市場の開拓，④新しい仕入先の獲得，⑤新しい組織の実現がイノベーションであるという。つまり，科学・技術分野のみならず，経済・社会の仕組みの革新や人間行動における関係性の変革なども含まれるわけである。イノベーションが生み出すものは，単なる新しいアイデアや知識・情報ではなく，新しい仕組みや関係性，および新たな価値と行動（活動）である。

　「地域イノベーション」という場合，それは，「持続可能な地域社会への変革」という，きわめて現代的な意味を持ち，顔の見える人間関係の中で，住民自身が手づくり（ハンドメイド）で「地域づくりのための新しい試み」を創造し実践することにほかならない。いうなれば，「地域社会のさまざまな問題・課題（不平・不満）に対して市民組織（ボランタリーアソシエーション）などを組織化し，地域社会の新たな仕組みや活動を創出していくこと」である。そうした市民組織の活動分野は，「社会教育の推進」「観光の振興」「学術・文化・芸術・スポーツの振興」など，多岐にわたっており，総合型クラブ（づくり）は地域イノベーションの典型例である。

1.2 住民主導型のスポーツ組織

　これまでの市区町村においては，スポーツ行政組織が，市区町村全域を対象に，市区町村民の運動・スポーツ活動の成立・維持に必要な「スポーツ環境の整備」（スポーツ事業）を展開していくという，「行政主導型」の地域スポーツ経営システムが金科玉条であった。こうした行政主導型システムは，わが国の地域スポーツを長らく支えてきた。しかしそれは，「スポーツに対する自治性・自律性」「自らの手でスポーツを創る力」「スポーツ振興に対する自覚と責任」など，住民のボランタリー意識や地域スポーツ経営能力の向上という成果を生み出すどころか，むしろ「お客さん化」（従民化）という行政依存体質を助長してきたといってもよい。

　総合型クラブづくりは，21世紀生涯スポーツ社会を見据えた，まさに住民の自治的，自発的な活動を基調とする新しい地域スポーツ経営システムへの変革を意図した地域イノベーションであり，「住民主導型」のスポーツ組織づくりでもある。新しい経営システムでは，顔の見える人間関係を中心とする地域社会（日常生活圏）を基盤に，総合型クラブなどの住民主導型スポーツ組織がスポーツ事業の提供や地域資源の調達などを主導的に担い，スポーツ行政組織はこうした新しいスポーツ社会システムをサポートする役割を果たすことが重要である。

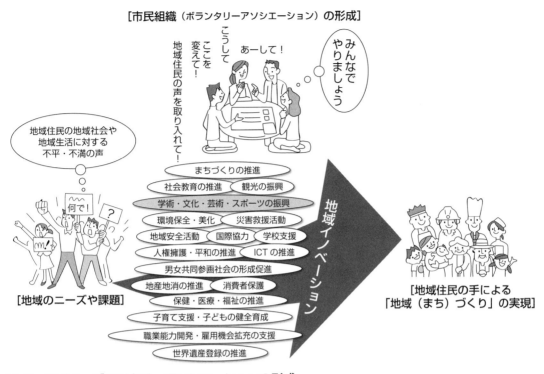

■ Fig.10.1.1　ボランタリーアソシエーションの形成

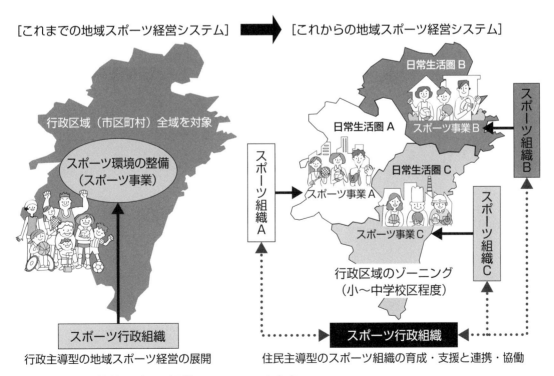

■ Fig.10.1.2　地域スポーツ経営システムのこれから

1.3 プロスポーツのローカライゼーション

　プロ野球チーム（球団）やJクラブなどのプロスポーツ組織は，本拠地やホームタウンを基盤に，金融資本（施設使用やスタッフ雇用に必要な資金力），技術資本（選手や指導者の体力やスキル，戦略，戦術力），および象徴資本（スター性，ブランディング力）などの「スポーツ資本」を活用して，質の高い「ゲームプロダクト」を生産，販売するという「プロスポーツビジネス」を展開している。その一方で，Jクラブは，1993年開幕当初から，「Jリーグ百年構想」のもとに，地域社会と一体となったクラブづくり（ホームタウン活動；Jリーグ規約第21条第2項）を実践する「社会の公器」（西野ほか，2014）として，スポーツ資本を活用したCSR活動（地域スポーツの推進や社会貢献活動など）にも積極的に取り組んできた。

　プロスポーツ組織が有するスポーツ資本を本拠地やホームタンなどで好循環させて，よりよい地域づくりに貢献する地域密着型プロスポーツクラブへと発展するための活動や制度的仕組みが「ローカライゼーション」（ローカル化戦略）である。多くのJクラブは，「サッカー教室／地元イベント」「サイン会・講演会等」「学校訪問」などのミクロな活動や，最近では「シャレン！（社会連携）」というCSV（共通価値の創造）を展開している。一方，湘南ベルマーレやセレッソ大阪，東京ヴェルディ1969，モンテディオ山形といった一部のJクラブは，「株式会社（営利組織）×総合型クラブ（非営利組織）」という異なる組織形態を混成した「組織ポートフォリオ」（谷本，2006），いわゆる「ハイブリッド型スポーツクラブ」（谷塚，2011）として，営利的な興行事業（サッカービジネス）と，サッカー文化の普及と選手・指導者の育成・強化を目指す社会・公益的事業（ソーシャルビジネス）をマクロに展開している（第11章3参照）。

1.4 スポーツとコミュニティビジネス

　今，われわれは，スポーツ普及・推進をはじめ，障がい者支援，子育て支援，貧困・格差問題，環境保護，まちづくり，地域振興など，実に多様な社会的課題に直面している。ソーシャルビジネスとは，そうした社会的課題の解決を目的とする持続的かつ革新的な事業活動である。それゆえ，ソーシャルビジネスの活動は，利潤追求を主目的とする民間企業とは「社会的課題の解決」を最優先させるという点で，また，無償の善意や奉仕に依存したボランティア活動などとは「採算性」を視野に入れながら組織的活動を行うという点で，それぞれ異なっている。

　コミュニティビジネスとは，ソーシャルビジネスの一形態であり，社会的課題のうち，ある特定範域の地域が抱える生活課題などを地域住民が主体的に解決し，地域生活の質的向上を図るための事業活動である。例えば，行政は，多様化・個性化する生活者ニーズに対して画一的で事務的な対応しかできず限界があり，一方，民間企業は利潤を追求するあまりに採算が合う部分だけに対応する傾向が強くなる。しかし，コミュニティビジネスであれば，互いの顔が見える関係の中で生活者ニーズに迅速かつ柔軟に対応し，「地域住民がよい意味で企業的経営感覚をもち，生活者意識と市民意識のもとに活動する『住民主体の地域事業』」（細川，1999）を実践していけるのである。地域イノベーションとしての総合型クラブが展開する文化・スポーツ事業は，まさにコミュニティビジネスであり，生活者主体のスポーツ普及・推進でもある。

■ Fig.10.1.3　プロスポーツ組織の社会貢献事業

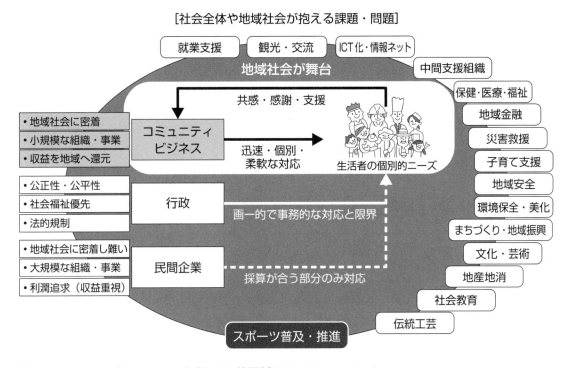

■ Fig.10.1.4　コミュニティビジネスの位置付け（細川, 1999より）

2. 地域スポーツのイノベーションプロセス

2.1 地域イノベーションの発展過程

　地域スポーツのイノベーションは，21世紀生涯学習社会を見据えた地域スポーツ環境の変革を目指す一種の「社会運動」ととらえることができる。社会運動とは，「生活要件の不充足を解決するためになされる，社会的状況を変革しようとする集合的行動」（新社会学辞典，1993）である。こうした社会運動の過程をモデル化した「運動過程図式」（片桐，1995）や，社会運動論の観点から事例分析によって構築した「クラブ組織化過程モデル」（作野，2000）は，地域イノベーションの発展過程を理解するのに役立つ。この2つのモデルに従えば，地域イノベーションの発展過程は，創出過程と普及過程に二分され，「地域のニーズや課題の発見」「市民組織の形成」「地域イノベーション事業の開発」「地域社会への普及」「帰結・転化」の5つのフェーズから構成される。そして，各フェーズは行きつ戻りつしながら進んでいくのである。

　フェーズⅠでは，誰が（キーアクター），どのような地域的課題やニーズ（構造的誘発性）を，どのように認知，共有し（構造的緊張，不平・不満の共有化），イニシアティブグループ（始動集団）をどのように結成していくのか（変革意図の成立）が重要である。フェーズⅡは，そうした始動集団がフォーマルな市民組織を形成する段階である。フェーズⅢは新しい仕組みや事業活動などを創出していく過程であり，そうした事業活動などが地域社会でどのように受容されるのかがフェーズⅣの要諦である。最終的には，フェーズⅤにおける地域社会の変革が社会的，経済的成果であり，地域住民に対する新たな社会的価値の提起につながるのである。

2.2 オープンイノベーションということ

　トヨタ自動車とマツダは，環境技術や先進安全技術などの幅広い分野で包括的な提携関係を強化することで基本合意した（2015年5月14日付読売新聞朝刊）。トヨタ自動車は燃料電池車（FCV）などの優れた環境技術を有し，マツダはディーゼルエンジンやガソリンの低燃費・高出力エンジン技術などに強みを持つ。今後は，相互の経営資源を活用して相乗効果を上げ，消費者がワクワクするような「いいクルマ」づくりを相互に目指していくのである。こうした提携関係は見方を変えれば，「オープンイノベーション」の活用ということもできる。

　オープンイノベーションとは，「企業内部と外部のアイデアを有機的に結合させ，価値を創造すること」（チェスブロウ，2004）である。いうなれば，地域が抱える諸課題に対して，自分達（自組織内）だけで解決することにこだわらず，組織外の知識やアイデア，技術，資源などを積極的に活用して，より迅速に地域的課題を解決するための方法論なのである。とりわけ，フェーズⅡ（市民組織の形成）とフェーズⅢ（地域イノベーション事業の開発）のプロセスには，多様な地域アクターの参加と協働が求められる。そこでは，既存の社会的ネットワークを超えた，これまでに提携したことのない地域アクターとの「協業」が基本とされなければならない。このように，「既知の知識，技術」以上の，よりよい知識，技術，資源などを求める行為こそ，オープンイノベーションであり，本書が目指す「協働的スポーツ生産」の発想でもある。

郵便はがき

113-8790

東京都文京区湯島2-1-1
大修館書店 営業部 行

llıllıₙllₙlllₙₙₙₗₗₗₗₗₗₗₗₗₗₗₗₗₗₗₗₗₗₗₗₗₗₗₗₗₗₗₗllₗll

■ご住所

	都道府県		市区郡

■年齢

歳

■性別

男

女

■ご職業（数字に〇を付けてください）

1　会社員　　2　公務員　　3　自営業

4　小学校教員　　5　中学校教員　　6　高校教員　　7　大学教員

8　その他の教員（　　　　　　　　　　　　　）

9　小学生・中学生　　10　高校生　　11　大学生　　12　大学院生

13　その他（　　　　　　　　　　　　　）

26980　図とイラストで学ぶ　新しいスポーツマネジメント　改訂版

愛読者カード

＊ 本書をお買い上げいただきまして誠にありがとうございました。

(1) 本書をお求めになった動機は何ですか？

　　① 書店で見て（店名： 　　　　　　　　　　　　　　　　　　　　）

　　② 新聞広告を見て（紙名： 　　　　　　　　　　　　　　　　　　）

　　③ 雑誌広告を見て（誌名： 　　　　　　　　　　　　　　　　　　）

　　④ 雑誌・新聞の記事を見て　　　⑤ 知人にすすめられて

　　⑥ その他（ 　　　　　　　　　　　　　　　　　　　　　　　　　）

(2) 本書をお読みになった感想をお書きください。

(3) 当社にご要望などがありましたらご自由にお書きください。

◎ ご記入いただいた感想等は、匿名で書籍のPR等に使用させていただくことがございます。

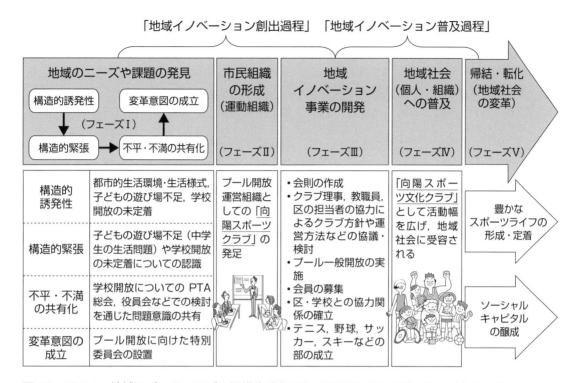

■ **Fig.10.2.1 地域スポーツクラブの組織化過程**（東京都杉並区の例：向陽スポーツ文化クラブ）

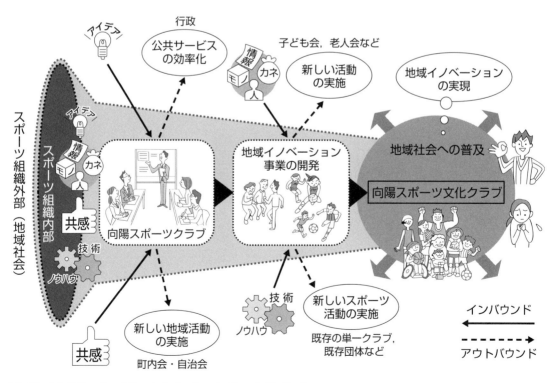

■ **Fig.10.2.2 オープンイノベーションのマネジメント**

2.3 地域スポーツのイノベーションマーケティング

　こうした地域イノベーションを成功へと導くには，その発展過程を担うキーアクターの役割を特定化することが重要である。ベストとコトラー（2011）が提示した「A-F モデル」に倣えば，イノベーションを起こす際に必要な役割は6つに分類することができる。

　総合型クラブづくりという地域イノベーションの場合，フェーズⅠでは，地域的課題の発見と共有を通して「よし，やろうぜ！」と，イノベーションのきっかけを創る「A：アクティベータ」としてのイニシアティブグループが重要な鍵を握っている。続いて，設立準備委員会などを組織化し，総合型クラブの基本枠組み（青写真）などを検討，設計するフェーズⅡ，Ⅲにおいては，再度，地域のスポーツ環境に関する有益情報を収集，整理し，自委員会が置かれた状況などを冷静に分析する「B：ブラウザ」が求められる。また，そうした有益情報とオープンイノベーションの観点から，既成概念にはとらわれない新しいアイデアなどを生み出していく「C：クリエータ」などの役割を担う人材も必要である。さらには，新しいアイデアを有形化し，現実的なスポーツ事業の内容やマーケティング戦略などを考案する「D：デベロッパ」も重要である。フェーズⅣでは，こうして創出された，総合型クラブという新しい地域スポーツ経営システムを地域社会に滞りなく推進していく「E：エグゼキュータ」役を，どんな困難にも立ち向かう信念と熱意を持った人々からなるクラブ運営委員会が担っていかなければならない。

　しかし，地域イノベーションを実現させるための活動は，ともすれば近視眼的な集団浅慮（第12章3参照）に陥りがちであるため，その発展過程全体を俯瞰して柔軟に後押しし，将来的にはクラブマネジャーになるような人材が「F：ファシリテータ」役として必要不可欠である。

2.4 イノベーションのジレンマ

　多くの組織にとって成長，発展していく上で欠かせないのが「イノベーション」である。しかし，イノベーションの成否は，技術の進歩ではなく，価値の転換（機能・性能の移行）によって決まるものである。そうしたイノベーションは，従来製品の改良（高機能・高性能化）を追求することで現在の競争地位を維持しながら市場を拡大させていく「持続的イノベーション」と，従来製品の価値を破壊して全く新しい価値（利便性・低価格化）を生み出すことで市場を拡大させていく「破壊的イノベーション」の2つに分類できる。「イノベーションのジレンマ」（クリステンセン，2001）とは，「優良企業が持続的イノベーションを継続していくことに集中し破壊的イノベーションを軽視した結果，破壊的イノベーションを導入し始めた新興企業の前にその優位性を失う」という「盛者必衰の理」を説明した理論である。

　昨今，全国各地でシティマラソン大会などがスポーツ行政によって企画，運営され，生活者の需要を満たすために，毎年，多くの税金を投入して改良していく持続的イノベーションが続いている。しかしその一方で，生活者の小さな行為が集まって，ウオーキングやジョギング，およびノルディックウオーキングなどの気軽で簡単にできるローコストなスポーツ（運動）が破壊的イノベーションとして新しい流れを創り出している。スポーツ行政組織もまさに，ジレンマに陥っており，生活者の小さな行為の前にその優位性を失いつつあるのかもしれない。

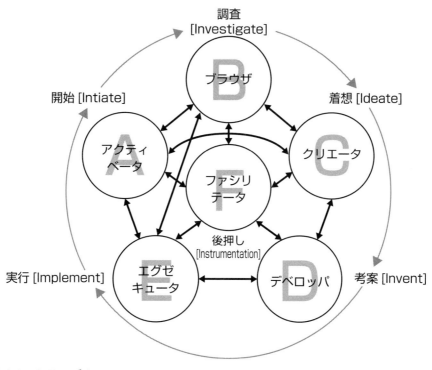

■ Fig.10.2.3　A-F モデル（ベスとコトラー，2011 より）

■ Fig.10.2.4　イノベーションマネジメントの必要性（山下，2014 より）

3. 地域スポーツの「グッドプラクティス」

3.1 ボランタリー経済の可能性

　現在の資本主義社会における経済原理は,「貨幣の獲得」を目的として財貨やサービスを提供する「マネタリー経済」（貨幣経済）が支配的である。しかし，人類の歴史を振り返れば,経済原理は本来,善意や好意で価値あるものを相手に贈る「贈与経済」,すなわち「ボランタリー経済」（自発経済）に始まり，その後，物々交換を基本とする「バーター経済」（交換経済）へと進化し，貨幣の発明を契機に「マネタリー経済」が誕生したのである（田坂, 2009）。ボランタリー経済とは,貨幣との交換を目的とせず,善意や好意などの「精神の満足」を求めて,人々が自発的に協働し，知恵を出しあい，今もなお続く家事や育児，家庭教育，老人介護，地域奉仕などの無償の経済活動である。また，もし人類最古のボランタリー経済がなければ，マネタリー経済も即座に活動停止を余儀なくされるほど，社会を支える重要な経済原理ともいえる。

　ところが，このボランタリー経済が今，スポーツ政策の方向性や「新しい公共」の形成という社会イノベーションによって，地域スポーツの推進や地域づくりにおいて新たな価値を伴って復活し，大きな影響力を持つようになってきている。また，2つの経済原理が相互浸透した「ハイブリッド経済」（融合経済）という新たな動き,例えば,マネタリー経済から生まれた「CSR活動」（社会貢献事業）や，ボランタリー経済から出てきた「ソーシャルビジネス」（社会・公益的事業）なども徐々に広がりつつある。ともあれ，経済とは，元来「経世済民」であり，「世を経（おさ）め,民を済（すく）う」というボランタリー経済的な含意があることは否めない。

3.2 インブランディングの考え方

　1991年，半導体メーカーのインテル社は,"intel inside（インテル入っている）"キャンペーン（PCメーカーの最終消費者向けCMにそのロゴとジングル＝サウンドロゴの露出）を展開し,B to B中心の企業であるにもかかわらず,最終消費者にまでインテルブランドを浸透させ,「どのチップが搭載されているか」がPC製品の選択基準（魅力向上）となり，大きな成功を収めたことで世界的にも有名である。これこそ，製品やサービスを構成する技術や素材，あるいは部品などにブランド名を付与する「成分ブランド」（余田, 2011）の成功例である（ingredient brand＝「インブランド」ともいう）。現在では，B to C中心の多くの企業が「インブランド製品を最終製品・サービスのブランド力の駆動装置として活用する戦略」，いわゆる「インブランディング」（ingredient branding：コトラーとファルチ, 2014）を定着させている。

　総合型クラブのブランド戦略では，特色あるクラブ名やロゴマーク，およびTシャツ，クラブリーフレットなどで，クラブそれ自体のブランド化を図ろうとすることが多い。しかし今後は，クラブのコアを構成する事業内容（開講種目, サークル・クラブ活動，教室，プログラムなど）や活動施設および指導者，指導技術などに着目したインブランド化を図ることで，総合型クラブのインブランディングを展開していく必要もあろう。いうなれば，地域住民からは見えにくい「クラブのコア要素・部品・中身」をいかに「見える化」するかが重要な技術なのである。

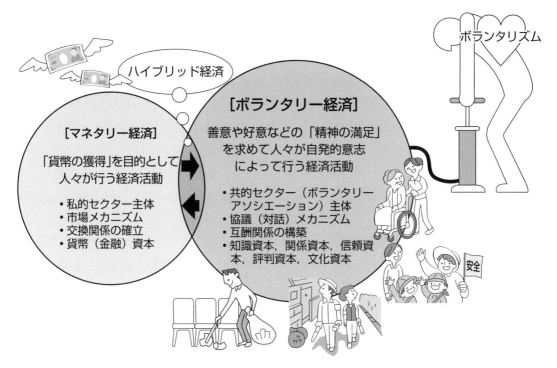

■ Fig.10.3.1　人類最古の経済原理の復活

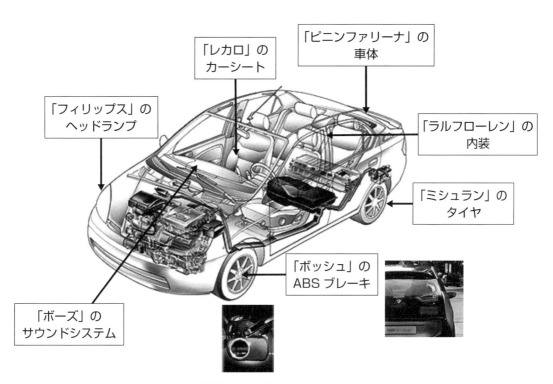

■ Fig.10.3.2　インブランド製品を装備した自動車（コトラーとファルチ，2014 より）

3.3 マクドナルド化とスーパースター現象

　リッツァ（1999）はかつて，マクドナルド的な合理化経営システムが多くの外食産業をはじめ，フィットネスクラブ，教育，医療，葬儀場といった領域にまで蔓延しつつあることを指摘し，「マクドナルド化」という，合理性（4つの特徴）がもたらす脱人間化現象に警鐘を鳴らした。地域スポーツの推進を見ても，いまだに，行政主導型という合理的なスポーツ振興システムによって住民をお客さん化している市区町村も多々見られる。一方，住民主導型スポーツ組織として総合型クラブを設立した市区町村（地域）では，安定した自主運営と自己財源の確保を目的に「NPO法人格」を取得する総合型クラブも増えつつある。しかしその現実は，toto助成金や指定管理者の獲得へと同一化した「金太郎飴」的経営システムへと変貌し，クラブと会員・非会員住民との間にも「提供者－お客さん」というビジネス的交換関係を創出している。

　まさに「マクドナルド化する地域スポーツ」であり，こうした合理化経営システムによって，多くの住民がスポーツサービスのお客さん（受益者）として，運動やスポーツ活動をローコストで気軽に楽しめるようになったことは確かである。しかし，地域スポーツの本質は，住民の誰もが自由かつ自発的に「互酬性に基づく日常的スポーツ活動」に参加したり，損得なくその企画・運営に携わって「支えるスポーツ」を楽しんだりしながら，豊かな地域生活をデザインできる点にある。マクドナルド化という「賞味期限切れのビジネスモデル」（小川，2015）のもとでは，地域スポーツの本質を絶えず維持してきた総合型クラブだけが圧倒的な賛同と支持を集め，強力な存在感を発揮するという「スーパースター現象」が起こるのも常である。

3.4　グリーンオーシャン戦略

　これまでの地域スポーツの推進は，多様なアクターが存在する地域社会において，コモディティ化してしまったスポーツ製品の「同質的差別化」を繰り返す"血みどろの戦い"，すなわち「レッドオーシャン」戦略が主であったという見方もできる。そうした中，未開拓の新しいスポーツ需要を掘り起こし，競争のない"青い海"を切り開くという「ブルーオーシャン」戦略として，総合型クラブ構想が導入されたといってもよい。しかし現実は，マクドナルド化現象や既存クラブ・団体などとの葛藤や軋轢，そして既存クラブと何がどう違うのかが理解し難い，という問題などもあり，地域社会が再びレッドオーシャン化してきていることも否めない。

　「グリーンオーシャン」戦略は，2つの戦略とは大きく異なり，競争を前提としない，「未来の子供たちへの恩送りをベースにした考え方」（中野，2011）であり，「愛」「奉仕の精神」「恩送りの気持ち」がその根底にはある。恩送り（ペイフォワード）とは，誰かから受けた厚意をその相手に恩返し（ペイバック）するのではなく，ほかの誰か（次世代）へ無償の愛を送って善意を広げていくことである。そのためには，地域の仲間やNPOなどの団体，企業，および行政などがペイフォワードに「共感」した経営を実践することである。例えば，住民は豊かな地域社会を創る主役としてコミュニティビジネスを展開したり，企業は本業における社会性に基づくCSR活動を積極的に実践したりすることが重要である。そして，行政はこれまで官が独占してきた資源と権限を民に開くという「政策イノベーション」を推進する必要がある。

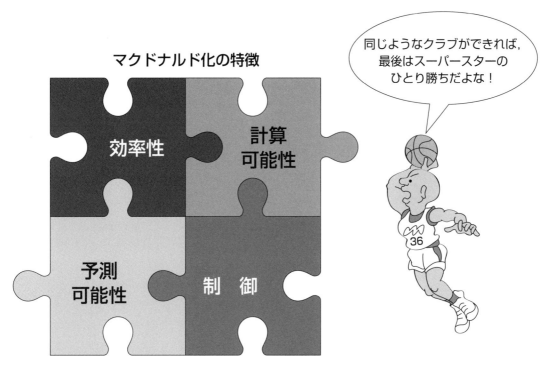

■ Fig.10.3.3　本質を極めた者のひとり勝ち

■ Fig.10.3.4　「恩」を次世代につなぐ共感経営

第11章 スポーツとローカルネットワーク

1. スポーツの場づくりと社会的共感意識

1.1 相互作用の場としての地域スポーツ

　伊丹（2005）によれば、「場とは、人々がそこに参加し、意識・無意識のうちに相互に観察し、コミュニケーションを行い、相互に理解し、相互に働きかけ合い、相互に心理的刺激をする、その状況の枠組みのこと」であるという。こうした「場」が成立するためには、①何についてコミュニケーションをしたいのか（アジェンダ）、②誰が相互作用に参加するのか（メンバーシップ）、③どこで相互作用が起こるのか（空間的配置）、そして④自分以外の人々と何らかのつながりを持ちたいという欲求（連帯欲求）、といった基本要素が必要不可欠である（①②③は場の成立の最低要件で、④の要素まであると場の機能がより強化される；山下、1993）。

　まさに、地域スポーツという「場」では、地域社会（③）を構成するさまざまなアクター（②）が参加して、地域生活や地域スポーツのあり方などに関する相互作用（①）が起こっているのである。それゆえ、そうした「場」に最初から連帯欲求（④）というものがあれば、さまざまなアクター間の心理的共振と心理的エネルギー（集団凝集性）がより高まり、地域生活や地域スポーツのあり方などがより素早く決定されていくことになるといってもよい。地域スポーツとは、「人々の間の情報的相互作用と心理的相互作用の容れもの」（伊丹、2005）なのである。

1.2 場の機能

　こうして、地域スポーツという「場」の境界線が明確にされると、その場では地域生活や地域スポーツに関わる情報的、心理的相互作用が起こり、各アクターが「場」を共有していこうとする行動をとり始める。「場の共有」とは、「情報のキャリアー」（情報を伝えている媒体は何か）と「情報の解釈コード」（情報をどう解釈すべきか）を何らかの形で共有することである。

　例えば、総合型クラブが提供する「高齢者健康教室」の場合、情報のキャリアーは言葉や活動内容、施設、用器具、BGMなどであり、参加者や指導者の表情や口調、言葉遣い、服装や色、示技・示範などのボディーランゲージといった微妙なキャリアーもある。また、複数の指導者や参加者の欠席・退会、新しい参加者の入会という事実そのものがキャリアーになることもある。こうした微妙な情報の解釈コードは、参加者全員に完全に共有されているとは限らず、指導者や参加者同士が共通体験を何度も繰り返していくうちに、自分と類似した見方や感じ方、行動をとる仲間を見つけ出し、心理的共振を起こしながら共有されていくものである。最終的には、他クラブや他教室の情報（関係情報）なども解読しながら、地域スポーツの秩序（望ましいあり方）が形成されていくのである。総合型クラブが地域スポーツの将来像としてさまざまなアクターからの支持と賛同を得られるかは、「場の機能」に依るところが大きい。

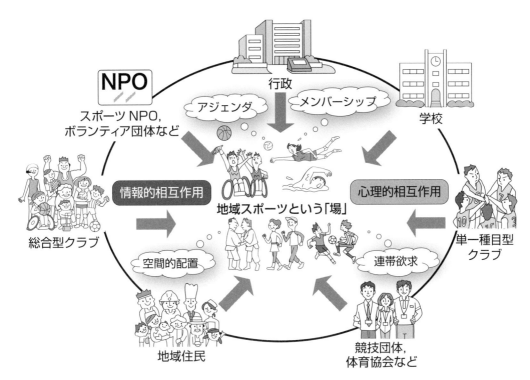

■ Fig.11.1.1　情報と感情の相互作用

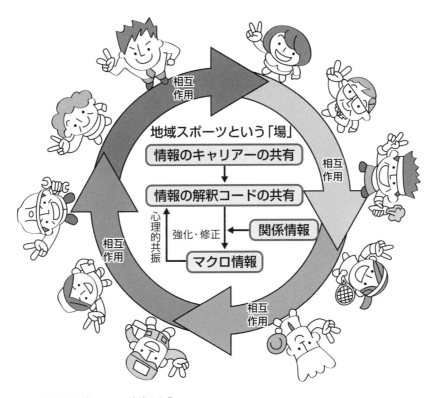

■ Fig.11.1.2　地域スポーツの秩序形成

1.3 共感的コミュニケーションの重要性

　地域スポーツは多様なアクター間の情報的・心理的相互作用を起こす容れものであり，そうした「場」において個々のアクターが情報のキャリアーと情報の解釈コードを共有していくためには，「共感的コミュニケーション」が必要不可欠である。共感とは，「単なる他者理解という認知的過程でなく，認知と感情の両方を含む過程であり，環境の働きかけのなかで，主体同士がお互いの体験を通して，心と心を通わせ合い，共通のものを見出し合うこと」（藤谷・細江，1999）である。デイヴィス（1999）は，共感の「組織的モデル」を提案し，その構成要素として，①視点取得（日常生活において自発的に他者の心理的視点を採用しようとする傾向），②共感的配慮（他者の状況や感情体験に対して自分も同じように感じ，他者志向の温かい気持ちを持つ傾向），③個人的苦痛（他者の苦痛に対して，自分が不安や動揺を受けてしまい，他者の状況に対応した行動ができない傾向），④想像性（小説や映画，演劇などに登場する架空の人物の気持ちや行動の中に想像的に感情移入する傾向）といった4つを挙げている。

　共感的コミュニケーションとは，「相手の立場に立って物事を考え，相手の心理的立場や気持ちなどを理解し（認知的な共感），相手の状況や感情と同じものを自分の中で経験する（情動的な共感）」ことを重視したコミュニケーション行為といってもよい。地域スポーツという「場」においては，「多対多」の共感的コミュニケーションがスポーツ活動のさまざまな「壁」（年代別・種目別・目的別の壁，スポーツ事業の主体と客体の壁，スポーツと地域生活との壁）を取り除き，「総合性」「互酬性」という地域スポーツの秩序形成を促進していくのである。

1.4 マネジメントからファシリテーションへ

　このように，多くの住民が集う地域スポーツという「場」には，さまざまな情報と感情が満ちあふれている。「場のマネジメント」とは，こうした場の状況をうまく整理し，場の機能を質的に高めていこうとする営みのことである。伊丹（2005）によれば，場のマネジメントには「場の生成のマネジメント」と「場のかじ取りのマネジメント」の2つのタイプがあるという。

　場の生成のマネジメントとは，場の基本要素の設定と共有化を促進するための諸活動である。具体的には，地域スポーツの変革の方向性を決め，目標（アジェンダ）や戦略を示す「リーダーシップ」と，そうした目標や戦略を実現していくための具体的計画の策定と資源調達の方法を考案するという「マネジメント」といったスキルが挙げられる。これに対して，場のかじ取りのマネジメントとは，生成した場を生き生きと駆動させていくために，多様なアクター間の情報的・心理的相互作用と共感的コミュニケーションが活発に行われるように配慮する営みといってもよい。こうした場のかじ取りには，多様なアクター間の協働と知的相互作用を促進するための「ファシリテーション」（堀，2004）という実践的スキルが必要不可欠である。

　もちろん，どれか1つのスキルだけが優れていても，それだけで地域スポーツという「場」を動かすのには無理がある。地域スポーツ推進の要になる人材は，リーダーシップ，マネジメント，そしてファシリテーションといった3つのスキルを兼ね備え（あるいは役割分担をして），地域スポーツを取り巻く環境と適合しながら使い分けていくことが重要である。

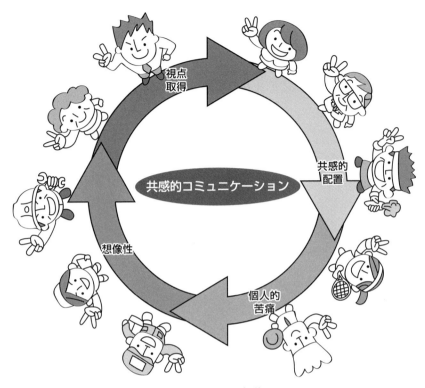

■ Fig.11.1.3 「共感」を重視するコミュニケーション行為

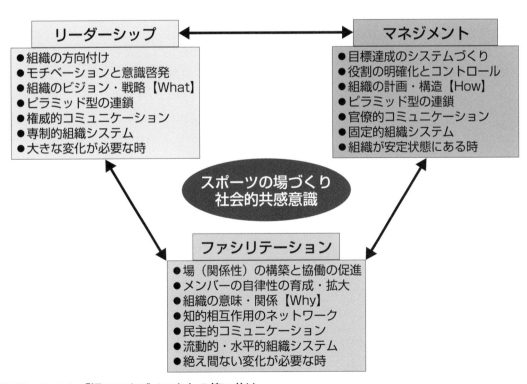

■ Fig.11.1.4 「場のマネジメント」の使い分け

2．ネットワークをつくるということ

2.1 多様なキーパーソン

　地域社会の中には，ほかの人の態度や行動を比較的頻繁に左右し，住民行動のモデルとなるような人（オピニオンリーダー）がいたり，ある特定の製品について豊富な知識を持っている情報通（マーケットメイブン）がいたり，人々とのつきあいに長けており，説得や交渉ごとに巧みな個人（イノベーションチャンピオン）がいたりする（ロジャーズ，2007）。彼らは，権威的ないし官僚的コミュニケーションによって影響力を行使するわけではなく，いわば非公式なリーダーでありマネジャーである。個々の住民が自身のスポーツライフ形成の模範としたり，スポーツの専門知識を得たり，あるいは総合型クラブなどのような新しいアイデアを地域に導入するに際して，背後から支援してもらう上では非常に好都合な人々である。

　しかし，上述のような人物が常に住民の身近にいたりするわけではない。実際にスポーツ活動の輪（ネットワーク仲間）を広げていくためには，相互作用を促進させる世話役（ファシリテーター）を住民が「自前」で用意する必要がある。ファシリテーション技術の複雑さからすれば，必ずしも同一人物がそれを担う必要はなく，その段階に応じて誰か適切な人が「スパークプラグ」「テイストメーカー」「スタイルセッター」「ゲートキーパー」などの役割を果たせばいいのである。地域スポーツのキーパーソンとは本来そのような性質のものであり，ある特定の人の影響力に期待したり依存したりするだけではネットワークなどつくれない。

2.2 弱いつながりを求めて

　人と人とのつながりには強弱があり，ネットワーク理論からは「社会的つながりの強弱」として概念化できる。すなわち，A-B と C-D のいずれの2人組も直接にコミュニケーションを行うが，A-B は4つの間接リンクでも結ばれているので，この2人組のほうがつながりが強いと考えられる。このようなネットワークはスポーツの場の結束力を高める。一方，C-D の個人間ネットワークには重複がないので，つながりは弱い。しかし，このリンクがなくなると，分離孤立した2つの仲間集団ができてしまう。C-D の結びつきは，異類的な仲間集団間での情報交換に強い潜在的可能性を持っており，Granovetter（1973）はこれを「弱い絆の強み」と名付けた。地域スポーツの秩序とはスポーツの「ムラ社会」があちこちに散在する状態ではなく，互いの場を認めあうネットワークの存在をいう。そこには弱いつながりが重要な役割を果たしている。

　近年，インターネット文化や携帯電話の発達により，人々のコミュニケーション環境は大きく変容した。もはやキーパーソンなど無用といわんばかりに，つながりが強められている。つながること自体が目的と化してしまい，スポーツなどもいまや人々にとって何より優先すべき状況の枠組み（場）とはなり得ず，つながりに寄与する素材でしかないという見方すらある（北田，2002）。第1章2で紹介された「ファンラン」「カープ女子」なども，ある意味でそうかもしれない。しかし，それらには従来のスポーツにない自由度があり，つながりの手段というより，むしろ強いネット社会の外に，現実空間の弱いつながりを求めた結果の産物と理解したい。

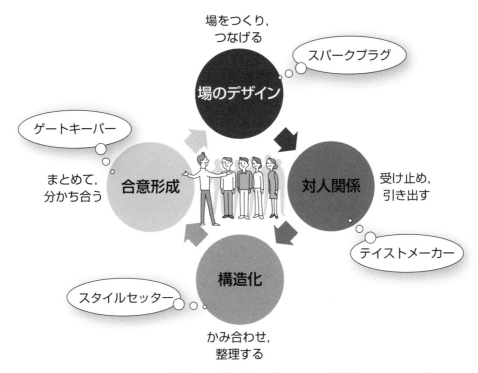

■ Fig.11.2.1 ファシリテーション技術から見たキーパーソンの分類 （堀, 2004 より）

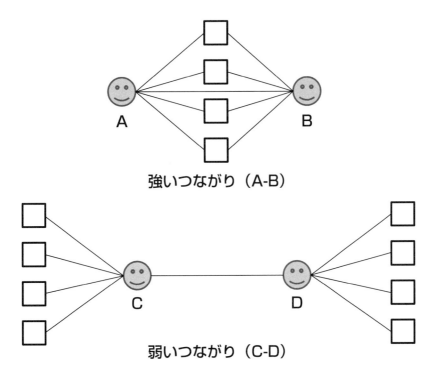

強いつながり（A-B）

弱いつながり（C-D）

■ Fig.11.2.2 つながりの強弱 （Alba and Kadushin, 1976 より）

2.3　コミュニティの境界を越えるネットワーク

　つながりが，あるまとまりを見せるようになると，そこに帰属意識が生まれる。これが「コミュニティ」である。従来は一定の地域に居住する者を包括する封鎖的な共同体（地域コミュニティ）を意味していたが，近年では，交通・通信の発達とそれに伴う社会的，文化的な生活機会の拡充が目覚ましく，地域の封鎖性は解消され，共通の関心事によって交流する人々の輪（ペグ・コミュニティ；バウマン，2008）をも意味するようになった。それはより広い空間に広がるネットワーク型の地域集団であり，現在の地域社会にはこの2つが併存していると考えてもよい。そうでないと，総合型クラブのような一種の「ボランタリーアソシエーション」（第9章2参照）は，事実上，地域から遊離した存在となってしまう恐れもあるわけである。

　また，小学校区や中学校区のまとまり，あるいは小さな自治体や行政区単位では，十分に「総合型」の機能を果たせないことがある。地域スポーツは住民多様性の保全が基本であることからすれば，ネットワークをフルに活用したスポーツ資源の確保が必須である。実際，周辺のクラブと協働事業を行ったり，指導者を派遣したり，子育て人材バンクのようなスポーツ以外の組織とも協力関係を結んで，積極的にネットワーク型スポーツクラブを創出しようとしている地域があったりする。しかし，特定のクラブがコア組織となって組織間協力を促進しても，住民自身が地域コミュニティの境界を越えて活動できなければ限界がある。個々の住民が「一種の観光客，『お客さん』になって，複数のコミュニティを適度な距離を保ちつつ渡り歩いていく」（東，2014）というようなことができてこそ，真の「総合型」は実現するものと思える。

2.4　スポーツリエゾンの役割

　地域におけるスポーツ生産の主体は総合型クラブだけではない。多様な主体が発信する情報を結合させて価値の増大を図っていく必要がある。しかし，そのために新しいネットワークを一から作り直していたのでは「新製品」は容易に生まれない。地域には普通，自治会，子供会，青年団，婦人会，老人会のように，スポーツの場としての機能を兼ね備えたネットワークがあったり，体育振興会，スポーツ少年団，レクリエーション協会のように，スポーツを直接目的としたネットワークもある。これらは「新製品」の構成要素として，さまざまな組み合わせ交換が可能な部品群（モジュール）である。ただ，それぞれ結合基盤が異なっており，前項の例のように，1つのクラブがコア組織となって既成のネットワーク同士を結び付けるのは難しい。どのネットワークにも参加せずに，1つのシステム内で2つ以上のネットワークを結び付ける，リエゾンとしての個人や組織が必要となる（ロジャーズとロジャーズ，1985）。

　各地にプロスポーツなどを基盤とした新しいネットワークも浸透しているが，市民スポーツの伝統的規範が支配的な地域ではその融合はなかなか進まない。京都ではこの問題を解決するために実際に「スポーツリエゾン」が立ち上げられた。また，仙台の「SV2004」のようにエコ活動を介して融合を実現している地域もある。なお，クラブレッツは現在その名を「レッツ（みんな一緒に）」から「パレット（いろいろな色の受け皿）」に変え，まちづくりのネットワークに融合させている。これなどは1つのコア組織がリエゾン組織にまで発展した好例といえよう。

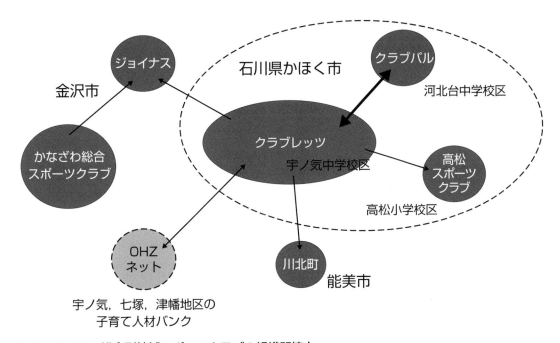

■ Fig.11.2.3　総合型地域スポーツクラブの組織間協力

（石川県かほく市の例：NPO 法人クラブレッツの拡大事業〈支援・パートナーシップ事業〉，2008 より）

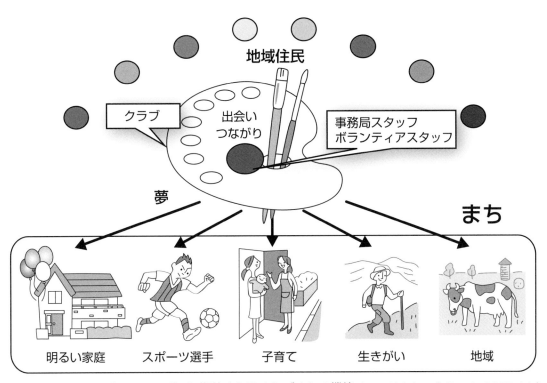

■ Fig.11.2.4　スポーツリエゾンに期待されるまちづくりの機能 （NPO 法人クラブパレット，2015 より）

3. ハイブリッド型スポーツクラブ

3.1 株式会社と非営利法人

　1993年開幕当初から地域密着を理念に掲げるJクラブでは，株式会社によるクラブ経営だけではなく，試合などの収益を目的とする興行事業を株式会社が担い，サッカーの普及や選手・指導者育成などの地域社会のためになる事業は公益・共益を目的とする非営利組織で展開するという，異なる組織形態をハイブリッド（混成）し，相互連携させた経営形態を有するクラブも散見されるようになり，地域社会や行政からの理解と賛同，支持を得ている。

　その代表的なクラブの1つである湘南ベルマーレは，Jリーグ百年構想を実現するために，株式会社とNPO法人をハイブリッドした経営形態を確立し，株式会社がトップ・U-18・U-15を所有・統括し，NPO法人が多種目・多世代・多志向の総合型クラブを経営している。いうなれば，2つの法人組織それぞれが"湘南ベルマーレ"という「ブランド」を共有，活用することによって，地域社会に根ざそうとしているのである。それゆえ，多くの地域住民は，わがまちのサッカーチーム，フットサルチームとしてトップチームを応援するだけではなく，総合型クラブにおいて自らもスポーツ活動を楽しんだり，時にはボランティアとして大会運営やチーム活動を支えたりしている。こうした株式会社×非営利法人という経営形態では，湘南ベルマーレブランドという「象徴資本」を生かした事業を相互に展開することが可能であり，湘南ベルマーレへの地域住民のアクセスポイントを拡大，強化するとともに，「する，見る，支える」といった地域住民とスポーツとの多様な関わり方をプロデュースすることもできる。

3.2 トップスポーツとユーススポーツ

　このように，法人格をハイブリッド化した経営形態を有するJクラブの多くは，株式会社がチケットセールスやスポンサー営業，試合運営，スカウティング，選手・チーム強化などのプロサッカーチーム事業を展開しているのに対して，NPO法人などの非営利組織が選手・指導者育成や各種スクール，地域連携イベントなどのホームタウン事業を担っている。

　Jリーグ参戦時から15年間，モンテディオ山形のクラブ経営を行ってきた社団法人山形県スポーツ振興21世紀協会は，2013年の公益社団法人化と同時に，トップチームのJ1リーグ定着のための経営基盤の確立を目的に株式会社モンテディオ山形を設立し，2014年4月よりトップチーム事業を株式会社へ移管し，株式会社×公益社団法人というハイブリッド型クラブ経営を行っている。株式会社は，協会から株主として出資（金融資本）を受け，協会が実施してきた育成活動や地域活動による信用（象徴資本）を生かしてトップチーム事業と指定管理事業の収益事業（金融資本）をトップチームに集中させてチームの強化を図っている。一方，協会はチームの強化によって高められるモンテディオ山形のブランド（象徴資本）とともに，トップチームで培われる技術資本をユースチームなどの普及・育成事業において活用している。モンテディオ山形では，2つの法人の役割を明確にしながらも連携，協働することで，トップスポーツとユーススポーツをハイブリッド化したサッカービジネスを積極的に展開している。

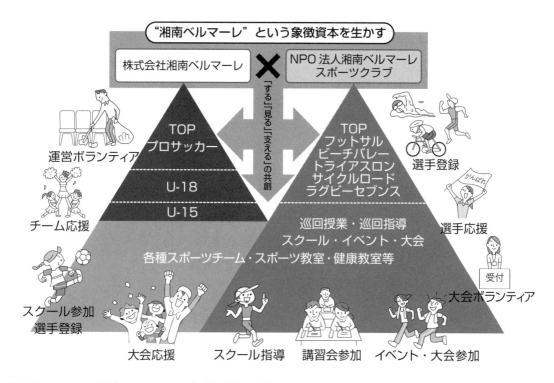

■ Fig.11.3.1 湘南ベルマーレの経営形態と地域住民の関わり

（株式会社湘南ベルマーレ HP<https://www.bellmare.co.jp/club/profile> より）

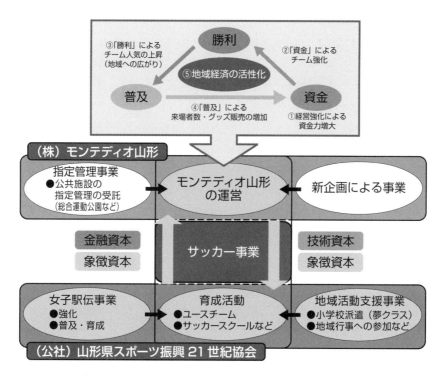

■ Fig.11.3.2 モンテディオ山形における「資金，勝利，普及」循環イメージと事業展開

（株式会社モンテディオ HP<http://www.montedio.co.jp/topteam/> より）

3.3　法人格の使い分け

　地域スポーツクラブの法人格取得は，組織体制や経営基盤の安定化，および社会的信用の獲得を図っていく上で重要である。スポーツ庁「令和4年度総合型地域スポーツクラブに関する実態調査結果概要（令和5年3月）」によれば，法人格取得済みクラブは35.1％と全体の1/3程度であるという。また，法人格を取得していないクラブ（65.0％）のうち，79.6％が「取得意向なし」という結果であった。このように，地域スポーツクラブの法人格の取得（意向）は低調であるが，地域社会にはさまざまな組織，団体などが存在しており，法人格を取得していなくても，地域の生活課題などの解決を目的に連携，協働していくことは可能である。

　例えば，「共働き世帯における子どもの居場所づくり」や「独居老人や高齢者の健康づくり」などの諸課題の解決に対して，法人格を取得していなくても，地域スポーツクラブとしては“運動・健康に関わる技術資本”を軸とした事業展開（学童クラブや介護予防教室）ができるであろう。そうした事業展開への連携・協働として，地元の中小企業や小売店などが寄付金，協賛金など（金融資本）を提供したりすることもある。あるいは，教育機関である学校法人や福祉施設などの社会福祉法人が専門知識・技術を持った人材の派遣（技術資本）やそうした専門的人材に対する信用や安心感の醸成（象徴資本）などで連携，協働してくれることもある。地域スポーツクラブは，こうした法人格を有するさまざまな組織，団体などとの連携・協働によって各種資本をハイブリッド化した地域づくり事業の多様化が可能になってくるのである。

3.4　地域への帰属意識を活かす

　このように，地域スポーツクラブには，21世紀生涯スポーツ社会の創造と地域づくりの役割を担いながら，「スポーツを核とした豊かな地域コミュニティの創造」を実現していくことが期待されている。そのため，地域スポーツクラブは，会費や助成金などの金融資本を元手に指導能力，経営力といった技術資本を高めるとともに，そうしたクラブ活動の実績からクラブへの信用・信頼という象徴資本を生み出し，新たな金融資本を獲得するという好循環を創り出すことが重要である。そして，こうした地域スポーツクラブが有する各種資本の効率的な運用と好循環によって，地域社会における新たなプロダクトの創出とクラブアイデンティティの醸成という「クラブ価値の最大化」が図られ，クラブマネジメントの基盤が構築されるのである。

　しかし，豊かな地域コミュニティの創造という観点に立てば，地域スポーツクラブだけがそうした使命（理念）に貢献しているわけではなく，地域の一員として地域社会の課題解決の手助けをしたいという自覚と責任を持った多様なアクター，例えば，NPO法人や社会福祉法人，学校法人，株式会社なども存在する。それゆえ，そうした多様なアクター同士が互酬性の規範に基づいて連携・協働を図り，それぞれのアクターが有する各種資本をハイブリッド化していくことが，地域の生活課題などの解決を通した豊かな地域づくりには重要なのである。ハイブリッド型スポーツクラブとは，異なる組織特性や資本を有するアクターに対して地域社会の課題へのコミットメントと共感を促し，地域社会に分散する組織パワーや各種資本を集約化するための，地域への帰属意識を生かすローカルネットワークの仕組みといってもよかろう。

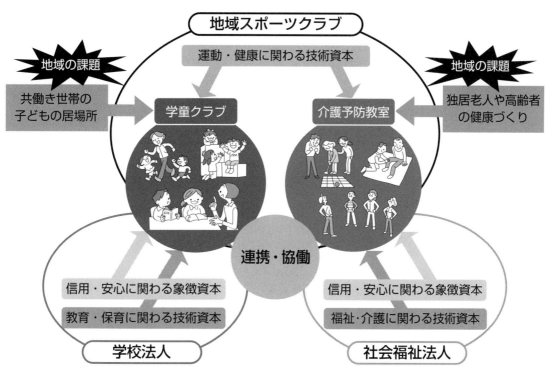

■ Fig.11.3.3　各種法人組織とのハイブリッド運用モデル

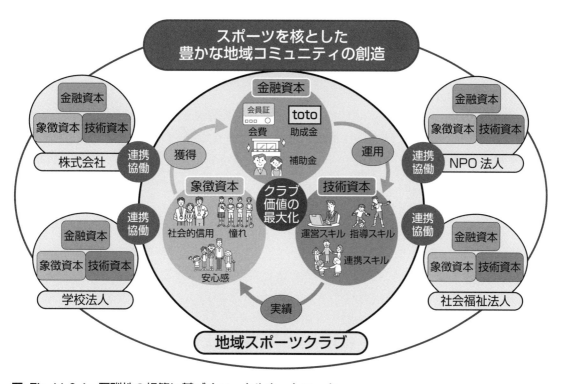

■ Fig.11.3.4　互酬性の規範に基づくローカルネットワーク

第12章 スポーツ資産の活用とソーシャルガバナンス

1. スポーツ資産とパブリック

1.1 スポーツ資産として見た「地域」

　地域社会には，長期にわたってさまざまなスポーツ活動の価値（快楽）を生み出したり，質的に高めたりするのに不可欠で固有な「スポーツ資産」が多数保有，蓄積されている。地域社会に散在するこうしたスポーツ資産を発見，活用するには，地域スポーツの魅力づくり（潜在的可能性）という観点から，同一地域内の「共通資産」としてとらえることが重要である。地域づくりの方法として世界的にも注目されている"Asset-Based Community Development（ABCD）"アプローチ（Kretzmann and McKnight, 1993）は，「可能性志向」という観点から，スポーツ資産を容易に発見，結集，評価（可視化）し，地域スポーツの理念を創るのに役立つ。

　ABCDアプローチを用いれば，スポーツ資産は「仲間」「活動場所」「活動プログラム」から構成される。例えば，学校という施設や組織は，単に活動場所（さまざまな集まりのための物理的空間）の共有だけにとどまらず，仲間（共通目的や高度な専門知識・技能を持つ人財の集まり）や活動プログラム（スポーツ知識，技術，ノウハウなどの集積）をも供与できる可能性があり，スポーツ資産として評価できる。このように，多様な施設や組織などが提供するスポーツ資産はいずれも，住民の日常的スポーツ活動の成立，維持に必要な条件として機能している。地域スポーツとは，「地域」というスポーツ資産を共有，蓄積，活用して成り立つスポーツなのである。

1.2 パブリックの分類・整理

　パブリックとは，「ある組織に実際的または潜在的な利益および影響を与える人々や組織のこと」（コトラー，1991）である。一般に「公衆」と訳されるが，「共通関心」で結ばれたいくつかのグループからなる。あるスポーツ組織がスポーツ資産を共有，活用しようとすれば，積極的に協力，参加してくれる住民がいたりする一方で，相反する態度で譲らずにコンフリクト（対立，緊張）をもたらす組織や団体があったりと，地域社会の中にも多様なグループが存在する。

　スポーツ組織を「資産共有・活用装置」としてとらえた場合，パブリックは，①スポーツ資産の実際上の運用を可能にしてくれる「入力パブリック」，②スポーツ資産を有効なスポーツ活動に変換する「内部パブリック」，③スポーツ活動の普及に協力する「パートナーパブリック」，④スポーツ活動を消費する「消費パブリック」といった4つに分類できる。総合型クラブを例にとれば，学校・公共施設，行政組織，スポーツ推進委員会などは具体的な「人，モノ，カネ，情報」の入力源であるが，町内会や自治会，子ども会，老人会，障がい者スポーツ協会といったパートナーなくしては「総合型」の意味をなさない。また，地域住民は当該クラブが産出する活動のみを消費対象としているわけではない。競合的，参照的パブリックは多々ある。

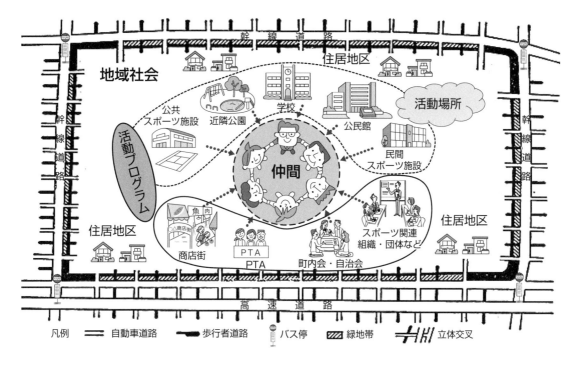

■ Fig.12.1.1　ABCDアプローチとスポーツ資産

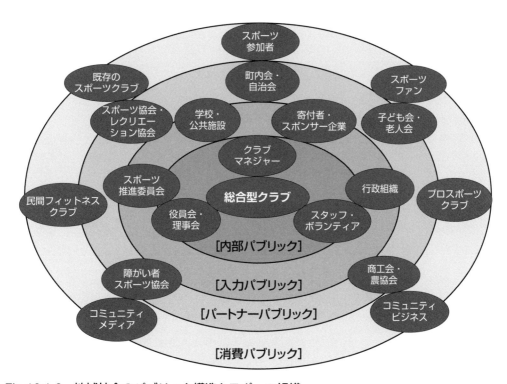

■ Fig.12.1.2　地域社会のパブリック構造とスポーツ組織

1.3 地域スポーツのパブリック関係をマネジメントする

　前述のようなパブリック関係を良好な状態にマネジメントしていくことを，マーケティングの分野では「パブリックリレーションズ」(public relations：PR) と呼んでいる。PR 活動の種類や方法は多岐にわたるが，組織に対する人々の否定的なイメージや無関心な態度，行動を，「賛同」「相互理解」「受容」「関心」という肯定的なイメージや評判へと変換し，維持，強化していくことがその重要な役割である。地域スポーツを通じた，持続可能な循環型地域経済の形成や互酬的コミュニティの再構築という観点からすれば，NPO 法人磐田市スポーツ協会の「ポエマ」（ポイントエコマネー）や NPO 法人掛川市スポーツ協会の「掛マネー『いーさ』」などの「地域通貨」や「エコマネー」（加藤，1998）の考え方は，PR 活動の方法として最適である。

　とりわけ，NPO 法人磐田市スポーツ協会は，2001 年 4 月の NPO 法人格取得と同時に，協会組織の活性化やスポーツ事業による地域活性化・地域貢献の推進を目的として，地域通貨「ポエマ」を導入した。同協会は，ポエマ（1 ポエマ＝ 100 円）を発行し，スポーツ事業の内容ごとに点数化し，そうした事業への参加，協働，支援に対してポエマを支給し（ボランティア A，B），加盟団体などのボランティア活動を推進している。また，ポエマは，同協会と契約した地元商店（加盟協力店）において商品やサービスの購入ができ，スポーツ用品店，文具店，飲食店などでの地元消費を喚起している。さらに，同協会は，地元金融機関とも契約し，協賛金，寄附金，会費などの事業資金（法定通貨）によって決済を終わらせるという仕組みを創り，地元経済の活性化にも貢献している。まさに，地域スポーツによる「循環型地域社会」の形成である。

1.4 スポーツ資産の有効活用

　地域スポーツとは，「地域」というスポーツ資産を共有，蓄積，活用して成り立つスポーツである。しかし，個々の住民の立場からすれば，その活用の仕方（＝スポーツへの関わり方）は多種多様であり，十把一絡げにして活用していったのでは資産価値がなくなってしまう。スポーツ資産の有効活用を図るには，こうした「住民多様性」（スポーツニーズ，目的，世代，性別など）の保全を前提に「スポーツの場の設定技術」を創意工夫していくことが求められる。いうなれば，地域社会に散在するそれぞれのスポーツ資産の共有に直接動機づけられてスポーツ行動を生起させようとする住民層の存在を基本としなければならないのである。

　例えば，「仲間の共有を目的に『クラブやサークルを創るよ！』」といって集まる住民層がいたら，「仲間の編成」の仕方（クラブサービス：C.S.）を工夫する必要があろう。また，「大会や教室などのプログラムがあれば参加するよ」という住民層には「活動プログラムの企画・運営」（プログラムサービス：P.S.）をうまく行っていけばよい。さらには，「活動場所さえ提供してくれたら，仲間はいらない」と思っている住民層には「活動場所の運用」の仕方（エリアサービス：A.S.）を検討していくことが重要である。このように，それぞれのスポーツ資産の活用の仕方は，それぞれ独立して工夫されるべきである。地域スポーツ経営の基本目標は，スポーツ資産を地域社会に効率的に蓄積させ，そうしたスポーツ資産を住民自身で共有していけるよう，スポーツ資産の効果的な活用法を創造していくことにあるといってもよい。

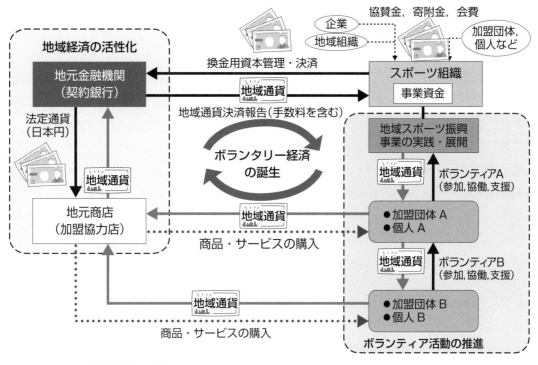

■ Fig.12.1.3　地域通貨の考え方

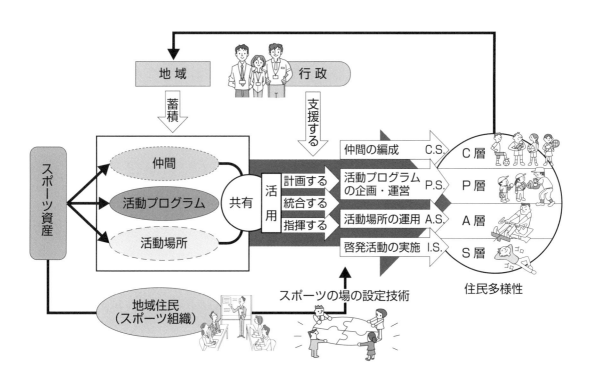

■ Fig.12.1.4　地域スポーツ経営の技術体系

2. 社会関係資本の生かし方

2.1 ソーシャルキャピタルの概念

　アメリカの政治学者であるパットナム（2001）が提案した「ソーシャルキャピタル」とは，信頼に裏打ちされた社会的な絆や豊かな人間関係をとらえた，新しい概念であり，暮らしやすい豊かな地域社会を実現するための「見えざる地域資産」といってもよい。直訳すると，「社会資本」となるが，わが国で社会資本といえば，道路や空港，港湾などのハード面のインフラ整備を指すのが通例である。そのため，訳語には「社会的資本」「社会関係資本」「人間関係資本」「市民社会資本」などがあてられるが，そうした意味をすべて含めるとソーシャルキャピタルと表現したほうがよい。この概念については依然としてさまざまな学者がさまざまに議論しているが，一般的には「人々の協調行動を活発にすることによって社会の効率性を改善できる，『信頼』『規範』『ネットワーク』といった社会組織の特徴」というパットナムの定義が多用される。

　中西・行實（2008, 2009）は，総合型クラブというアソシエーティブスポーツクラブ組織を対象とした定性的かつ定量的調査から，①自治・自律性（地域の生活課題を自主的，自律的に解決していくだけのつながり），②協働・連帯性（みなで心合わせ，力合わせ，声合わせて，共に連携，協力していくだけの紐帯関係），③ネットワーク（地域に住むいろいろな人や団体などとの望ましい交流や親睦関係），④社会的信頼（他者への信頼感や地域そのものに対する愛着，帰属，信頼意識），そして⑤互酬性規範（相互依存や扶助的なサービス交換ができるような地域の雰囲気や風土）といった5つの構成要素をソーシャルキャピタルとして明確にしている。

2.2 地域づくりと地域力

　地域とは，「ある一定範囲の人々の生活圏」（恩田，2002）を意味し，大きくは村落（ムラ社会）と都市（マチ社会）という社会構造・原理の異なる2つが「地域づくり」の基礎単位となる。ともあれ，地域づくりとは「地域住民等がその他の様々な主体とともに，社会の形成に主体的に参画し，互いに支え合い，協力し合うという互恵の精神に基づき，パートナーシップを形成して，地域の課題を解決する活動である」（文部科学省地域づくり支援アドバイザー会議，2004）。「新しい公共」の観点に立てば，地域住民や行政を含めて，「自らの地域は自ら創る」という意識を持つ多様な地域アクターが地域固有の資源を生かして，住民生活を向上させる主体的な活動といってもよい。そのため，活発な地域づくりはソーシャルキャピタルを醸成するし，一方，ソーシャルキャピタルの高い地域ほど地域づくりも活発になるという，両者はまさに「鶏が先か，卵が先か」という因果性のジレンマ関係にあり，コインの表裏の関係でもある。

　地域社会における両者の好循環こそ，「地域力」を形成，維持，発展させる基盤なのである。地域力とは，「持続可能な地域社会を創出する力」であり，①地域のことは地域で決めるガバナンス力，②地域課題を発見し，解決するソリューション力，③地域アクター間の協働を促すコラボレーション力，④地域社会の新たな価値・魅力を創出するイノベーション力，⑤良好な地域アクター間関係を共創するネットワーク力，といった5つの複合的パワーなのである。

■ Fig.12.2.1　人びとの自発的な参加とつながり

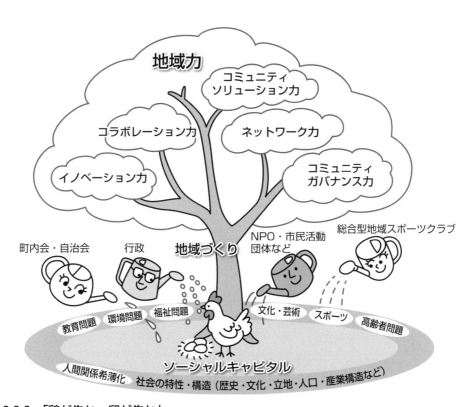

■ Fig.12.2.2　「鶏が先か，卵が先か」

2.3 モジュール&インターフェース

　人々の自発的な参加とつながりやすさを考える上でのキーワードが「インターフェース」である。インターフェースとは，接点，境界面，接続面，橋渡しなどと訳され，IT 分野では 2 つ以上の異種なものを接続する部分や，両者間で情報や信号，データなどを送受信するための手順や規約・規則を意味する。コンピュータ（PC）でいえば，PC 本体と周辺機器（デバイス）などを接続するための規格や仕様である。例えば，USB（正確にはユニバーサルシリアルバス：Universal Serial Bus）は，PC 本体と USB メモリ（モジュール：組み替えと交換が容易に可能な部品群）との間でデータなどの読み書きを円滑に行うためのシリアルインターフェースである。人間社会では，言語やボディーランゲージなどがインターフェースである。

　USB メモリ同様，地域社会にもユーティリティ（性能）やユーザビリティ（利便性）を高める多様なボランタリーアソシエーション個体群（モジュール）が存在する。しかし，「暮らしやすい豊かな地域社会の実現」という同じ使命を持ちながらも，各個体群がバラバラのままでは，いつまで経っても使命など達成できない。総合型クラブが PC 本体として「スポーツを通じたまちづくり」を円滑に推進しようとするならば，スポーツ推進委員会や体育振興会，町内会・自治会，子ども会や老人会，既存クラブなどの多様なモジュールをソーシャルキャピタルという共通のインターフェースで連携させることが不可欠である。地域社会というプラットフォームで，ネットワーク外部性（モジュール&インターフェース）を活用して地域イノベーションを創発させるという全体の設計思想が「オープンアーキテクチャ」と呼ばれるものである。

2.4 農村型コミュニティと都市型コミュニティ

　コミュニティとは，「人間が，それに対して何らかの帰属意識をもち，かつその構成メンバーの間に一定の連帯ないし相互扶助（支え合い）の意識が働いているような集団」（広井，2009）である。それゆえ，コミュニティとは，基本的には居心地がよく安心感が得られる場所であるが，集団の中で行動の自由が制限され，何らかの拘束や束縛を強いられるのも否めない。社会学では，こうしたコミュニティを「人々の参加とつながり（関係性）」のあり方から，「農村型コミュニティ」（ムラ社会）と「都市型コミュニティ」（マチ社会）に分類している。

　農村型コミュニティとは，一定の「同質性」を前提に，共同体的な一体意識を持ち，ある種の情緒的ないし非言語的なつながりが強い社会原理で成り立っている。これに対して，都市型コミュニティは，個人間の一定の異質性を前提に，個人を中心とする公共意識（共通の規範やルール）を持ち，規範的ないし言語的なつながりが強いという特徴がある。また，ソーシャルキャピタルの醸成という観点からすれば，前者は地縁，血縁，民族，宗教グループなどのコミュニティ内部の同質的な人々の強く厚いつながりである「結合型ソーシャルキャピタル」（結合型 SC）を重視する。一方，後者は，人的交流，物的交流，情報交換などのように，コミュニティ外部の異質な人々を横断的に結びつける「橋渡し型ソーシャルキャピタル」（橋渡し型 SC）で成立している。ともあれ，地域スポーツ推進の喫緊の課題は，「個人同士が柔軟につながる」ような，インターフェースとしての橋渡し型 SC を醸成していけるかという点に集約される。

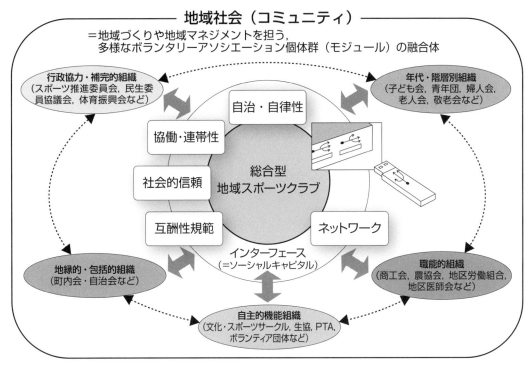

■ Fig.12.2.3　地域戦略としてのオープンアーキテクチャ

「つながり」のあり方	農村型コミュニティ	都市型コミュニティ
特質	一定の「同質性」を前提に，同心円を広げてつながる（閉鎖性・排他的）	個人間の一定の「異質性」を前提に，独立した個人としてつながる（開放性）
内容	共同体的な一体意識	個人をベースとする公共意識
性格	情緒的（&非言語的）なつながり	規範的（&言語的）なつながり
関連事項	個別の共同体に完結した（伝統的な）「文化」を重視する	複数の共同体が出会うところに生成する（普遍的な）「文明」を重視する
	共同性	公共性
	母性原理（＝「内部」的関係性）	父性原理（＝「外部」的関係性）
ソーシャルキャピタル	結合型（bonding）ソーシャルキャピタル （集団の内部における同質的な結びつき） 内部志向型で「共益型」の特徴を持つ	橋渡し型（bridging）ソーシャルキャピタル （異なる集団間の異質な人の結びつき） 外部志向型で「公益型」の特徴を持つ

■ Fig.12.2.4　コミュニティの形成原理の2つのタイプ（広井, 2009 より）

3. 地域スポーツの「グッドガバナンス」

3.1 スポーツインテグリティ

　スポーツ界における相次ぐ不祥事（八百長，違法賭博，暴力，ドーピング，ヘイトスピーチ，人種差別，ハラスメント，不正な組織マネジメントなど）の発生・発覚以降，"Integrity of Sport" や "Sport Integrity" という言葉を見聞することが多くなっている。直訳するのは難しいが，スポーツの高潔性や真摯さ，健全性などを意味する概念である。訳語のうち最初の2つを「広辞苑 第六版」（2008）で調べてみると，「高潔」は「精神がけだかくいさぎよいこと。高尚で潔白なこと」，「真摯」は「まじめでひたむきなさま」と，それぞれ定義されている。

　スポーツの高潔性とは，人間とスポーツとの豊かな関わりの中から育まれる「人間力」という「現実が突きつける要求に応える能力」（クラウド，2010）であり，「信頼を確立する能力」「現実を直視し受け入れる能力」「物事を成し遂げる能力」「逆境を受けとめ，問題を解決する能力」「常に成長・発展を求める能力」「自己を超え，人生の意味を見つける能力」といった6つの能力から構成される。「スポーツインテグリティ」とは，スポーツが育む人間力を擁護し，スポーツ価値を最大化していこうという理念（考え方）なのである。日本スポーツ振興センター（JSC）は，2014年4月に「スポーツ・インテグリティ・ユニット」を設置し，スポーツの根幹を脅かすさまざまな不祥事からスポーツを守るための活動を推進している。スポーツ界は今こそ，インテグリティな人間を目指し，「ガバナンス」の基盤を確立する好機であり，スポーツ組織も「真摯さを絶対視して，初めてまともな組織といえる」（ドラッカー，2001）のである。

3.2 水平的合意形成

　「事件は会議室で起きているんじゃない，現場で起きているんだ」という，テレビドラマ『踊る大捜査線』での青島刑事の台詞に多くの人が共感するのは，「情報なき特捜本部」と「権限なき現場」という，現実社会でも散見されるジレンマを見事に表現しているからである。ジレンマだけならばまだ何とかなるが，問題は，特捜本部での会議が「現場を機動的に動かす，正しい戦略を導き出す場」として水平的合意形成にまで至っているかである。こうした典型的な官僚制組織（ガバメント）に潜む罠が「集団浅慮」（groupthink）であり，「組織トップや専門家集団などの『優秀な頭脳集団』が時として愚かな意思決定をしてしまう現象」である（金井・田柳，2005）。

　スポーツ組織においても，強烈なリーダーに従い，集団の和（連帯・協力関係）を壊すことを恐れ，中途半端な内容で安易に妥結してしまうこともある。とりわけ，地域スポーツ組織の場合，地域内の住民が集まっているため，集団の同質性や凝集性が高く，集団の和を気にし，外部からの情報も少なく，強力なリーダーが存在するなど，集団浅慮に陥りやすい状況を備えている。こうした状況を回避するには，対等で自由な立場で議論し「共感」に基づく意思決定を促す「ファシリテーター」役をリーダーが担ったり，愚かな間違いを外部から鋭く指摘する「スーパーバイザー」を加えたりして，自浄作用（ガバナンス）を働かせることが強く求められる。スポーツ界における相次ぐ不祥事の根源は，集団浅慮という罠にあるのかもしれない。

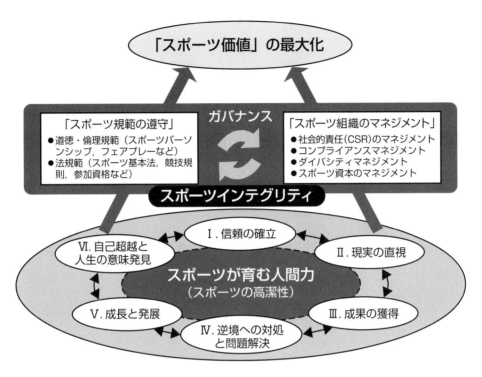

■ Fig.12.3.1　インテグリティな人間を目指す

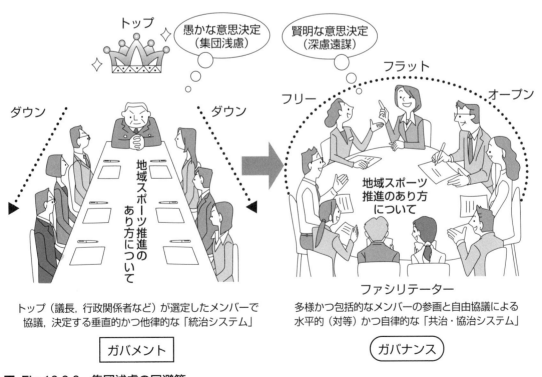

トップ（議長，行政関係者など）が選定したメンバーで
協議，決定する垂直的かつ他律的な「統治システム」

ガバメント

多様かつ包括的なメンバーの参画と自由協議による
水平的（対等）かつ自律的な「共治・協治システム」

ガバナンス

■ Fig.12.3.2　集団浅慮の回避策

3.3 地域のことは地域で決める

　アメリカの社会学者アーンスタイン（1969）は，「住民に目標達成のための権力を与えること」を市民参加と定義し，そのあり方を「梯子モデル」で説明している。このモデルでは，市民に与える権力（権利，権限）の程度に応じて8段梯子を想定している。1～2段は，行政の一方的な説得による不満回避，緊張緩和の状態で，住民の権力は何も認められない「住民不在」の地域づくりである。3～5段は，行政が一方的な情報提供と表面的な意見聴取や協議を行い，住民の意思決定を行政主導で進める状態で，住民の権利が形式的な水準にとどまった「形式的な住民参加」である。最後の6～8段は，行政が住民とパートナーシップを組んで問題解決を図り，一定水準以上の権限を住民に委譲した状態で，「住民の権利としての参加」に基づいた「コミュニティガバナンス」が求められる段階である。

　コミュニティガバナンスとは，「地域社会を構成する多様な『利害関係者（ステイクホルダー）』が，相互間の調整と役割分担を図りながら，共同して地域社会の安定と発展に向けた取組みを行う活動」（小滝，2007）であり，「地域共治」という訳語があてられる。総合型クラブ構想は，いうなれば，主に日常生活圏（小学校区～中学校区程度）を基盤とする「地域」というスポーツ資産の共有，蓄積，活用をめぐって相互に影響しあう多様なアクター間の連携，調整を図ったり，地域社会全体から見て相互に問題のない方向に進んでいるかなどを牽制したり，それぞれが暴走し（梯子を外され）ないよう歯止めをかけあったりするためのコミュニティガバナンスなのである。地域スポーツにも「地域のことは地域で決める」という真摯さが求められる。

3.4 「グッドガバナンス」の8特性

　ガバナンスとは本来，「社会に共生，共存する多様なアクターが，相互の連携・調整と牽制・協調によって社会全体の秩序を形成，維持し，社会全体の公益を実現する機能や仕組み」である。しかし，多様なアクター間の「ソーシャル（重層的，多元的）なつながり」を加味すれば，正確には「ソーシャルガバナンス」である。現在，文部科学省が都道府県や市区町村に活動支援している「地域スポーツコミッション」は，地域のスポーツ資源を活用し，行政やスポーツ関係団体，地域クラブ，総合型クラブ，および民間企業などのアクター間の連携・協働体制を構築することで，地域スポーツ振興やスポーツツーリズム推進などによる地域活性化を目的とする地域レベルの連携組織であり，ソーシャルガバナンスの典型的な事例といってもよい。

　とはいえ，こうしたガバナンスの円滑な遂行には，多様なアクター間でスポーツ資産を公正かつ適正に運用するための「ルールづくり」が要諦である。「グッドガバナンス」とは，多様なアクターの勝手なひとり歩きを牽制し歯止めをかけるための「決めごと」を創り実践することである。グッドガバナンスの構築と実践には，①意思決定・実行当事者の参加，②意思決定・実行に関する合意形成の推進，③アカウンタビリティの確保，④意思決定・実行プロセスと参加者の透明性の担保，⑤迅速な対応，⑥全当事者の公平な参加と包括，⑦有効性と効率性，⑧法の支配への従属（公平なルールづくりと合法的な決定）といった8つの条件が必須である。「グッドオーガニゼーション」は，グッドガバナンスに宿るのである。

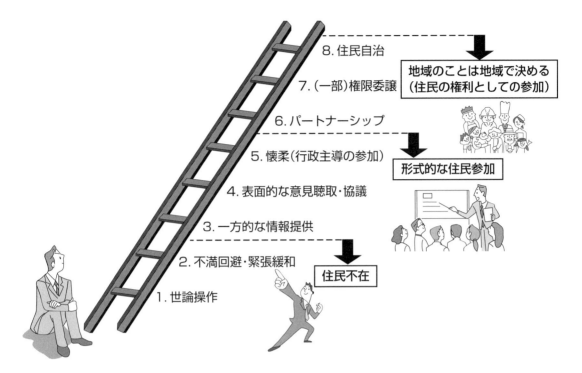

■ Fig.12.3.3　住民参画の梯子モデル（Arnstein, 1969 より）

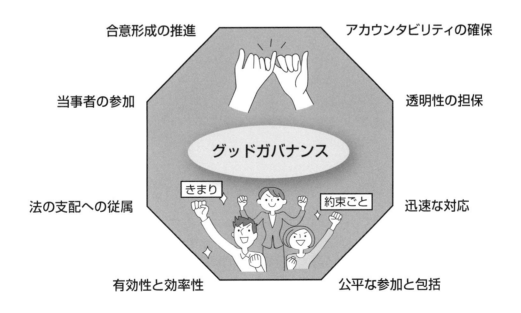

■ Fig.12.3.4　グッドオーガニゼーションの秘訣（UNESCAP, 2009 より）

演 習 問 題

1 | 「新しい公共」を担う地域スポーツとは？

POINT 「新しい公共」とは，「人々の支えあいと活気のある社会」の創造に向けて，みんなが公共の担い手としての自覚と責任を持って活動する「自発的な協働の場」である。地域スポーツも1950年代後半から今日に至るまで，いろいろな役割を担ってきたが，今日の地域スポーツは，地域社会の中で行われる日常的なスポーツ活動として，また住民の地域生活を豊かにする文化的活動として大きな役割を果たしている。

2 | 地域スポーツのイノベーションを起こす上で注意することは？

POINT 地域イノベーションとは，「持続可能な地域社会への変革」という現代的意味を有し，顔の見える人間関係の中で，住民自身が自分たちの手で「地域づくりのための新しい試み」を創造し実践していくことである。それゆえ，地域スポーツのイノベーションプロセスにおいては，何よりもオープンな市民組織の形成が重要な課題であり，その上で，みんなが変革のキーアクターとしての役割を担っていく必要がある。

3 | 地域スポーツの場づくりとはどのような「範囲」を想定したものか？

POINT ここでいう「場づくり」とは，単に施設やイベント，クラブなどのような物理的な場所や活動機会を提供する「サービス技術」のことではない。スポーツに関与する個人と個人，あるいは組織と組織の間の「社会関係」をどう築いていくかの問題である。それは，住民同士のフェース・トゥ・フェースの人間関係に始まり，スポーツクラブや組織の相互依存関係にまで及ぶ。現在，ソーシャルメディアなどの発達により「新しいスポーツネットワーク社会」が存在しているし，スポーツ資源の依存関係も「ローカル」の垣根（行政区単位など）を越えて，「リージョナル」な範囲（より広範囲の地域単位）へと拡大している。

4 | あなたがスポーツと関わる上で，理想とする地域社会とは？

POINT 地域社会には，さまざまなスポーツ活動の価値を生み出したり，質的に高めたりするのに必要な「スポーツ資産」が多数保有，蓄積されている。しかし，個々の住民からすれば，その活用の仕方は多種多様であり，十把一絡げにして活用したのでは資産価値が低減する。共有資産をみんなで効果的に運用していくためには，よりよい人間関係の絆と「地域のことは地域で決める」ためのルールづくりが求められる。

第IV部

スポーツプロモーションの
マネジメント

第IV部では，スポーツの推進・普及に資するためのプロモーション活動を扱う。特に映像メディアやソーシャルメディア，ニューメディアなどを媒介とした「メディアスポーツ」のとらえ方，スポーツと観光旅行が融合した「スポーツツーリズム」の考え方とそれに関連する都市機能の整備，そして，これからのインクルーシブ社会やボランタリー経済を見据えた「アダプテッドスポーツ」の将来展望や「スポーツボランティア」の活動システムにスポットをあてる。

第13章

メディアスポーツのマネジメント

1. メディアスポーツの多様性

1.1 メディアスポーツの社会的機能

　現代スポーツの特徴の1つは，スポーツがメディアを介して伝達されることにより，その範囲を爆発的に拡大させたことである。オリンピック，FIFA ワールドカップ，テニスの四大大会のようなレベルの高い国際スポーツイベントであれば，そのテレビ観戦者数は世界中で数億人にのぼる。スポーツは競技レベルの向上と視聴エリアの拡大によって膨張を続けており，そのスピードを加速させているのがメディアスポーツである。そもそもメディアスポーツとは，テレビを中心とした映像メディアによって仲介（mediated）されることで人々に伝達され，間接的な視聴を通して楽しまれるスポーツである（早川, 2005）。今日，国際競争によってスポーツの競技レベルは飛躍的に高まり，エリートスポーツと呼ばれる高度化したスポーツを誕生させた（佐伯, 1996）。一般大衆はエリートスポーツの中に「見せる」スポーツ，すなわちスペクタクル（spectacle）なショーとしての価値を見出し，メディアスポーツを1つの娯楽としてとらえるようになった（橋本, 1984）。ほかにもメディアスポーツには独自の価値が備わっており，それらは「リアルタイムの試合観戦を可能にする中継の即時性」「記録的な試合や優勝決定戦から生まれるスポーツのドラマ性」「特定のスター選手に焦点を合わせ，そこに意味を持たせる物語性」「選手やチームが特定の地域や集団を代表する象徴性」「企業の宣伝活動を可能にするスポーツとスポンサーの整合性」などである（橋本, 1984；佐伯, 1996；吉田, 2011）。こうしたメディアスポーツの価値が，現代社会におけるスポーツの発展の原動力になっている。

1.2 メディアスポーツにおける多様なスポーツ消費

　今日，メディアスポーツは複雑化の一途をたどっている。スポーツ団体，イベント，チームなどが提供する「スポーツコンテンツ（sport content）」としての試合は，さまざまな仲介者や媒介物を経て，ようやく消費者のもとに届く（Lefever, 2012）。例えば，自社ブランドや製品を宣伝したいスポンサーは視聴者の多い注目の試合に協賛する。試合を伝達するメディアはテレビやラジオなどの放送局に加え，新聞社や出版社などのプリントメディア，ウエブサイトやソーシャルメディアなどのインターネットなどがあり，これらはスタジアムで直接的に観戦できない者のための間接的なスポーツ消費として機能している。さらに，メディアスポーツを消費するためのプラットフォームも多岐にわたり，テレビ，新聞，雑誌，ラジオなどの伝統的な媒体だけでなく，情報技術の革新に伴いパソコン，タブレット端末，携帯電話なども利用できるようになった。その結果，これまでテレビ視聴者を中心に考えられてきたメディアスポーツが，現在ではデジタルデバイスを使用するさまざまなユーザーを含めた概念へと変化している。

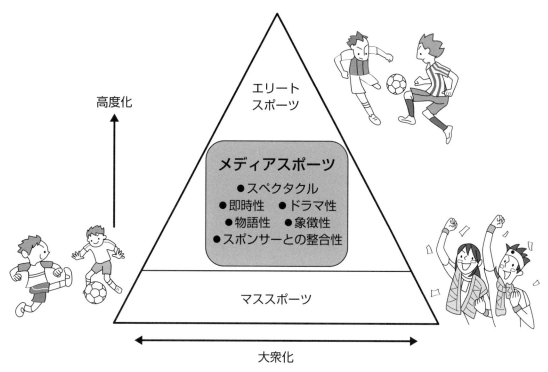

■ Fig.13.1.1　メディアスポーツの社会的機能

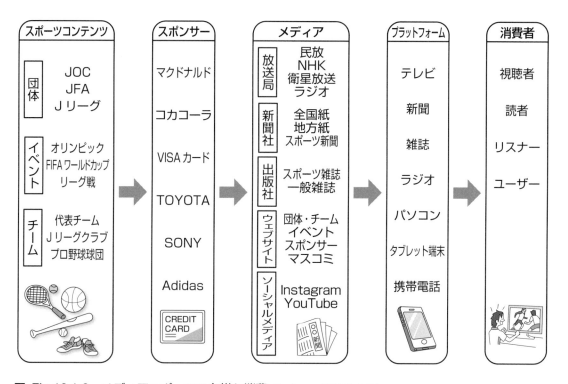

■ Fig.13.1.2　メディアスポーツの多様な消費 （Lefever, 2012 より）

1.3 メディアスポーツにおけるプラットフォームとプロダクトの関係

　メディアスポーツにおいて「プラットフォーム」と「プロダクト」は異なる。プラットフォームとは「消費者がメディアスポーツを見る，読む，聴くために利用する媒体，デバイス，アプリケーション，ネットワークなど」であり，スポーツ消費の手段として使用されるハードウエア（媒体，パソコン，携帯端末など）やソフトウエア（アプリケーション，インターネットなど）のことである（Lefever, 2012）。結果のわからない生中継の試合を観戦することがメディアスポーツの最大の魅力であることから，最も一般的なプラットフォームはテレビである。ところが，今日のインターネットと携帯端末の普及により，スポーツのハイライト動画やスポーツニュースをタブレット端末や携帯電話などのプラットフォームで視聴できるようになった。DAZNやアマゾンプライムのように料金を払えばあらゆるデジタル端末でスポーツの生中継を楽しめるライブストリーミングを提供する業者も現れている。一方，メディアスポーツにおけるプロダクトは「見る，読む，聴くという形態で消費されるスポーツ関連の映像，記事，音声，音楽，ゲームなど」であり，これらは「スポーツコンテンツ」と呼ばれる（Nicholson, 2007）。スポーツコンテンツはテレビ局，新聞社，出版社などの非スポーツ関連のメディアによって提供される場合が多いが，インターネットやソーシャルメディアの普及により，スポーツ関連の団体，チーム，選手個人が非スポーツ関連のメディアを介さずに試合の実況，結果速報，ハイライト動画，プロモーションムービーなどを消費者に直接的に提供することも一般的になっている。

1.4 スポーツチャネルの重要性

　スポーツ組織はイベントを興行し，試合を来場者に直接的に提供する。経営者はメディアスポーツのプラットフォームと試合会場となるスポーツイベントの両方をチャネルとしてとらえ，ファンがどのチャネルと強く関わっているかを知ることが大切である。この時，チャネルの評価において特に重要なものが接触時間と売上である（Reinほか，2006）。まず接触時間については，ファンが各チャネルに費やす時間を知ることでどのようなチャネルを好む消費者なのかを理解できる。次に，売上は，①現在のチャネル収入と②将来的に期待できるチャネル収入の2通りがあり，現状分析と将来計画の両方に応用が可能である。どちらの場合においても接触時間に対して売上の重み付けを行う（乗じる）ことでそれぞれのチャネルの重要度を算出できる。例えば，スポーツイベントにおけるチケットの売上収入が最も多く全体の50%を占めたとしても，ファンの接触時間の最も長いチャネルはライブ中継（テレビ・インターネット）でその収入が全体の25%に及んでいたとする。この時，チャネルの重要性はイベントもライブ中継も同じ（0.1000）となるが，経営者は次のような判断を下すこととなる。すなわち，現在の収入構造に基づき，メディア観戦者がイベントでの直接観戦に移行するような事業を新たに実施するか，あるいは将来的にチャネル収入の目標を見直し，ライブ中継の重み付けの割合を増やすなどの調整が必要となる。Fig.13.1.4で紹介したチャネルの接触時間と収入構造は，種目，競技レベル，プロ／アマチュアなどによって異なるため，経営者はそれぞれの専門種目の特性に応じて売上目標を設定し，事業を展開しなければならない。

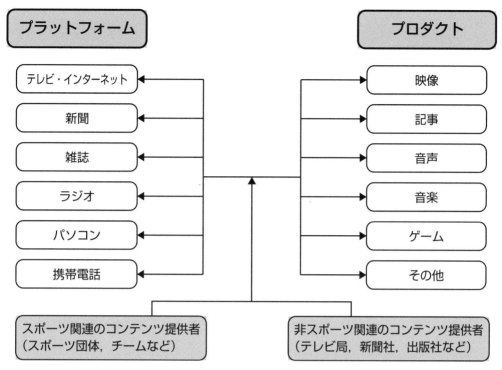

■ **Fig.13.1.3　プラットフォームとプロダクトの関係**（Nicholson, 2007 より）

ファンの利用チャネル	接触時間 （％）	売上に基づく重み付け （％）	チャネルの重要性
スポーツイベント	20	50	0.1000
ライブ中継	40	25	0.1000
ラジオ	5	5	0.0025
パソコン	10	10	0.0100
携帯電話	25	10	0.0250
合計	100	100	0.2375

■ **Fig.13.1.4　スポーツチャネルの重要性**（Rein ほか, 2006 より）

2．ソーシャルメディアを通じたスポーツ消費

2.1 ソーシャルメディアとは

　Instagram や YouTube などに代表されるソーシャルメディアは，別名，「消費者生成メディア（consumer-generated media）」と呼ばれ，消費者間の社会的相互作用により情報が拡散するように設計されたインターネット関連のメディアのことである（Mangold and Faulds, 2009）。ソーシャルメディアの登場で，スポーツにあまり興味のない者でもスポーツ組織や大会に関する情報に接する機会が増え，デジタル情報化社会が新たな局面を迎えている。ソーシャルメディアの最大の特徴は，何百人（時には何千人，何万人）ものほかのユーザーと瞬時にコミュニケーションを行うことができる点である。

　ユーザーの中には熱狂的なスポーツファンやスポーツ組織の広報担当者に加え，スポーツに全く関心のない一般の利用者も含まれる。ソーシャルメディアが登場する以前のオンラインコミュニケーションの中心はホームページであり，すでに購買意欲が喚起されたスポーツ消費者に接するためのチャネルとして有効であった。ところが，こうしたホームページはマーケティング科学における AIDA（注意，興味，欲求，行動）の法則の無関心層（注意や興味を形成する途中段階の消費者）に接触することが困難とされてきた。ソーシャルメディアはこの限界を超えるものであり，スポーツ消費に踏み切っていない新規層が友人やインフルエンサーと情報を共有しながら意思決定を行うことから，大きな期待が寄せられている。

2.2 ソーシャルメディアの機能

　ソーシャルメディアには主に7つの機能がある（Kietzmann ほか, 2011）。すなわち，①ユーザー同士がコミュニティを形成する機能，②ユーザー同士で互いに会話する機能，③ほかのユーザーがソーシャルメディアの利用が可能な状態か確認する機能，④ユーザー同士でコンテンツを配信，受信，交換する機能，⑤ユーザー同士で関係性を持つ機能，⑥ほかのユーザーやコンテンツの社会的な位置付けや評判を理解する機能，⑦ユーザーがスポーツ消費者としての自己の特徴を表出し，アイデンティティを強化する機能である。今日，スポーツ組織の広報活動がソーシャルメディアを通じて展開される背景には，これらの機能を用いるスポーツ消費者の存在がある。

　特定のスポーツ，イベント，チーム，選手などに興味のある消費者がソーシャルメディアを用いて，試合前，試合中，試合後のそれぞれのタイミングで情報を作成，アップロードすることにより，彼らとつながるほかのユーザーへと情報が広がる。この時，情報の受信者の中には発信者と直接的に知りあいでない者や，スポーツに全く興味のない者も含まれる。このことは，個人がスポーツ関連の情報を入手する際の時間的，空間的限界だけでなく，情報を共有する相手との関係性や心理的制約（興味の欠如）までも乗り越える可能性があることを意味する。さまざまな制約の影響を受けずに情報が拡散する背景には，自己のアイデンティティを強化したいというユーザー自身の自己顕示欲が関係している。

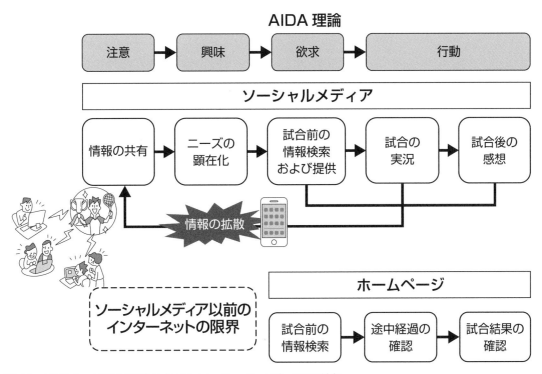

■ Fig.13.2.1 AIDA 理論から見たソーシャルメディアの利点

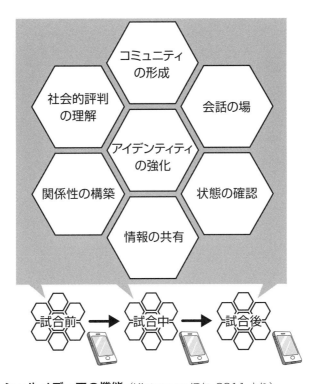

■ Fig.13.2.2 ソーシャルメディアの機能 （Kietzmann ほか, 2011 より）

2.3 ソーシャルメディアにおけるエンゲージメント

　ユーザーは突然ソーシャルメディアで情報を拡散したりはしない。ユーザー自身の自己顕示欲とソーシャルメディアの使用は密接に関係しているが，所属するバーチャルコミュニティにユーザー自身がどれくらい熱心に貢献しているかどうかも重要な要因である。このようなバーチャルコミュニティへの貢献の度合いは「エンゲージメント（engagement）」と呼ばれ，エンゲージメントが強いユーザーほどソーシャルメディア上で積極的に情報を作成，発信，共有すると考えられている（Sashi, 2012）。

　ユーザーがエンゲージメントを形成するまでにはいくつかの段階がある。まず，ほかのユーザーとの情報交換が心地よいと継続へとつながる。継続的なコミュニケーションはコミュニティに対する愛着へと発展し，やがて所属するほかのユーザーに役立つ情報を口コミで広げる貢献活動（いいね！，ポスト，リポストなど）が行われるようになる。最終的にユーザーはソーシャルメディア上で生まれたバーチャルコミュニティに献身的に関わり（engage），ほかのユーザーとの間で仲間意識がより一層強まる。このような意思決定過程をたどり，ユーザーはソーシャルメディアにおいてエンゲージメントを深める。さらに，エンゲージメントの形成過程には個人差があることも忘れてはならない。すなわち，①バーチャルコミュニティに参加する頻度や利用時間などの相互作用特性，②周囲に影響を与えるオピニオンリーダーであるかどうかの消費者特性，③バーチャルコミュニティが提供する話題やほかのユーザーとのつながりがどれほど重要であるかどうかに関する関与特性などである。スポーツ組織はここで紹介した心理的プロセスとその流れに影響を与える3種類の特性に応じてバーチャルコミュニティを管理することにより，ユーザーとの関係を強めることができる。

2.4 エンゲージメントの種類

　ソーシャルメディアが登場した当初は，企業のホームページをあまり訪れない無関心層に対して，ブランドや製品の認知度を高められる点に注目が集まった。ところが，最近はソーシャルメディア上でのブランドエンゲージメントを重視するようになってきている。この場合のブランドエンゲージメントとは，人々が特定ブランドに関する情報交換を，ソーシャルメディアを通じて熱心に行い，ブランドの発展や成功に貢献することである。

　ブランドエンゲージメントは使用するソーシャルメディアによって種類が異なる（Hoffman and Fodor, 2010）。例えば，Instagram に代表されるソーシャルネットワークでは，コメント数やユーザー生成コンテンツ（写真やスレッド）などに加え，「いいね！」や「シェア」の数が重要な評価指標である。一方，X（旧 Twitter）のようなマイクロブログの場合は，「ポスト」や「リポスト」と呼ばれる短文の投稿数が基準となる。ほかにもビデオシェアリング（YouTube），カスタマーレビュー（Amazon），共創サイト（Nike By You）などによってユーザーの関わり方は変化する。スポーツ組織はソーシャルメディアの特性に応じて，ユーザーのブランドエンゲージメントを強め，AIDA 理論の興味，欲求，行動の段階へとつなげていくことが大切である。

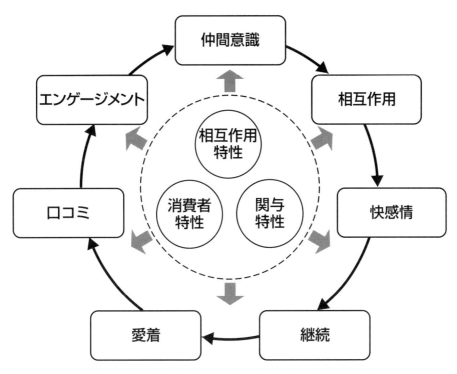

■ Fig.13.2.3　ソーシャルメディアにおけるエンゲージメントの形成過程 (Sashi, 2012 より)

ソーシャル メディア	例	認知度	エンゲージメント
ソーシャルネット ワーク	Instagram	サイトの登録者数	ブランドに関する「いいね！」の数 コメント数 ユーザー生成コンテンツ(写真,スレッド,返信)の数 ウォールの投稿数 再投稿の数 「シェア」の数
マイクロブログ	X (旧Twitter)	フォロワー数	ブランドに関するポスト数 リポスト数
ビデオシェアリング	YouTube	ビデオの視聴回数	ブランドに関する動画を「高く評価」する数 コメント数 チャンネルの登録者数 ほかのSNSやサイトでの引用回数 ほかのSNSやサイトでの再生回数
カスタマーレビュー	Amazon	サイトの訪問者数	ブランドの製品に関するレビューの投稿数 レビューの長さ レビューの得点の高さ レビューの平均得点
共創サイト	Nike By You	サイトの訪問者数	共創サービスの利用者数

■ Fig.13.2.4　エンゲージメントの種類 (Hoffman and Fodor, 2010 より)

3. ニューメディアを駆使した新たなスポーツ消費

3.1 ニューメディアにおいて交換するスポーツの価値

　ソーシャルメディアに代表される「ニューメディア」の最大の特徴は，消費者生成コンテンツをユーザー同士が共有する相互作用性である。この相互作用性が生み出す価値は主に3種類あり，「実用的価値」「社会的価値」「文化的価値」に分かれる（Deighton and Kornfeld, 2009）。スポーツ用品メーカーなどのような企業は，まずニューメディアを用いてバーチャルコミュニティ（例えば「ランニングコミュニティ」のようなもの）を立ち上げ，シューズやウエアなどの新製品情報，さらには期間限定の特典付きキャンペーンなどの情報を同時にアップロードすることで，実用的価値をアピールする。次に，ランニングクリニックやマラソン大会における参加者の集合写真などをアップロードすることで，ユーザー間の仲間意識や絆を強めようとする。つまり，社会的価値の創造である。3つ目の価値は，スポーツ関連の情報を文化的に意味のあるアイデンティティへと発展させることで創出される。ランニングに例をとると，皇居のようなランニングスポットは新しいランニング文化を創造し，発信する拠点としての役割を持つ。皇居ランナーの大半が仲間と訪れ，チームで大会に出場するための練習場所として皇居を選んでいる。人々は普段は目立たないように黒系のウエアで走っているが，皇居に来ると周囲の注目を集めるため蛍光色のウエアなどを着用し，いつしか「よそゆきのランニングウエア」という言葉まで生み出すようになった。今日，このようなランニング文化は皇居周辺だけでなく，ニューメディア上で消費者生成コンテンツとして発信され，バーチャルコミュニティで文化的価値として交換されている。

3.2 ニューメディアとスポーツマーケティング

　ニューメディアとは，既存媒体（マスメディア）では達成し得なかった，「価値主導のマーケティング」（第3章3参照）を可能にするコミュニケーションツール全般を指す。それはソーシャルメディアに限定されない。消費者が情報をリアルタイムもしくは事後のタイミングで作成，発信，受信，共有することのできる「情報技術」（ウェブサイト，デジタルコミュニケーション，チャネルなど），および「情報サービス」（カスタマーレビュー，消費者間取引，オンラインカスタマイゼーションなど）の総称がニューメディアである（Hennig-Thurauほか，2010）。

　スポーツ組織がニューメディアをマーケティングに生かすためには，次に示す3通りの機能を理解する必要がある。すなわち，①スポーツ組織がニューメディアを通じて新しいメッセージやサービスを発信するためのコミュニケーションツールとしての機能，②情報技術や情報サービスによって製品政策，価格政策，流通政策，プロモーション政策などのマーケティングミックスを補完する機能，③スポーツ消費者が市場において獲得する価値（前項の実用的，社会的，文化的価値）を，消費者生成コンテンツを用いて拡散，共有する機能である。このようにスポーツマーケティングの枠組みの中でニューメディアの機能を活用することで，スポーツ組織は顧客満足や売上の増加などのマーケティング目標をさらに達成することが可能となる。

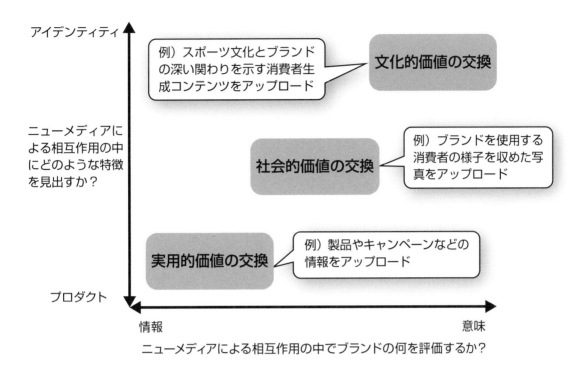

■ Fig.13.3.1　ニューメディアにおいて交換するスポーツの価値（Deighton and Kornfeld, 2009 より）

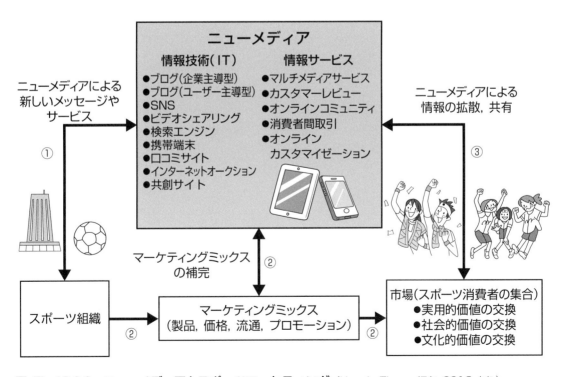

■ Fig.13.3.2　ニューメディアとスポーツマーケティング（Hennig-Thurau ほか, 2010 より）

3.3 スポーツマーケティングにおけるニューメディアの有機的反応

　ニューメディアを通じた顧客管理（CRM）が活発化している（Malthouseほか，2013）。スポーツは，消費者がスタジアムに足を運んで直接観戦することもできれば，マスメディアを通じて間接的に観戦することもできる。しかし，ファン同士の一体感を味わおうとすると，これまではどうしてもスタジアムに行かなければならなかった。ところが，最近ではニューメディアの登場により，スポーツプロバイダー，個々のスポーツ消費者，集団としての消費者コミュニティが互いにコンテンツを生成しながら作用しあっている。例えば，スポーツ消費者はソーシャルメディアで試合の感想，観戦時の記念写真，ファンであることの紹介などを掲載，共有することにより，価値（実用的，社会的，文化的価値）の交換を行っている（Fig.13.3.3 矢印①）。ソーシャルメディアのアカウントはスポーツ団体やチームなどのプロバイダー自身も管理しており，これらの公式ページにおいて掲載される試合経過，結果速報，イベント情報なども価値の提供につながっている（矢印②）。さらに，消費者が独自に作成する非公式アカウントも存在する。このようなアカウントでは，非公認である代わりに，高い自由度の中でほかのファンとの意見交換が行われ，チームの情報，応援方法，イベントの様子などに関する情報が拡散されている（矢印③）。ここで紹介した3種類の社会的相互作用は，スタジアムにおける対面式のファンコミュニティと異なり，スタジアム観戦に踏み切っていない一般の消費者も対象とする。ニューメディアは地理的制約や時間的制約に加え，スポーツ消費者の心理的制約や行動的制約を乗り越え，価値を提供できるコミュニケーション手段である。

3.4 新しいメディアスポーツの社会的機能

　ニューメディアの登場により，メディアスポーツの社会的機能は拡大している。こうした変化はエリートスポーツよりもマススポーツの間で特に起こっている。本章の最初（Fig.13.1.1）に説明したように，これまでのメディアスポーツはエリートスポーツとマススポーツの間の架け橋としての機能があり，その内容は「見せるスポーツ（スペクタクル）」が持つ即時性，ドラマ性，物語性，象徴性，スポンサーとの整合性などが中心であった。一方，ニューメディアが加わってからのメディアスポーツは新しい機能を次々に生み出している。Fig13.2.2 で紹介したソーシャルメディアの機能がこれに該当し，コミュニティの形成，会話の場，状態の確認，情報の共有，関係性の構築，評判の理解，アイデンティティの強化などである。ここで重要な視点は，これらの機能が「マススポーツ同士」をつなぐ相互作用の中で発揮されるということであり，エリートスポーツとマススポーツをつなぐことに主眼が置かれてきた以前のメディアスポーツにはない特徴である。ニューメディアがない頃のメディアスポーツはエリートスポーツの大衆化において大きな役割を果たした。ところが，ニューメディアを取り込んだメディアスポーツはスポーツ消費者に個性を表現する機会を与え，結果的に共通の興味・関心のある者同士がバーチャルコミュニティを形成し，集団化する現象を生み出している。一般大衆が手軽に作成できる消費者生成コンテンツの共有を可能にしたニューメディアは，テレビと並び今日のメディアスポーツの主役である。

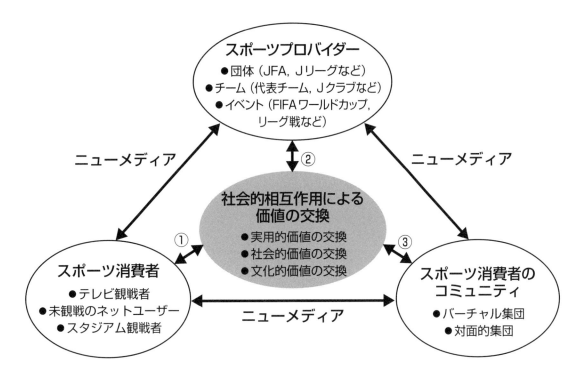

■ Fig.13.3.3　ニューメディアによる顧客づくり

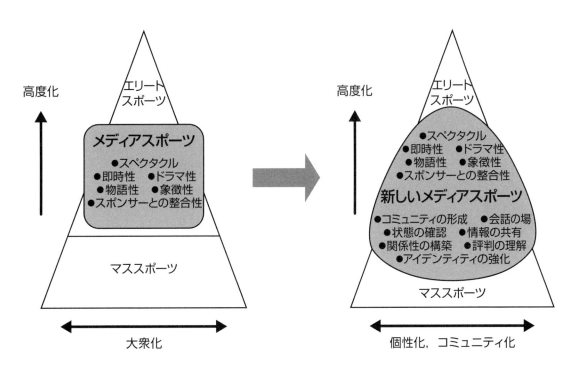

■ Fig.13.3.4　新しいメディアスポーツの社会的機能

第14章

スポーツツーリズムのマネジメント

1. スポーツツーリズム製品のタイプ

1.1 スポーツツーリズムとツーリズムスポーツ

　スポーツへの関わりの多様化と同時に，交通網や情報網の普及発展によるツーリズム（観光旅行）への関わりも多様になってきた。この２つが重なる領域は拡大，複雑化し，適切なマネジメントが求められるようになり，スポーツマネジメントという学問においても不可欠なトピックスの１つとして取り上げられている。そもそもスポーツもツーリズムも余暇時間に行うレジャー活動である。ツーリズムはビジネス目的を除いたすべての旅行がレジャーの範囲内に入り，スポーツはすべてがレジャーに含まれる。そして，一時的に日常的な生活空間（住まいや職場）から離れた場所へ移動して行うスポーツ活動が「スポーツツーリズム」と呼ばれる。ツーリズム側から見れば，スポーツ活動を伴って非日常の場へ移動する旅行がスポーツツーリズムである。スポーツ活動が主目的の旅行をスポーツツーリズムととらえ，旅行中の諸活動の１つとしての副次的なスポーツ活動を「ツーリズムスポーツ」ととらえる考え方もある（Robinson and Gammon，2004）。しかし各々の旅行にとって，スポーツの位置付けが不明確な場合は少なくない。この範囲から除かれたビジネス旅行でさえも，旅先でのスポーツ観戦やホテルのフィットネスルーム利用などが含まれる。そのような重複を判然と区別することはできないため，スポーツとツーリズムが重なる部分をスポーツツーリズムとして広くとらえるのがよいであろう。

1.2 地理的視点によるタイプ分け

　スポーツツーリズムを地理的視点によって区分することは，ツーリストおよびその行動を理解する上で有効である。スポーツの場を中心に考えると，ほとんど移動を伴わないその地域内でのスポーツ活動がある。次に，ほかの市町村や近隣都府県から日帰りで訪問するスポーツ活動がある。これは宿泊を伴わないデイトリッパーで，エクスカーショニストとも呼ばれる。これに対して宿泊を伴って来訪し，スポーツ活動を行う国内旅行がある。さらに国外から来訪してスポーツ参加や観戦をする旅行がある。このような移動距離の違いは，単純に旅行費用と消費時間の違いを生み，その視点でのスポーツツーリストのセグメンテーションには有効である。しかし，このような異なるタイプのスポーツツーリストが，来訪先のスポーツ活動の場には同時に存在し，その場で区分することは難しい。ツーリストとしてのタイプは異なっても，スポーツ実施者や観戦者としては，同じ活動をして同じようなベネフィットを得ることを目的としている。そしてスポーツ施設やイベントの円滑な運営を求めるのは，地元住民も，域外からの来訪者も同じであるが，一般的には来訪者のほうが自由裁量所得が多く，これに合わせてサービスの質と料金を高めると，コンフリクトが発生するという難しい問題が存在している。

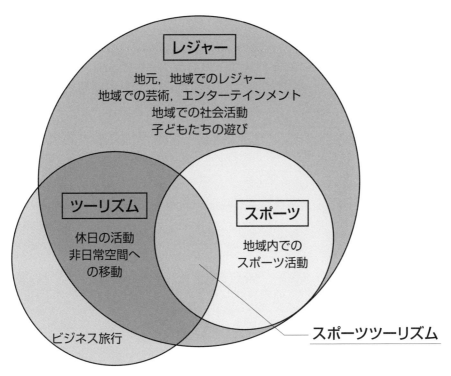

■ Fig.14.1.1　スポーツツーリズムの範囲（Veal, 2010 より）

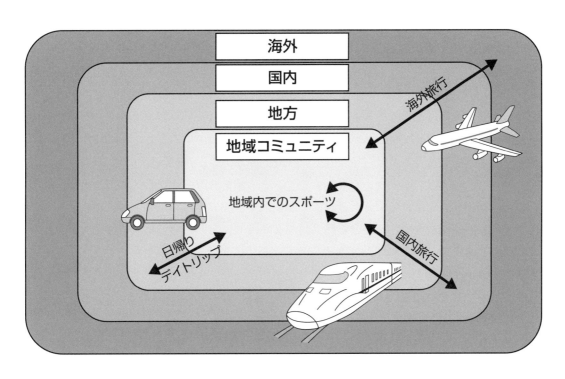

■ Fig.14.1.2　スポーツツーリストの移動（Veal, 2010 より）

1.3 スポーツツーリズムのコンテンツ

　オリンピックやFIFAワールドカップなどのメガスポーツイベントは，域外，海外からの来訪者が多く，その訪問先での宿泊費，交通費，食費などの消費活動は開催地に大きな経済効果をもたらす。スポーツツーリズムのコンテンツとしては，各自治体やスポーツおよび観光関連団体の期待が最も高い。ただし，このようなメガイベントを誘致する機会はほとんどなく，実際には，市民マラソンなどの参加型のイベント，地元のプロスポーツや企業スポーツの試合，スキーやラフティングなどのアウトドアスポーツとレクリエーション，そして健康を目的としたスポーツやフィットネスなどが，各地においては重要なコンテンツになっている。

　2007年に始まった東京マラソンをきっかけに，全国各地でマラソン大会が急増し，定員よりも出場希望者が多い大会も少なくない。マラソンに次いで，トライアスロンや自転車競技も期待されるコンテンツになっている。また，国内の「見る」スポーツも新規チームが誕生した地域においては新しいコンテンツになっている。アウェイ観戦，つまり対戦チームのホームタウンまで観戦に訪れることが普及し，各地は新しいタイプのツーリストを迎えている。さらに，少子化と若者のレジャー行動の変化によってアウトドアスポーツの国内市場は縮小を続けているが，国内の恵まれた自然を高く評価する海外からのツーリストが急増している。そして，高齢化社会の中で，心身の健康を目的としたリゾート地でのテニスやゴルフなどにも一定のニーズがあり，さらなる高齢化でこの市場が拡大するとますます重要なコンテンツとなる。

1.4 スポーツツーリズムの製品特性

　スポーツツーリズムは，スポーツと観光という，それぞれ一般製品とは異なる特性を持つプロダクトで構成されている。まずスポーツは形がないサービス財であるため，「無形性」「非分離性（生産と消費が同時）」「非貯蔵性（生産・消費と同時に消滅）」「非均質性（全く同じサービスはない）」というサービス特性を有している。さらにスポーツは「予測不能性」という特性を持つ。観戦者だけでなく競技者にも，そして日常的なスポーツ実施者にも，その活動の結末はわからず，このドラマ性がスポーツの魅力の1つになっている。

　観光ビジネスの特性としては，「複合性」「季節性」「立地性」「資産性」の4つが挙げられる。まず，観光ビジネスはスポーツや娯楽を含むエンタテインメント業に宿泊業，輸送業，飲食業などの複数業種で構成されている。それぞれが個別でも成立するのだが，ツーリストから見ると1つでもうまく機能していないと総体的に不満を持つことがあるため，情報やコンセプトの共有化が必要である。次に挙げた「季節」と「立地」は，観光需要を左右する大きな要素である。自然を活用する観光にはそれぞれに適した季節があり，一方でツーリストにも仕事や学校の休みや行事によって旅行に適した時期がある。これによって観光業には，オンシーズンとオフシーズンが存在する。立地についても，交通の便や近隣におけるほかの観光資源の有無によって人の集まり方が異なる。最後に，多くの観光ビジネスには，娯楽施設やスポーツ施設，そして宿泊施設などの大型施設が不可欠である。これらには多額の投資が必要であり，建設後は大きな資産となるが，大きな負担にもなる。そのため，建設には慎重な検討が必要である。

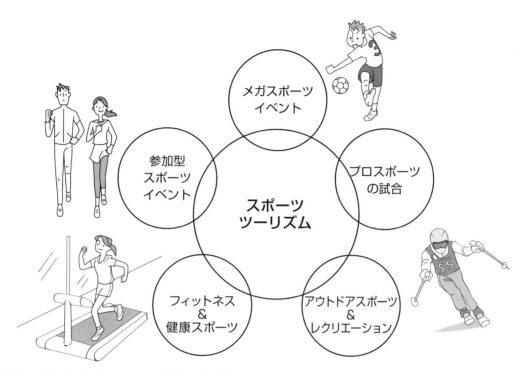

■ Fig.14.1.3　スポーツツーリズムの多様なコンテンツ

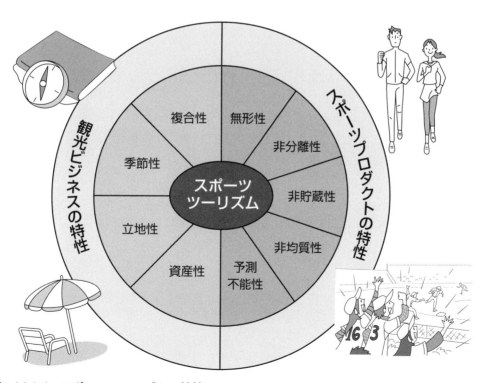

■ Fig.14.1.4　スポーツツーリズムの特性（Kotler ほか，2006 より）

2．スポーツツーリズムの顧客創造

2.1 スポーツツーリズムの成立条件

　スポーツツーリズムが継続的に成立するには，「社会文化的目的」「環境的目的」「経済的目的」
の3つが存在し，それらが果たされることが必要である（Hall and Lew, 1998）。社会文化的
目的には，多くの人々のスポーツツーリズムへの参加およびその経験を通して満足が獲得され
ること，スポーツツーリズムに関与する人々の教育や健康に関するベネフィットが獲得される
こと，そして地域の社会・文化の発展が達成されることなどの多様な目的が含まれる。環境的
目的は，スポーツイベントの実施において環境への悪影響を最小限にとどめるような環境保護
が果たされることや，施設建設などにおける自然環境との調和などが含まれる。そして，スポー
ツツーリズムという事業が行われる地域およびそのステークホルダーに経済的な便益をもたら
すことも求められ，その地域における経済効果や各種産業の発展が目的とされる。

　スポーツツーリズムのマネジメントに関わる人々の関心は，経済的目的に向けられる傾向が
ある。しかし，ミクロな視点で直接的な経済効果だけを求めるのではなく，マクロな長期的視
点を持って，社会や環境への影響にも目を向けておく必要がある。毎年大きな経済効果を生み
出すスポーツイベントであっても，年々生態系を壊していたり，教育的な配慮が欠落していた
りするようでは，継続することはできない。ここに示した3つの条件が整っていることで，持
続的にスポーツ施設利用者やイベント参加者がその地を訪問する仕組みができるのである。

2.2 スポーツツーリストの消費行動モデル

　スポーツツーリストの消費行動の基本的な意思決定プロセスは，一般的な製品やサービスの
消費行動プロセスと同じである。スポーツツーリズムに関わるニーズの認知，あるいは欲求喚
起が最初の段階で，次にそのニーズを満たすことができるスポーツおよび旅行に関する情報を
収集し，挙がってきたいくつかの候補を評価する。その結果，候補の中から1つの案を選び，
スポーツを伴う旅行に行く意思決定をする。この後は，旅の準備をして出かけ，スポーツツー
リズムを経験し，消費後に評価して，満足あるいは不満足が導かれる。消費者満足を得て，リ
ピーターの獲得や口コミ効果を高めることは重要であるが，まずは，消費まで，つまりその意
思決定が行われるまでのプロセスを理解しておくことがツーリスト獲得には不可欠である。

　スポーツツーリズム行動の決定までの3つの段階において，消費者に影響を与える要因には，
内的要因と外的要因がある。内的要因とは個人的な決定要因で，スポーツツーリズムに対する
個人の態度や価値，消費可能な金額，健康状態，さらには家族との関係や仕事の形態までもが，
スポーツツーリズムを行うか否かの決定に影響を与える。さらにそれらは，どこにどのぐらい
の期間出かけるのかなどの意思決定要因にもなる。一方で外的要因には，スポーツイベントや
その地でできるスポーツ活動の魅力，およびその訪問地の観光資源，温泉やグルメの魅力が意
思決定に影響を与える。さらに，それらの魅力を積極的に伝える旅行関連企業やスポーツ関連
組織，各自治体などのマーケティング活動も，人々に刺激を与えることができる。

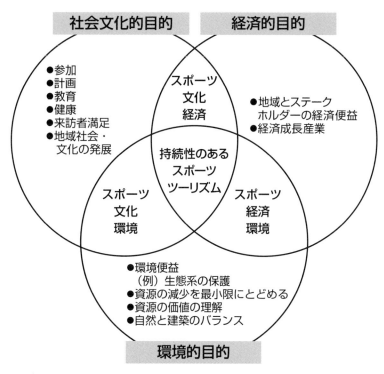

■ Fig.14.2.1　スポーツツーリズムの持続性条件（Hall and Lew, 1998 より）

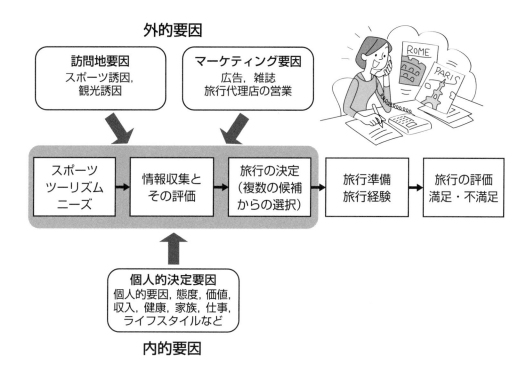

■ Fig.14.2.2　スポーツツーリストの意思決定（Swarbrooke and Horner, 1999 より）

2.3 スポーツツーリズム製品の新市場

　既存市場での売上の維持と同時に新たな市場を発見することは，スポーツツーリズム産業の規模を維持，拡大するためには重要である。日々変化する自然環境，社会的環境や経済状況，そして人々のスポーツと旅行に関するニーズなどに対応して，常に適切なターゲット市場とそこで提供するプロダクトについて検討しなければならない。例えば，1泊2日のゴルフツアーに代表されるように，スポーツツーリズムの対象は男性であることが多かったが，女性の余暇活動が活発になった現在は女性が大きな市場になっている。また，バブル経済期のように新たな大型スポーツ施設を建設することは難しく，環境保全への意識も高まっていることから，自然を最大限に活用したスポーツツーリズムが注目されている。そして，このような社会や経済の変化は，国内に限ったことではない。日本の恵まれた自然環境や優れたホスピタリティが欧米諸国にも知られるようになり，訪日外国人が増加している。さらに近年のアジアの経済成長により，各国の富裕層が日本を訪問し，スポーツ活動を伴う旅行を楽しむようになっている。

　また，レジャーニーズも変化しており，ゴルフやテニスを娯楽として気軽に楽しむだけではなく，健康や競技という明確な目的を持ってスポーツに関与するツーリストも多くなっている。スポーツと同時に，温泉や食事を楽しむ旅行も増えている。このような新しいキーワードから，山ガール，外国人スキーヤー，エンデュアランススポーツ（トライアスロン，トレイルランニングなどの持久系），ヘルス・メディカルツーリズムなどの新市場が見えてくる。

2.4 ストレスマネジメント

　スポーツツーリズムという消費が心地よく行われるためには，顧客が感じるストレスを制御し，軽減する試みが必要である。具体例としては，まず，スポーツツーリズムに関わる組織や企業および宿泊施設などが直接関わる顧客のストレスが挙げられる。参加したイベントの受付や進行の段取りが悪い，利用する施設や設備が悪い，スタッフの対応が悪いといったことは大きなストレスになる。宿泊施設での質の低いサービスも同様である。これらは，スポーツおよび旅行関連の団体や企業が引き起こす問題で，いくらでも事前の予防や発生した際の対応が可能である。

　一方で，個人的な問題がストレスになるケースも少なくない。例えば，イベントのほかの参加者や施設でのほかの利用者の言動，旅先での予想を上回る出費，慣れない場所での身の安全や健康などが考えられる。スポーツ関連組織や旅行関連組織がこれらの発生をすべて防ぐことは困難であるが，発生した問題への対応は可能である。顧客同士のトラブルや顧客の体調不良，ケガなどへの適切な対応を事前に検討しておくリスクマネジメントは不可欠である。さらに，顧客は不測の事態が起こることにストレスを感じるため，このような問題が発生する可能性および発生しても対処されるという情報を事前に提供しておくことも必要である。例えば，別料金が必要なサービスを知らせておくことやトラブル発生時の相談窓口の情報提供をすることなどである。また，言語や習慣の違いからストレスを感じる外国人ツーリストへの対応や，渋滞，交通機関の利用におけるストレスへの対応には，スポーツと旅行に関する団体や企業だけではなく，自治体組織を中心にまち全体で取り組むことでその効果が高まる。

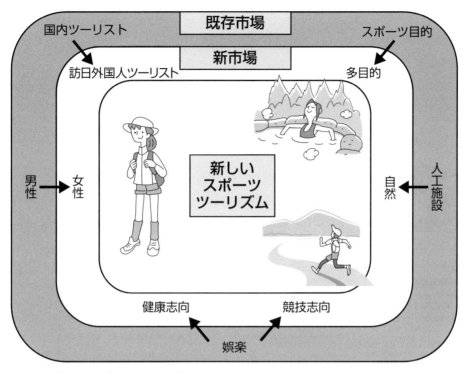

■ Fig.14.2.3　新しいスポーツツーリズム

■ Fig.14.2.4　スポーツツーリストのストレス（Swarbrooke and Horner, 1999 より）

3. スポーツツーリズムの推進と新しい視座

3.1 スポーツコミッションの活動

　スポーツツーリズムには複合性という特徴があり，多様な産業と関連したさまざまな団体，組織がそれぞれに関わりを持っている。既述のように，これら各団体・組織が個別に活動してきたのは，国レベルでも地方レベルでも同じであり，各地域においてもスポーツツーリズム関連事業を統括するような組織が必要である。国および地方公共団体は，例えばスポーツツーリズムによる地域活性化を目的とする連携組織（いわゆる「地域スポーツコミッション」）の設立を推進するなど，スポーツを地域の観光資源とした特色ある地域づくりを進めるため，行政と企業，スポーツ団体などとの連携・協働を推進する必要がある（スポーツ庁，2023）。

　各地のスポーツコミッションは，その都道府県および周辺市町村と連携・協力して各種スポーツイベントを誘致し，その関連スポーツ組織・団体のイベント運営の支援を行う。第3期スポーツ基本計画では，「コンテンツ開発の促進」として「アウトドアスポーツツーリズム」やインバウンド需要に対して「武道ツーリズム」，地域資源を活かした新たな取り組みとして「アーバンスポーツ」などの推進も行っている。さらに，「地域おこし協力隊」などを活用することで，地域スポーツの担い手確保・質の向上にも積極的に取り組んでいる。各地の地域資源とスポーツが融合することによって，地域の抱える社会課題解決に寄与することを目指している。

3.2 サプリメンタル観光行動

　観光行動には複数の目的を伴うことが多い。そのため，スポーツに関わる組織にとっては，観光行動の目的にスポーツを組み込む戦略が重要となる。主目的の観光行動を補完する副次的な観光行動を「サプリメンタル観光行動」と呼び（Ito & Higham, 2020），スポーツのサプリメンタル行動は3種類ある。

　まずA類型は，「スポーツを主目的」としており，スポーツからスポーツへ横断する観光行動を指す。例えば，スポーツ観戦に訪れた観光客が，ついでに地域の自然に触れるアウトドアスポーツを行う，ほかのスポーツを観戦する，あるいはスタジアムツアーに参加するなどといったことが含まれる。次のB類型は，スポーツ観戦前後で，訪れた地域を観光するパターンである。スポーツ観戦を伴う「アウェイツーリズム」がこの好例であり，相手チームの所在地を訪れ，ついでに観光する循環が生まれると，地域の活性化に結び付けられる。さらに近年では，日本国内で活躍する外国人選手が増えてきている。今後は海外からもスポーツ観戦に訪れる旅行者が増えることも予想されるため，スポーツに加えて観光に関する情報も発信するといった工夫も求められる。最後のC類型は，非スポーツ目的の観光客をスポーツに関連した行動にうまく取り込むことである。これらのいずれの類型化においても，地域スポーツコミッションは大きな役割を担っている。既存の地域資源の整備や大会誘致だけにとどまらず，新たな事業展開・多角化，それに取り組む団体を増やすことで，さらなるスポーツによる地域活性化が進むことが期待されている。

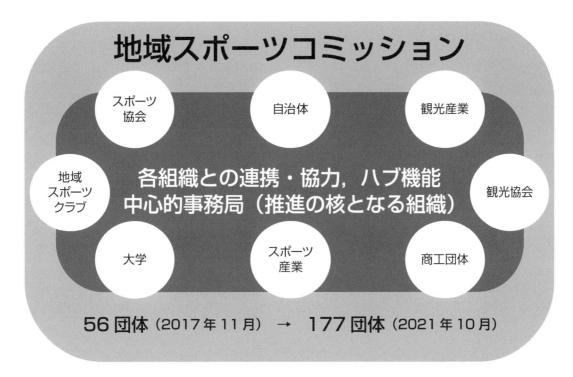

■ Fig.14.3.1　地域スポーツコミッションの概観

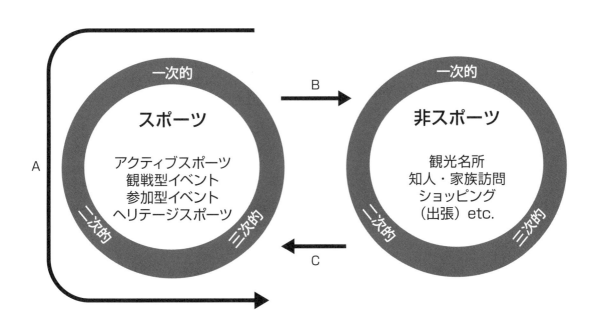

■ Fig.14.3.2　サプリメンタル観光行動（Ito and Higham, 2020 より）

3.3 インバウンド・スポーツツーリズム

国内では，「外国人観光客を呼び込む」という視点から発展した「新時代のインバウンド拡大アクションプラン」が策定され（2023年5月），訪日外国人旅行者数の増加と地方への誘客，消費額の増加を促すことが重要視されている。スポーツを主目的とした来訪者や，主目的ではないが滞在中スポーツに関わる観光客も少なくない。スポーツツーリズムにおいても，インバウンド（訪日外国人旅行）はますます重要な市場の1つになることは間違いない。ただし，日本各地の歴史や文化への理解不十分が原因による文化・自然環境の破壊と損失，為替変動による旅行者数と訪問先消費額の増減，治安の悪化などのいくつかの問題も存在する（高橋ほか，2010）。

例えば，年々訪日外国人が増えて世界有数のリゾートになったニセコでは，地元のニセコ町において地価高騰や人口増加など，日本国内の同規模の町とは正反対の現象が起きているが，その裏には難事も多い。世界でも稀なパウダースノーが楽しめるニセコの価値は高まり，外資企業が投資して開発し，高級ホテルも建設され，それなりの経済効果を生み出している。しかしこの地価高騰は，一方で資金力のない地元企業の事業展開を困難にしている。また宿泊料の高騰により，日本人ツーリストが便利な中心地区に滞在できなくなっている。さらに，人口増加に影響を与えている外国人移住者によって，新たな行政サービスや施設が必要になっている。保育園や学校の増設，インターナショナルスクールの開設，将来的には冠婚葬祭への対応も求められる。ニセコリゾートに投資した外資企業が利益を上げても，ニセコ町の税収は直接的には増えず，むしろ行政サービスによる支出が増加するという現象が起きている。

3.4 見るスポーツからするスポーツへ

スポーツツーリズムにおいて重要なコンテンツであるスポーツイベントは，「見る」対象にも，「する」対象にもなる。トップ選手が出場するエリートスポーツイベントにおいては観戦者が多くなり，一般の人々にも門戸が開かれたスポーツイベントは参加者が多くなる。

両タイプのスポーツツーリズムは別々に発展してきた。地域のマラソン大会など，一般向けの「する」スポーツイベントは古くから存在しているが，近年の特徴は，主催組織や自治体などが単なるスポーツイベントを多目的のスポーツツーリズムに変化させているところである。大会前日をゼッケン受取日などにして滞在時間を長くし，スポーツ以外の観光行動を誘起している。

「見る」スポーツイベントに関して，国内ではJリーグの発展と共にアウェイ観戦が定着した。さらに国外で活躍する野球選手，サッカー選手が増えたこともあり，海外での「見る」スポーツツーリズムへのニーズも高まった。しかし，最近は見るだけでは物足りないと思うツーリストも多く，両要素が含まれる企画が求められている。トライアスロンの大会などでは，1日目にトップ選手が競技を行い，それを見る一般トライアスリーターが翌日は自身の競技カテゴリーで出場する。また，プロスポーツの試合などでも，体験型イベントが多数準備され，観戦以外の楽しみを観客に提供している。一般的な観光旅行においても，観光者は何か対象となるものを見物して視覚だけで楽しむことから，活動的な観光行動を通して身体的な感覚を持って楽しむことにシフトしてきているといわれている（アーリとラースン，2014）。

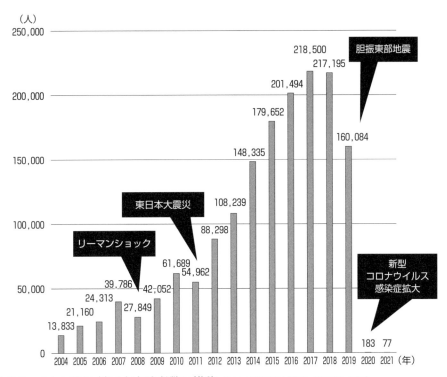

■ **Fig.14.3.3　ニセコ町の外国人宿泊者数の推移**（ニセコ町統計資料，2023 より）

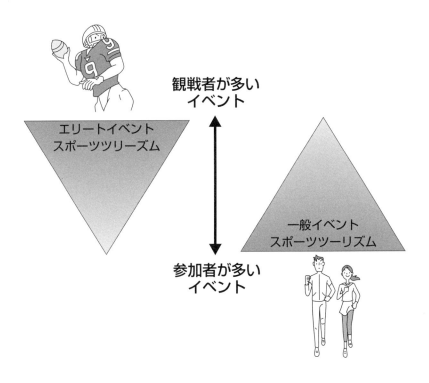

■ **Fig.14.3.4　観戦型と参加型のスポーツイベント**（Hinch and Higham，2004 より）

第15章 アダプテッドスポーツのマネジメント

1. アダプテッドスポーツとは何か

1.1 スポーツ共生社会への期待

　欧米では，1970年代より障がい者の体育・スポーツを Adapted physical education や Adapted physical activity と表すようになった。このような国際的な動向を受けて，わが国では障がい者スポーツの特徴を含みながら，広くスポーツの対象を「健常者と同じルールや用具の下にスポーツを行うことが困難な人々」とした，「アダプテッドスポーツ（adapted sports）」という発想が提唱された（日本体育学会編，2006）。その真意は，障がい者や高齢者を中心に据えながらも，個人の身体能力，年齢などにとらわれず，ルールや用具を工夫して，その人に適合させたスポーツを展開することにある。これは「ノーマライゼーション（社会への完全参加）」という思想を背景にしたものであり，障がいの有無や性別，年齢を超えて，すべての人々がスポーツ文化を共有しやすくするためである。その指導法も，乳幼児から高齢者，低体力者，運動初心者などあらゆる人を対象とした場面にフィードバックできることになる。障がい者のリハビリからスタートしたこの発想は，現在，医療，福祉，教育，競技など多方面から研究が進められているが，その実際上の運用にあたっては，スポーツそれ自体の工夫だけでなく，対象者を取り巻く社会環境のすべてを「インクルージョン（包摂）」したマネジメントシステムが必要である。障がい者と健常者が共に楽しめる場づくりの範囲はそれによって大きく変わる。

1.2 スポーツサービスの公正モデル

　スポーツはすべての人々の権利として「均等な機会」が保証されなければならない。特に実践に必要な資源は，すべての人が自主的かつ自発的に参加できるよう公平に分配されるべきである。しかし，障がい者や高齢者などスポーツ享受の場が基本的に不足している生活者グループへの分配は，社会的援助を伴う「補償的平等」により，不公正な機会を是正するような配慮が必要になる。さらに，組織が対象者を絞った効率的な経営を目指すような場合は「市場の公正さ」が適応され，生活者の投資水準に応じてサービスが分配される（クロンプトンとラム，1991）。

　障がい者優先スポーツ施設は「補償的平等」を目指した施設であるが，健常者との共用施設では「均等な機会」「市場の公正さ」も重視され，障がいの有無を超えた相互理解が必要である。スポーツ施設には市民全体の参加率を向上させるという一般的使命があるし，指定管理者制度の導入に伴い，経営の効率化も求められるようになった。施設のユニバーサルデザイン化が推進され，障がい者スポーツは，「均等な機会」を使命とする公共スポーツ施設が担う方向で進んでいる。一方，民間施設などでは，「市場の公正さ」を重視し，特定の高齢者層をターゲットに介護予防プログラムの製品開発を進めているところもある。

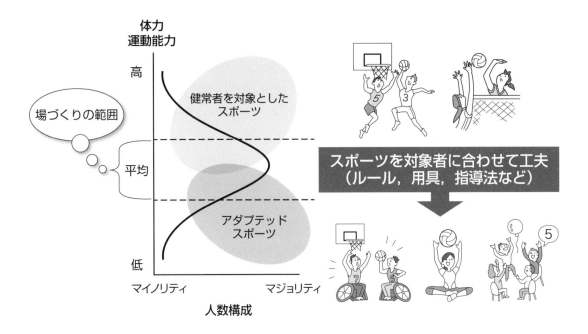

■ Fig.15.1.1　スポーツの場づくりとアダプテッドという発想（矢部，2008 より）

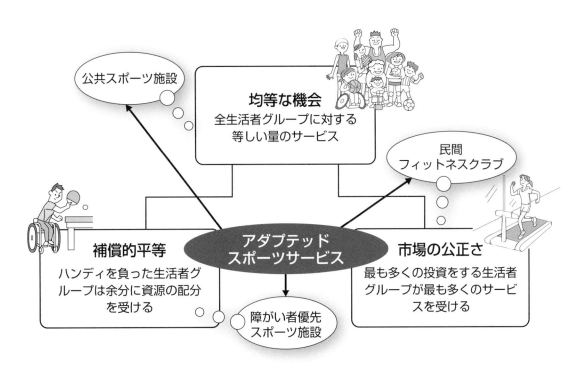

■ Fig.15.1.2　公正モデルから見たアダプテッドスポーツサービスの受け入れ先

1.3 欧米型と日本型

　身体障がい者のスポーツは，1940年代にイギリスのストークマンデビル病院にて，脊髄損傷を負う兵士のリハビリにスポーツを導入したことが原点とされる。その後，欧米を中心に脊椎損傷者のための国際競技会が開催されるようになり，1960年代から1970年代にかけて，車いす使用者に各種の身体障がいを統合しながらパラリンピックへと発展した（グットマン，1983）。1980年代のパラリンピックムーブメントは，ノーマライゼーション思想を背景に競技の高度化とパフォーマンスの卓越性を目指し，困難を背負った人の「特殊な身体運動」を，装具によって新たな身体性を獲得した人の「スポーツ」へと発想転換させた。これが欧米諸国でのエリートスポーツ化を推進した。そして1990年代以降，欧米のスポーツ政策を統括する省庁は，障がい者と健常者のスポーツ行政の一元化を推進する体制を整えていく。

　日本の障がい者スポーツのエポックは，1964年の東京パラリンピック後に開催された国内身体障がい者スポーツ大会である（難波・齊藤，2013）。日本での障がい者スポーツは，導入時から，競技性よりも機能回復と社会啓発を目指す取り組みとして位置付けられた。そのため欧米とは異なり，当初から車いすを使用する中途障がい者のみならず，対象者をすべての身体障がい者にまで広げた展開がなされた。1998年の冬季パラリンピック長野大会は，ボランティアの参加やスポーツの競技化を推進したが，2014年にスポーツ振興に関わる事業の大半が文部科学省に移管されるまで，50年以上にわたって，健常者のスポーツは文部科学省，障がい者のスポーツは厚生労働省が所管する二元化体制が続き，両者は分離する形で推進されてきた。

1.4 プロダクトイノベーションからプロセスイノベーションへ

　テクノロジーの発展が記録や技能の向上に直結する障がい者の競技スポーツでは，競いあうように高性能の義足や車いすが開発されている。また，車いすバスケットボールやテニスでは，ダブルドリブルやツーバウンドでの返球を認めるなど，既存のスポーツのルールを改変して，対象者に適合させている。競技性を高めるための工夫では，障がい区分別クラス分けシステムやチームの同質性を保つための選手の持ち点制システムがある。これら既存のスポーツ種目のルールや用具を障がいのあるスポーツ参加者に適応させるなどのマネジメント手法は，「パラスポーツ」の発想であり，プロダクトイノベーションにあたる。

　もう1つの発想として，プロセスイノベーションがある。障がい者や高齢者，運動が苦手な人が一緒にスポーツを楽しむには，身体能力の高低にとらわれず，「偶然性」が勝敗を左右するようなゲームを考案することが一助になる。例えば，車いす使用者や視覚障がい者，知的障がい者，障がいのない人など，すべての人が参加できるような「ユニバーサルスポーツ」（スポーツ庁，2022）を創造するような場合，ボールの大きさや打球の距離など，エンパワメント選択に工夫を凝らすなどの方法がある。このほか，「模倣性」を楽しむのもいいし，「非日常性」を創り出すのもいい。もちろん独自の「競技性」を追求してもいい。このように，「創るプロセスを楽しむ」こともアダプテッドスポーツのよさである。スポーツ共生社会の実現には，障がい者を「もの（スポーツ）づくりのプロセスに積極的に巻き込んでいく」（伊藤，2015）手法が，もっと必要である。

〈2010 年代〉スポーツ組織の一元化推進体制
● 2020 年パラリンピック東京大会開催決定

④一般的なスポーツに統合

欧米型

〈1990 年代〉スポーツ組織の一元化推進体制

〈1980 年代〉エリートスポーツの促進

〈1970 年代〉パラリンピックの発展
● 障がい種類別スポーツ組織設立

②一般的なスポーツに統合

③障がい者のスポーツとして分離

〈1990 年代〉スポーツ組織の二元化推進体制
● パラリンピック長野大会

〈1970 年代〉医療・福祉領域としての発展
● スポーツを通した社会参加の促進

〈1960 年代〉パラリンピック東京大会開催
● 車いす使用者のスポーツの輸入
● 国内身体障がい者スポーツ大会同時開催

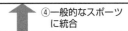

〈1950 年代〉スポーツとしての発展
● 車いす使用者の国際大会の出現
● 頸椎損傷者の国際大会開催

日本型

①特殊な身体運動の誕生

〈1940 年代〉障がい者スポーツの創出
● 傷痍軍人のリハビリにスポーツを導入

■ Fig.15.1.3　アダプテッドスポーツの発展経緯の違い

プロダクトイノベーション

● 競技用の補装具や補助具の開発　　　　　　● 既存のスポーツのルールの工夫

とりあえずスポーツを：パラスポーツの発想

プロセスイノベーション

● 誰もが参加できる
● 誰もが勝てるチャンスがある

創るプロセスを楽しむ

● 工夫のポイントはいろいろ

偶然性

非日常性

模倣性

競技性

■ Fig.15.1.4　アダプテッドスポーツの創造パターン

2. スポーツのインクルーシブデザイン

2.1 インクルージョンという発想

「インテグレーション」「バリアフリー」は，適応困難な人（障がいのある人）と適応できる人（障がいのない人）というバリアに対する修繕的な取り組みである。はじめにスポーツの実施が困難な人に特別なアプローチを行い，続いて適応できる人と適応困難な人が相互交流を図るための工夫を行う。例えば，車いす使用者にグラウンドゴルフ用クラブを提供して，スポーツへのアクセスを向上させるなどのマネジメントがこれにあたる。また，車いすをスポーツの1つの「用具」とみなして，健常者が車いすバスケットボールを行うことなどは「リバースインテグレーション」になる。1990年以降は，利用者を区別しないという「公平」「全員参加」の視点を重視した「ユニバーサルデザイン」や，障がいの有無にかかわらず，すべての人を包摂した社会システムを重視する「インクルージョン」という発想が注目されるようになった。

　スポーツにおけるインクルージョンの具体化は，障がいのある人とない人が同じ場所でスポーツを行うことである。そこでの障がいのある人の参加形態は，①参加者として障がいのない人と共にスポーツの場にいること，②ボランティアなど補助者が付いて一緒にスポーツ活動を行うこと，③自立してスポーツ活動を行うことなど，あらゆる段階を含む（草野，2007）。また，インクルージョンとは「共生空間」を創出するためのマネジメントでもある。参加者全員がいすに座った状態で行う卓球バレーなどでは，「安全」「わかりやすさ」「心地よさ」など，障がいの有無や性別，年齢を超えて楽しめるインクルーシブな価値が自然に経験できる（川内，2001）。

2.2 アダプテッドスポーツの機能別推進体制

　日本でのアダプテッドスポーツは，パラリンピックムーブメントと特殊教育（1979年の養護学校）の義務教育化における体育指導の充実が振興の礎を築いたとされる（矢部，2004）。アダプテッドスポーツは，リハビリテーションを目的とした医療機関での展開，高齢者施設や障がい児の療育施設を含めた社会福祉領域での展開，学校における展開，地域における生涯スポーツとしての展開，競技スポーツとしての展開がある。スポーツ庁創設に伴い，リハビリ以外の障がい者スポーツの施策・計画が，ほぼ全面的に健常者のスポーツと統合して推進されるようになったが，これまでの流れも踏まえ，福祉・医療領域とは連携が必要である（文部科学省，2014）。現場対応としては，障がいの種類や程度，活動の目的に応じた配慮や工夫が課題である。

　例えば，リハビリや社会参加を目指す活動は，個別的または小グループで医療や福祉の専門職により担われることが多いが，特別支援学校，小中学校での特別支援学級などでは，障がい児と健常児が一緒にスポーツを行う場合，それぞれのグループで交流を図りながら行う場合，障がい児のみで行う場合，等々に応じて選択的に取り組む必要がある。総合型クラブでは障がい者の参加機会を広げる必要がある。競技力育成では，障がい者と健常者の種目団体のインクルージョンが効果的と思える。アダプテッドスポーツの推進には，目的に応じた組織間の連携と障がいの有無を超えてスポーツ活動の企画・調整ができる現場指導者の育成が鍵になる。

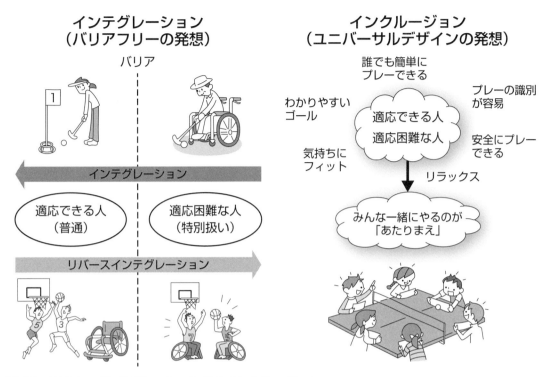

■ Fig.15.2.1　インテグレーションからインクルージョンへ

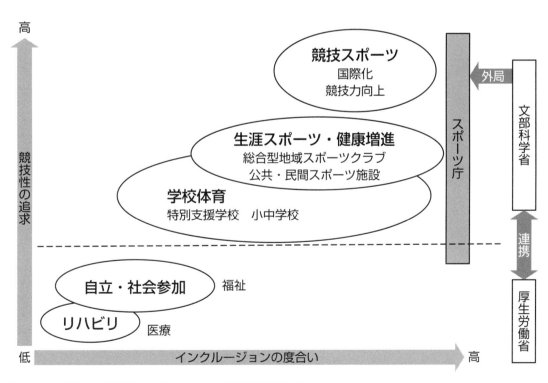

■ Fig.15.2.2　アダプテッドスポーツの機能別推進体制

2.3 障がいのある人のスポーツの細分化対応

　スポーツ基本法やスポーツ基本計画では，国の責務において，すべての人がスポーツを楽しむ権利を認め，スポーツに参画する環境の整備を重視している。しかし，生涯スポーツを担う総合型クラブでは，障がい者のためのスポーツ種目を設けているところが少なく，比較的軽度な障がいのある人が，周囲のちょっとした支援を受けつつ健常者と一緒に既存のプログラムに参加している程度である（金山，2015）。一般に障がいのレベルが軽度な人はスポーツにアクセスしやすく，同時にスポーツの選択肢も広くなる。また，パラリンピックの公式競技種目の多くは，脊髄損傷や切断など，中途の肢体不自由者を対象としており，これらの種目の選手は，受傷以前にスポーツを経験している場合が多い。

　その一方で，電動車いすを使用する脳性まひなどの先天的な重度障がい者は，幼い頃からスポーツの機会が限定される。さらに，知的障がい者の多くはスポーツルールの理解が困難であり，運動能力も低い。したがって，自主性を引き出すことが難しい（安井，2009）。これらの場合，インクルーシブな環境よりも，まずは障がい者優先スポーツ施設など障がいに配慮した環境が必要である。また，近年取り沙汰されるようになった発達障がいのある人や精神障がい者のスポーツ活動は，本来小グループや個別的に行う方法が好ましい。このように，障がいのある人のスポーツは対象となる障がいの種類や程度により配慮点が異なる。重度障がい者を含めたすべての人が生涯にわたってスポーツ享受を可能にする環境は，パラリンピックムーブメントやインクルージョンシステムだけで決して満たせるものではないことに留意すべきである。

2.4 ダイバシティマネジメント

　アダプテッドスポーツは，上述のように細分化対応が基本である。しかし，障がいの有無や種類などの「個人属性」のほか，体力，運動スキル，知識力，対人スキルといった「スポーツへの社会化能力」の違いも幅広い。ピンポイントでの対応には限界もあるし，また，それが相互作用を重視するスポーツの場づくりにそぐわないとの見方もある。このような場合，むしろ相違点を生かして場づくりのパフォーマンスを上げるほうが効果的である。これが「ダイバシティマネジメント」の考え方であり，次のようなパラダイム転換が必要である（谷口，2005）。

　すなわち，①「抵抗」のパラダイムにより違いを拒否すると，障がい者はスポーツの機会を剥奪（エクスクルージョン）されたと思い込むようになる。そこで，②「同化」というパラダイムが選択され，違いが無視されたまま集団にダンピングされる。これは，単にスポーツの機会が与えられたというだけであり，多様性によるパフォーマンスの向上はあり得ない。したがって，③「分離」のパラダイムが採用されることになる。これは違いを認め，それぞれに応じた内容を実践することである。障がい者専用スポーツ施設や特別支援学校の体育授業など，障がい児・者のスポーツに特化した活動があてはまる。さらに進んだ④「統合」のパラダイムでは違いを「学び場の変革」に生かすことが可能になる。例えば通常学級の授業で，ピアチュータリング（教えあい）がうまく機能する場合がそうである。障がいのある児童・生徒の参加形態が見学のみだったり，全体としての活動に工夫がないままのマネジメントだったりするのでは②や③と変わりない。

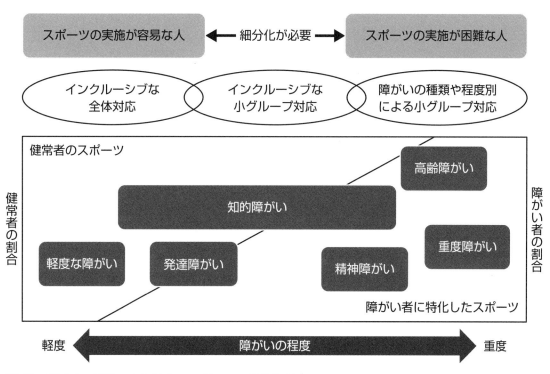

■ Fig.15.2.3　障がいのある人のスポーツの細分化対応

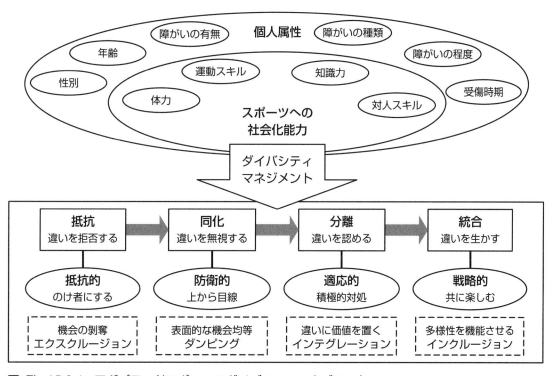

■ Fig.15.2.4　アダプテッドスポーツのダイバシティマネジメント

3．人材育成と環境整備

3.1　アダプテッドスポーツ指導者のコンピテンシー

　コンピテンシーとは，一般に企業などが人材活用の場において，「高い成果・業績を生み出すための特徴的な思考と行動」（宗村，2013）を評価するための概念である。わかりやすくいえば，社会的要請と職務上の要請との間を埋めあわせることのできる個人的なキャパシティ（受容力）のことである。学校の体育教員や地域のスポーツ指導者にあてはめれば，「障がい者も指導できること」は重要なコンピテンシー評価と考えていい。近年ではノーマライゼーションの深まりと共に，障がい者，高齢者などのスポーツ参加機会が広がり，実施目的も多様化している。それに伴って，アダプテッドスポーツの指導の場が拡大し，指導レベルも高度化している。

　アダプテッドスポーツ指導者としてのコンピテンシーを有するということは，まず研鑽力，感受性，平等思想，自己実現力，ボランティア精神などの基本的な資質があるということである。それらがベースとなって初めて，自己の体育・スポーツに関する一般的な知識・能力をさまざまなスポーツ環境に適合させていくことができる。結果としてのコンピテンシーは，①指導する能力（アダプテッドスポーツの専門的な知識，技能，コーチング能力，コミュニケーション能力など），②普及・振興する能力（連携・協働する力，組織の運営に関する知識・能力，事業の企画・立案能力など），③スポーツを創造する能力（発想力，想像力，応用力など）の3つから構成される（矢吹，2012）。なお，現状はボランティアによって支えられることも多く，スポーツ指導の実績や成果に偏らず，人材が持つ潜在能力をもっと幅広く評価すべきである。

3.2　体育教員養成における障がい児対応プログラムの必要性

　2007年から施行された特別支援教育では，従来から特殊教育の対象となっていた「障がい」に加えて，小中学校の通常学級に在籍する「発達障がい」や個別的な配慮を必要とする児童生徒も支援の対象に含む（文部科学省，2007）。したがって，通常学級の体育授業においても特別支援教育に対応できるような教師の力量が求められている。しかし，2017年告示の改訂学習指導要領において，新たにパラリンピック種目の体験が推奨されているものの，日本の現行制度では教員免許取得に際して，アダプテッドスポーツに関する内容が必修ではない。日本の学習指導要領のように法的拘束力を伴ったスタンダードがないアメリカでは，近年，NCPEID（National Consortium for Physical Education and Recreation for Individuals with Disabilities）が，障がい児の体育授業に対応するための15項目からなるAPENS（Adapted Physical Education National Standards）を編纂している。それは，アメリカ全土の体育教師を対象に，これら15項目を知っているという初歩的段階から，障がい児の体育授業に実践的に対応できる段階を経て，アダプテッド体育の指導者を養成できる段階までの5段階のライセンス制度を設けている。APENSではインクルージョン授業が主要形態とされるが，同時に障がい児のみのクラスで行う授業も含まれている。一方，日本の体育授業では，インクルージョンの普及自体が遅れており，「障がい児体育」から「アダプテッド体育」への転換が課題となっている。

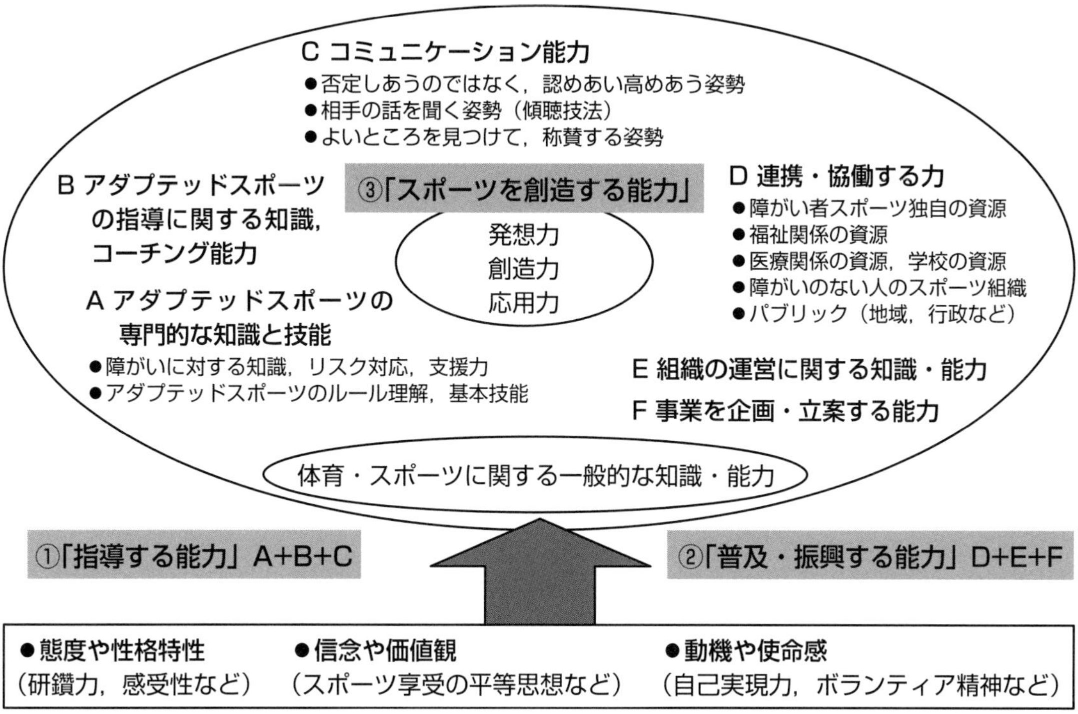

C コミュニケーション能力
● 否定しあうのではなく，認めあい高めあう姿勢
● 相手の話を聞く姿勢（傾聴技法）
● よいところを見つけて，称賛する姿勢

B アダプテッドスポーツ
　の指導に関する知識，
　コーチング能力

③「スポーツを創造する能力」

発想力
創造力
応用力

D 連携・協働する力
● 障がい者スポーツ独自の資源
● 福祉関係の資源
● 医療関係の資源，学校の資源
● 障がいのない人のスポーツ組織
● パブリック（地域，行政など）

A アダプテッドスポーツの
　専門的な知識と技能
● 障がいに対する知識，リスク対応，支援力
● アダプテッドスポーツのルール理解，基本技能

E 組織の運営に関する知識・能力
F 事業を企画・立案する能力

体育・スポーツに関する一般的な知識・能力

①「指導する能力」A+B+C

②「普及・振興する能力」D+E+F

● 態度や性格特性
（研鑽力，感受性など）

● 信念や価値観
（スポーツ享受の平等思想など）

● 動機や使命感
（自己実現力，ボランティア精神など）

■ Fig.15.3.1　アダプテッドスポーツ指導者のコンピテンシー

Adapted Physical Education National Standards（APENS）

①生涯発達
②運動行動
③修正のための原則と工夫
④運動能力に関する測定と評価
⑤歴史と原理
⑥障がい特性
⑦カリキュラムの開発
⑧アセスメント
⑨インストラクションデザインと企画
⑩教授法
⑪コンサルテーションとスタッフの育成
⑫児童生徒の状況とプログラムの有用性
⑬教師のための継続教育
⑭倫理基準
⑮コミュニケーション

■ Fig.15.3.2　体育教員養成における障がい児対応プログラムの必要性

（APENS Web site〈http://www.apens.org/〉より）

3.3 施設のハブ化とサービスネットワークの拡張

2021年現在，国内には障がい者優先スポーツ施設が150ヵ所設置されており，地域のアダプテッドスポーツの拠点として機能している。しかし，障がい者優先スポーツ施設のみでは全国各地域の障がい者のスポーツに関するニーズを網羅することが困難である。また，障がい者が日常的にスポーツに参加するには，わかりやすく手に入りやすい情報や施設へのアクセスの手軽さが重要になる（スポーツ庁，2023）。翻って，国内には20,000人以上の「（公財）日本パラスポーツ協会公認パラスポーツ指導員（初級，中級，上級）」が存在しており，その8割は初級指導員である。指導員の中には居住地域において活動の機会を求める人も多い。

笹川スポーツ財団（2011）では，障がい者優先スポーツ施設を「ハブ」として，周辺にある既存のスポーツ施設を「サテライト施設」に設定し，ハブ施設とサテライト施設が連携することにより，当該地域にてアダプテッドスポーツを提供する仕組みを提言している。また，ハブ施設と周辺の複数のサテライト施設をネットワーク化し，ハブ施設には上級スポーツ指導員を，サテライト施設には中級スポーツ指導員を常駐させて協力体制を確立するとしている。この提言が機能すれば，サテライト施設以外の公共スポーツ施設や福祉施設，総合型クラブなどでアダプテッドスポーツを導入する際に，中級，上級指導員と連携して，初級スポーツ指導員を活用することが可能になる。また，多くの障がい者優先スポーツ施設が実施しているアウトリーチ（訪問）事業を地域の一般スポーツ施設の自主事業へと移行することも一案である。

3.4 アダプテッドスポーツの品質評価

1990年代にノーマライゼーション思想が定着してからは，医療，保健，福祉の経営体を「ヒューマンサービスの組織」としてとらえ，提供される活動をサービスの観点から評価するようになった（田尾，1995）。経験財であるサービスには元来形がなく，利用者の便益や満足に作用する「機能」としてしか存在しないが，「無形性」の度合いと「利用者との相互作用性」の度合いの2次元を組み合わせれば，提供されるサービスの実態把握は比較的容易にできる（飯嶋，2001）。山下ほか（2006）はこの2次元を用いて，スポーツサービスを①物的サービス（物的環境の整備を行うこと），②システム的サービス（参加の仕組みを整えること），および③人的サービス（指導スタッフなどの人材を配置すること）の3つに分類している。

こうしたサービスの品質はSERVQUALという5次元尺度を使って評価できる（Parasuramanほか，1985）。アダプテッドスポーツでは，障がいに対応するような施設設備やスタッフの外見などの「サービスの形」，スタッフのアダプテッドスポーツに関する専門知識や利用者への礼儀正しさを示す「接客能力と専門能力」，迅速な挨拶やイレギュラーな出来事への「スピーディーな対応」，スタッフ個々の善し悪しや提供されるプログラムの偏りに関する「提供内容の安定感」，利用者へのもてなしの気持ちや個別的な配慮に関する「共感の姿勢」がある。アダプテッドスポーツの場合，一般には「表層機能」としてしか評価されない「サービスの形」が障がい者に配慮する「本質機能」として評価されたり，指導スタッフのホスピタリティ態度が個別的な「共感の姿勢」として高く評価されたりすることなどがわかっている（金山・中西，2014）。

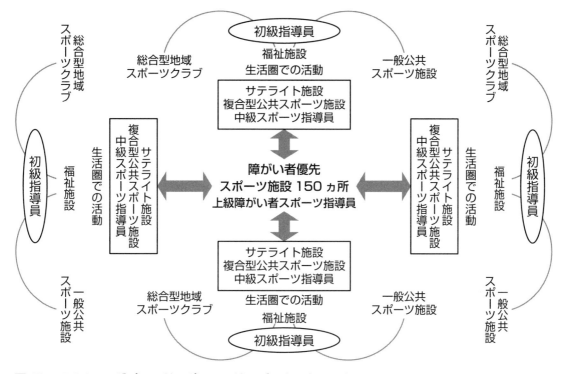

■ Fig.15.3.3　アダプテッドスポーツのサービスネットワーク

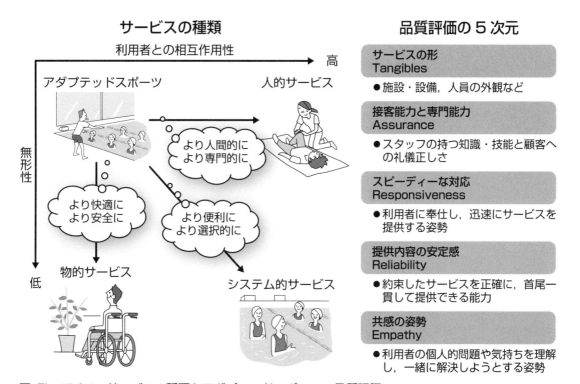

■ Fig.15.3.4　サービスの種類とアダプテッドスポーツの品質評価

第16章 スポーツボランティアのマネジメント

1. スポーツボランティアの概念と分類

1.1 スポーツボランティアとは何か

　近年，わが国では，「物的な豊かさ」から「精神的な豊かさ」へと人々の価値観が大きくシフトしてきていると共に，これまで単なる奉仕活動としてのイメージが強かったボランティア活動は，「人の優しさに触れることができる」「心の豊かさを享受できる」といった，人と人とのつながりや関係性をもたらす有益な活動へととらえられつつある。

　ボランティアは，活動の広がりと共に，このような多様な価値観を創出しているが，その原点は，「ボランタリズム」の価値を体現するための行為（田尾，2005）であるという。

　ボランタリズムとは，「自主性（人から強制されるのではなく自ら進んで行う心性）」「無償性（ものやお金といった報酬をもらうことを目的とせず行う心性）」「公共性（自分のためではなく人や社会のために行う心性）」に加えて，近年では「先駆性（自ら新しいことにチャレンジしようという心性）」や「継続性（続けて行う心性）」を持った人たちを支える価値観であるとされている。このような価値観に支えられてボランティア活動は成り立っているのである。

　スポーツは，「する」「見る」「読む」「話す」「支える」など多様なシーンにおいて関わる（楽しむ）ことが可能になってきている。スポーツボランティアは，その中の「支える」活動を通してボランタリズムの価値を体現できる向社会的な行為としての可能性を秘めている。

1.2 スポーツボランティアの分類

　文部省（現文部科学省，2000）は，スポーツボランティアを「地域におけるスポーツクラブやスポーツ団体において，報酬を目的としないで，クラブ・団体の運営や指導活動を日常的に支えたり，また，国際競技大会や地域スポーツ大会などにおいて，専門的能力や時間などを進んで提供し，大会の運営を支える人」と定義し，「スポーツイベントのボランティア」と「スポーツクラブ・団体のボランティア」の2つに区別している。「スポーツイベントのボランティア」は，専門的な業務を担う「専門ボランティア」と，大会・イベント運営に関わる多様な業務を担う「一般ボランティア」に分類できる。そして，「スポーツクラブ・団体のボランティア」は，「指導ボランティア」と，クラブ組織の運営を行う「運営ボランティア」に分類できる。一方，山口（2004）は，現役やOBのプロスポーツ選手，トップアスリートが学校や地域のスポーツクラブ，イベントなどでのスポーツ指導を行ったり，災害で被災した地域住民を勇気づけたりする活動を「アスリートのボランティア」として上記2つとは区別して示している。

　このように，スポーツボランティアの機会は，スポーツ活動を超えた多様な場面を想定できる。ゆえに，ここで示した定義や分類は暫定的なものとしてとらえておく必要がある。

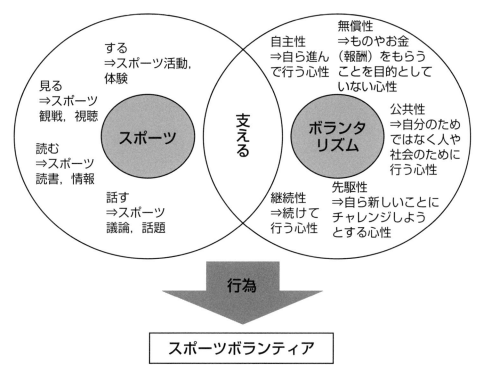

■ Fig.16.1.1　スポーツを「支える」活動とボランタリズム行為の接点

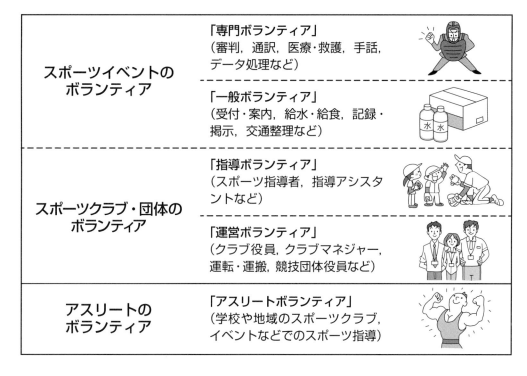

■ Fig.16.1.2　スポーツボランティアのタイプ（文部科学省，2001；山口，2004 より）

1.3 日常的ボランティアの重要性

　ボランティア活動は，あたりまえの話であるが，スポーツに限らずさまざまな領域（ドメイン）で展開されている。田尾（2001）は，ボランティアのメンタリティが典型的に，しかも最大限発揮される活動ドメインを，Fig.16.1.3 のように，対象と地域の2軸で分類しており，子どもや高齢者，障がい者を対象とした地域活動から不特定多数の人々を対象とした国際協力活動まで，その領域が多岐に及ぶことを示している。

　その中で，日常的ボランティアは，対象者の特定／不特定に関わらず，主に地域で展開される活動を指すことができ，その活動ドメインは数多く存在することがわかる。このような活動ドメインをボランティアは，その時々の個人の思いに沿って自由に移動しながら活動するのである。つまり，今日は福祉ボランティアで，明日は環境ボランティアといったように，さまざまな活動ドメインをスワップしながら活動を楽しむのである。

　スポーツボランティアにおいてもこれは同様であり，例えば，障がい者スポーツ活動を契機に福祉や医療のボランティアに携わる，逆に，高齢者の福祉や健康づくり活動を契機にスポーツ活動のボランティアに携わるといった双方のスワップを想定できる。スポーツには，専門性が必要な活動も多く含まれるが，今後，スポーツボランティアとしての活動に馴染んでいくきっかけを広げていくためには，多様な活動ドメインとのスワップ，つまり，地域での日常的なボランティア活動との関連性を意識していくことが必要になってくる。

1.4 ボランティアとしてのスポーツ

　ボランティアの一場面としてスポーツボランティアをとらえた場合，その活動には，「スポーツへのボランティア」と「スポーツからのボランティア」の2つの方向性が考えられる。

　スポーツへのボランティアとは，スポーツをする人に対して行うボランティアで，例えば，前述の分類に示したスポーツイベントやスポーツクラブにおけるスポーツ教室などへ参加する方向性である。なかでも，近年，地域スポーツ活動において積極的に進められている高齢者や障がい者を対象にしたスポーツ活動を想定した場合，多くの人が参加しやすく，より安全なものにするために，メディカルケアや手話，点字といった専門性を生かしたボランティアの協力（活躍）は心強いものとなる。スポーツからのボランティアとは，スポーツをする人が支援の必要な人に対して行うボランティアで，例えば，地域クラブやアスリートが地域の清掃や地域のお祭りに参加する，福祉施設を訪問し入所者と交流するなど，スポーツ活動以外の環境，地域，福祉，医療，災害といったさまざまな活動に参加する方向性である。

　スポーツ活動へ向かう人々には，もともと「他人に強制されてやるものではなく」「金銭が与えられるからやるものではなく」「一部の人が楽しむ独占的なものではない」といった，ボランタリズムと親和性の高い心性が備わっている。したがって，スポーツへのボランティアはもっと自由に，自らも「スポーツをしている」という感覚を味わい，楽しめばよい。スポーツからのボランティアも，もっと自然に，現在の活動の延長と考えればよい。「ボランティアとしてのスポーツ」だからといって，通常のスポーツよりも価値が劣るということは決してない。

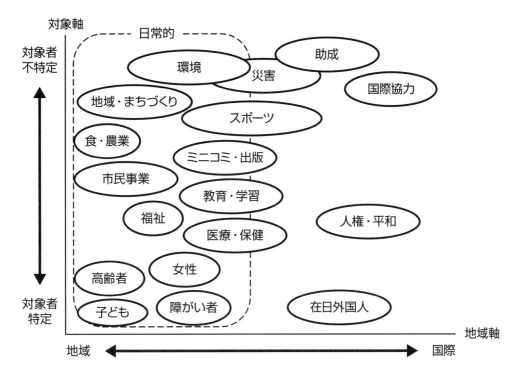

■ **Fig.16.1.3　ボランティアの活動ドメイン**（田尾, 2001 より）

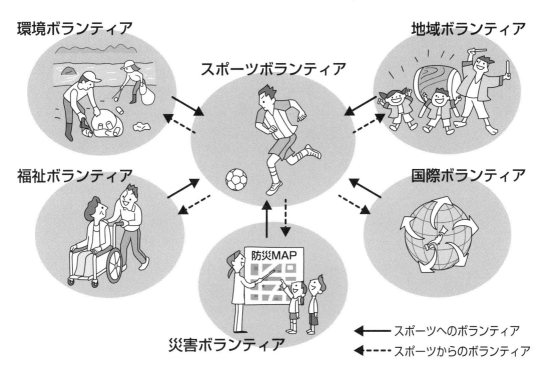

■ **Fig.16.1.4　スポーツとボランティアの親和性**

2. ボランティアコミュニティのつくり方

2.1 スポーツにおける実践コミュニティとは

　ボランティアとは自発的な参画が基本であるにもかかわらず，わが国のスポーツボランティアには自発的ではない参画者，いわゆる動員による参加者も少なくない。この現状はボランティアコミュニティ形成の障壁となっている。そこで注目したいのが実践コミュニティである。実践コミュニティとは「あるテーマに関する関心や問題，熱意などを共有し，その分野の知識や技能を，持続的な相互交流を通じて深めていく人々の集団のこと」（ウェンガーほか，2002）であり，「領域（ドメイン）」「コミュニティ」「実践（プラクティス）」が基本的な要素となる。

　スポーツボランティアをテーマとするならば，一連の問題を定義する知識の「領域」はスポーツを通じたまちづくり（地域活性化）となる。そして，「コミュニティ」とは，スポーツやまちづくりに関心を持つ人々が，専門知識を共有するために自発的に学習するネットワークを生み出し，相互交流が活発化して豊かな関係が創出される組織が理想型となる。さらに「実践」とは，コミュニティメンバーが共有するスポーツボランティアやまちづくりの枠組みやアイデア，ツール，情報，専門用語などを生み出し，共有し，維持する特定の知識（ナレッジ）を指す。これら3つの要素の組み合わせにより，実践コミュニティは理想的な知識の枠組み（ナレッジストラクチャ）を生み出し，共有する責任を担える社会的枠組みとなる。しかし，わが国のスポーツボランティアはスポーツ関連組織・団体で構成されるケースが多く，自発的な人々のコミュニティではなく，非自発者も混在するネットワークにとどまっているのが現状である。

2.2 自発的なスポーツボランティア活動への誘い（参加動機要因）

　近年，自発的なスポーツボランティア参加者は微増傾向にある。それは，わが国で開催された国際的メガスポーツイベントである2002FIFAワールドカップの各自治体でのボランティアや東京マラソンをはじめとする全国の都市型大規模マラソンの開催により，団体だけでなく個人で自発的にボランティア申込み（登録）をする人々が増加傾向にあるからだ。Fig.16.2.2は，自発的なスポーツボランティア参加者の動機の構成要素を示したものである。スポーツボランティアへの動機の大きな構成要素には，利他的動機（貢献）と利己的動機があり，さらに利己的動機は実益的動機（能力向上）と感情的動機（社交）に分類できる（Chelladurai, 1999）。

　ここで注目すべき点は，国際的メガスポーツイベント（2002FIFAワールドカップ自治体）への個人ボランティア参加者の動機は10要素と細分化されているのに対して，都市型の地域スポーツイベント（京都マラソン2012）の個人ボランティア参加者の動機は「地域貢献」「能力向上」「社交」「スポーツ・マラソン」「イベント・特典」の5つのシンプルな構成要素からなっている点である。特に，自発的な個人ボランティアの55%は市内在住者で，その中の約70%がスポーツボランティア初体験であったという報告を踏まえると（松永ほか，2014），ボランティアのコミュニティ化を進めるためには，国内外のスポーツイベントにおけるボランティア参加者の動機を充足するためのサポートと，活動を継続するための仕組みを機能化させることが重要となる。

継続期間

有機的に進化して終わる（スポーツと地域の発展に有用性があり，メンバーが共同学習に価値と関心を覚える限り存続する）

目的

スポーツや地域の活性化に関する知識の創造，拡大，交換，および個人の能力開発

メンバー

専門知識やスポーツ・地域への情熱により自発的に参加する人々

スポーツ実践コミュニティ（領域・コミュニティ・実践）

スポーツを通じたまちづくりに関する関心や問題，熱意などを共有し，その分野の知識や技能を，持続的な相互交流を通じて深めていく人々の集団

もととなる結びつき

情熱，コミットメント，集団や専門知識への帰属意識

境界

自発的な人々であるが，境界は曖昧

■ Fig.16.2.1　スポーツの実践コミュニティの考え方（ウェンガーほか，2002より）

2要素モデル	3要素モデル		国際メガスポーツイベント（FIFAワールドカップ自治体）	地域スポーツイベント（京都マラソン）
利他的動機（Altruistic incentives）	規範的動機（Normative）		社会的義務（Social obligation）	地域貢献（Community Service）
			能力・経験活用（Use of Ability and Experience）	
			地域奉仕（Community Service）	
利己的動機（Egoistic incentives）	実益的動機（Utilitarian）		学習（Learning）	能力向上（Ability Improvement）
			キャリア（Career）	
			自己改革（Self-Reform）	
	感情的動機（Affective）		社交（Social Relationship）	社交（Social Relationship）
		イベント特有動機（Event incentives）	スポーツ（Sport）	スポーツ・マラソン（Sport/Marathon）
			イベント（Event）	イベント・特典（Event/Privilege）
			国際交流（International Communication）	

■ Fig.16.2.2　スポーツボランティアの動機の構成要素

（Chelladurai, 1999；松岡・松永，2002；松永ほか，2012，2014より）

2.3　スポーツボランティア活動を継続する仕組み（継続要因）

　ボランティア活動を継続する仕組みとして，ボランティアマネジメントのプロセスについて見ていこう。そのプロセスの中で重要になるのが，継続に影響を与える３つの要因「参加動機要因」「個人的要因」「状況への態度要因」を把握することである（桜井, 2007）。前述のように，「参加動機要因」を刺激することは重要な視点となるが，特に利他的動機（地域貢献など）の充足感と満足感が活動継続に影響することを忘れてはいけない。次に，「個人的要因」の視点では，学生，中高年，女性が主に注目されているが，活動継続に重要な視点は属性だけではなく，組織のミッション，ビジョンやボランティアの活動理念の理解度が高いかどうかが決め手となる。３つ目の活動継続に影響を与える要因は「状況への態度要因」で，ボランティア自身がさまざまな状況に対して，どのような認知態度（特に満足度）をとっているのかを「組織サポート」「業務内容」「集団性」「自己効用感」の４つの視点から見る。特に，女性や中高年者，学生の参加動機の充足感（満足度）に注目すると，「組織サポート」にあたるボランティア前後のオリエンテーションや交流会が重要となり，他者との関係構築や集団一体感などの「集団性」の向上，社会的に役に立つという「自己効用感」など，自身のエンパワメントにもつながる。

　このように，ボランティアのコミュニティ化を進める際には，ボランティアの活動継続に影響を与える要因を把握し，参画へと促進をするためのマネジメントプロセスが重要となる。しかし，スポーツボランティアの活動の大部分は，まちづくりや地域活性化と密接なつながりがあるという根本的な問題認識が浸透しない限り，そのコミュニティ化は限定されてしまう。

2.4　スポーツボランティア活動を支える組織（スポーツ実践のコミュニティ化）

　スポーツ活動を支える組織が，限定されたスポーツ組織のネットワークにとどまらないために，自発的なボランティア参加者の動機と活動継続に着目してきたが，さらに，スポーツという枠組みを超えた，まちづくりや地域活性化を主たる領域とした各ボランティア活動にも注目する必要がある。地域には，福祉ボランティアをはじめ，健康・医療サービス，防災・被災者支援，まちづくり，文化・芸術，青少年健全育成，子育て支援，環境，観光，国際交流・国際協力など，さまざまなボランティア組織が存在し，それぞれが独立した活動を展開している。

　例えば，地域スポーツイベントでは，スポーツ関連組織・団体の協力はもちろんのこと，ごみなどに関する環境ボランティア，車いすでのスポーツ参加者や観戦者をサポートする福祉ボランティア，時には，海外からの参加者のための語学ボランティアが必要になることもある。また，スポーツ参加者や観戦者の中には託児施設が必要になる場合も多く，子育て支援ボランティアとの連携も欠かせない。これらは，スポーツイベントに限ったことではなく，地域スポーツや学校スポーツ，プロスポーツ，企業スポーツなどの活動においても同様である。つまり，スポーツ関連またはスポーツ関連以外の組織・団体活動の中の，自発的でインフォーマルな人と人のつながりから新たな価値を創造し，協働によって組織やまちをどう変革していくかという，スポーツ実践のコミュニティ化を展開する必要があり，京都市が2011年度から推進してきた「スポーツリエゾン京都」（第11章２参照）がその理想型の１つといってもよい。

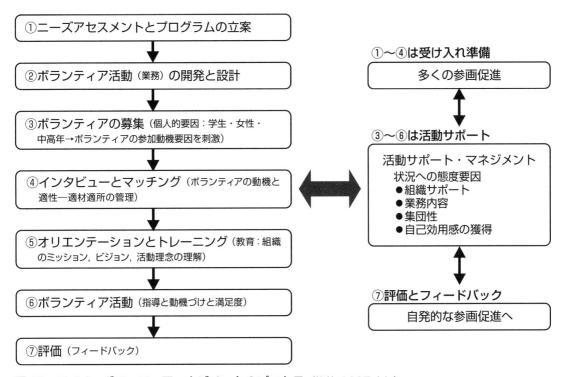

■ Fig.16.2.3 ボランティアマネジメントのプロセス (桜井, 2007 より)

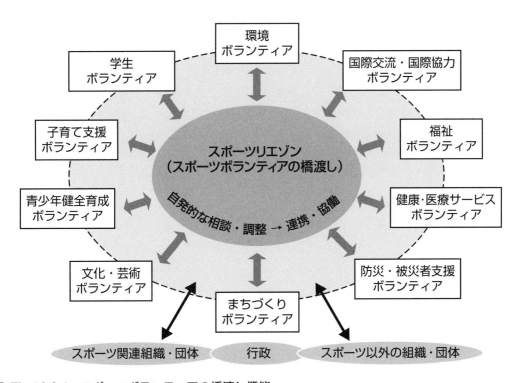

■ Fig.16.2.4 スポーツボランティアの橋渡し機能

3. トータルボランティアシステム

3.1 インターミディアリーの機能

　インターミディアリーとは，一般的にボランティア組織（NPO）とそのステークホルダー（自治体，企業，個人など）との仲介役や，NPO と NPO，NPO と市民の橋渡しなどをしながら NPO 活動を支援する中間支援組織のことを指す。

　インターミディアリーに期待される機能は，社会的な環境により変化するが，一般的には，①「情報提供・相談機能（NPO に興味関心のある市民や NPO の問題解決のための情報提供）」，②「エンパワメント（NPO のマネジメント力を高めるコンサルティング）」，③「ネットワーキング（NPO が必要とする他組織とのコーディネート）」，④「人材育成（NPO 構成員の資質向上トレーニング）」，⑤「啓発・価値創出（NPO の社会的認知を高める啓発）」，⑥「調査研究・政策提言（NPO セクターの健全な発展に向けた調査研究）」などが挙げられる（深尾，2002）。

　NPO は，資源獲得に多様な努力を重ねている組織が多い（松本，2007）。一方，資源提供者は，自ら保有する資源をニーズに合った活動に投入したいと考えている。この双方のニーズを満たし NPO 間をつなぐインターミディアリーは，NPO の増加と共にその存在感を増している。

　公益財団法人日本財団ボランティアセンター（日本財団ボラセン）が運営する「スポーツボランティアネットワーク」は，スポーツボランティア推進団体（行政や教育機関，スポーツ推進団体，プロスポーツチームなど）との情報共有や連携活動を行う，国内では数少ないスポーツボランティアに関するインターミディアリーとして例示することができる。

3.2 ボランティア養成プログラムとボランティアバンク

　個人は家に属する。これが「氏民」である。その個人が社会性を持った時，「市民」となる。だがこれでは不十分で，個が自立して「私民」になり，自らの生き方を確立した人は「志民」とでもいうべき存在となる。ボランティア（市民参画）社会を支える人材は，目標や目的を持った人であり，単なる「市民」から「志民」として成長していくことが望まれる。

　ボランティア活動は，ボランタリズムの心性を持つ誰もが活動を行え，多くの人が参画できるオープンな活動である。しかし，実際には，スポーツの審判や技術指導，語学や PC 操作，法律や医療などの専門性が問われる役割も数多く存在する。また，ボランティア活動といっても，遅刻や早退，自分勝手な言動，活動で知り得た個人情報などの漏洩など，活動中における無責任な行動は許されない。そこで，ボランティア活動を行う際には，まず，そのための基本的な知識の習得を心がける必要がある。そして，その知識を実践において体感し，自身の課題を見出す。その上で，自身に足りない専門的知識を習得できる機会を多様に持つことが望ましい。

　こうした学習機会は，地方公共団体の社会福祉協議会が設置する「ボランティアセンター」や，最近では日本財団ボラセンの「スポボラ.net」でも全国的に検索することができる。また，ボランティアセンターの多くは，「ボランティアバンク」という仕組みも同時に整備しており，登録したボランティアが多様なボランティア現場を経験できる機会を提供している。

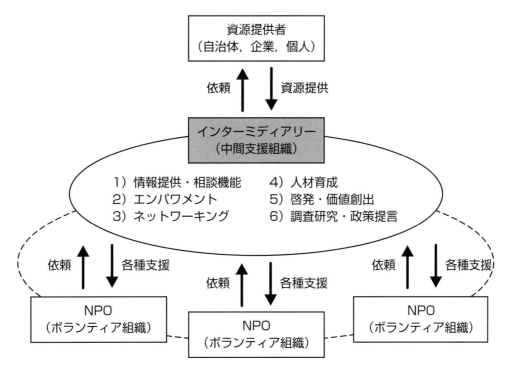

■ Fig.16.3.1　ボランティア組織を支える組織

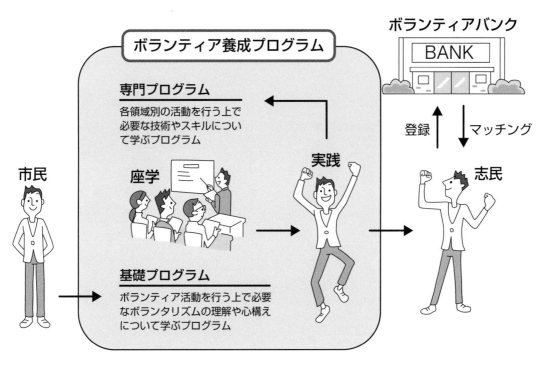

■ Fig.16.3.2　ボランティア活動で「志民」を育てる

3.3　ボランティアコーディネーター

　ボランティア活動への関心の高まりと共に，その活動の多様化，組織化は，「ボランティアしてほしい側」と「ボランティアしたい側」とのコーディネートの必要性を生み出した。

　コーディネートには，異なる2つ以上のものを対等・同格に調整，調和させるという意味がある。コーディネーターは，そうした行為を行う人であり，人々の違いを認めながら，それぞれが出会い，成長，発達できるような結びつきを生み出し相互信頼関係づくりを目指していく。

　ボランティアコーディネーターには3つのタイプがあり（桜井，2007），具体的には，①「送り出し型（学校や企業などの構成メンバーがボランティア活動に参加することを支援する）」，②「仲介型（ボランティアしてほしい組織側のニーズとボランティアしたい個人側のニーズを調整する）」，③「受け入れ型（受け入れ組織の内容に合わせた活動調整）」が挙げられる。

　その役割は，例えば，「送り出し型」では，①動機づけ，②ニーズの把握，③受け入れ組織との調整，④活動後の振り返りなど，「受け入れ型」では，①活動方針の立案，②情報提供や面接，③プログラム開発・研修・評価，④組織内の各部署との調整など，「仲介型」では，「送り出し型」「受け入れ型」双方の役割を挙げることができ，その内容は多岐にわたるといえよう。

　ボランティアコーディネーターは，専門的な知識や技術，また，人と組織だけでなく，人と地域社会を結び付ける先見力が求められる専門職であり，市民参加を支えるキーパーソンとして，また，人的インターミディアリーとしてその養成と活躍が期待される。

3.4　スポーツのセーフティネットをつくる

　スポーツは「世界共通の人類の文化」であり「スポーツを通じて幸福で豊かな生活を営むことは，全ての人々の権利」（スポーツ基本法，2011）であるならば，スポーツ社会は，スポーツとの関わりを希望するすべての人々に対して，スポーツのセーフティネット（スポーツ享受の場からこぼれ落ちる人をすくい上げる手立て）を用意しておく必要がある。

　Fig.16.3.4はスポーツとの各々の関わりをセーフティネットに見立て，その構造を示したものである。ピラミットの一番上には「する」スポーツというセーフティネットの層を置いているが，これは，スポーツ活動の基本的な行為であり，スポーツへの関わりの基盤になるものである。しかし，人によっては年齢と共にハイパフォーマンスができなくなったり，病気やケガでスポーツ活動ができなくなったりする。そこで重要になるのが真ん中の「見る」スポーツというセーフティネットであり，スタジアムでの観戦やテレビ視聴などがこれに相当する。ただし，ここで注意すべきは，スポーツ観戦や視聴は，それを楽しむために「する」スポーツの経験や自由裁量所得を多く持っていることが望ましく，これらが乏しく，スポーツに対して苦手意識を持っている人は，ここから容易にこぼれ落ちてしまう点である。そこで，登場するのが最後のセーフティネットたる「支える」スポーツであり，スポーツボランティアを通したスポーツとの関わりである。この一連のセーフティネットが真に機能するには，誰もがスポーツ生産の主体たり得るという，「新しいスポーツ社会」についての展望を持つ（学ぶ）必要がある。そうした学びの機会を提供することも，これからのスポーツマネジメントの役割ではなかろうか。

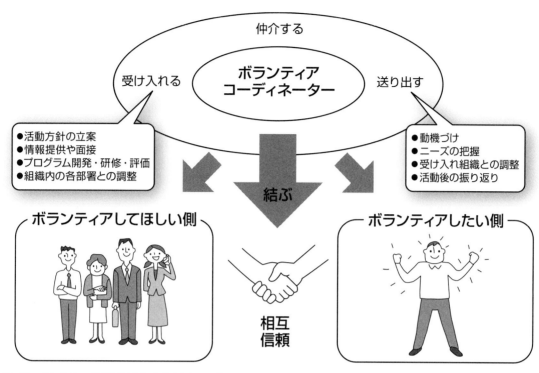

■ Fig.16.3.3　市民参加を支えるキーパーソン

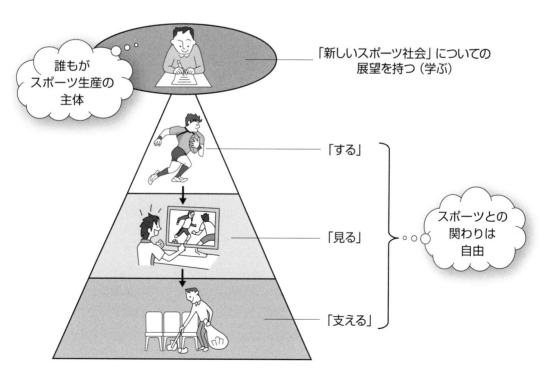

■ Fig.16.3.4　スポーツのセーフティネット構造

演 習 問 題

1 | スポーツに全く興味のない人たちとスポーツ組織を結び付けるための手段として，なぜソーシャルメディアが有効なのか？

POINT スポーツファンのように，高い意識のもとでスポーツを消費する人たちは，いわばオピニオンリーダーである。彼らはソーシャルメディア上でスポーツに全く関心のない一般の利用者ともつながっている。こうした無関心層に対しても，オピニオンリーダーはスポーツ関連の情報を，コメント，スレッド，写真などの「消費者生成コンテンツ」という形で拡散している。

2 | スポーツツーリズムの推進に関わる組織の役割と課題は？

POINT まず，スポーツツーリズムが多様な産業によって成り立つことを理解し，関係する組織（団体や企業）をリストアップする。次に，これまではそれら多様な組織が別々に事業を行ってきた現状を把握し，協働できなかった原因を探る。特に，近年脚光を浴びているインバウンド誘致と関連したスポーツツーリズムでは，ターゲットとなる外国人のニーズにどう対応するかなど，課題は多い。

3 | アダプテッドスポーツは障がいのある人がやる特別なスポーツか？

POINT アダプテッドスポーツというと，障がい者に合わせて「改作」したスポーツの感が強い。そこで近年では，障がい者アスリートが「本気でやる」ことや「独自にやる」ことを強調して「チャレンジドスポーツ」とか「パラスポーツ」と呼ぼうとする動きもある。しかし，「本気でやる」「独自にやる」ことは障がいのある人のスポーツに限ったものではない。スポーツを享受する上で人はすべて，等しくプロシューマー（生産消費者）であり，「改作」しようとしまいと，それは参加者の自由である。

4 | 有償ボランティアは，ボランティアなの？

POINT ボランティアは，ボランタリズムの心性（自主性，無償性，公益性など）を持った人々の活動であることを学んだが，最近では，受け入れ側（組織）において交通費や感謝の気持ちを表すために多少の謝金を支払う「有償ボランティア」という言葉が登場している。また，地方で人手を必要としている時期に，一緒に働き，コミュニケーションを図ることを最大の目的とした「ボラバイト」という活動も出てきている。

参考文献

《第1章》

チャンドラー：三菱経済研究所訳（1967）経営戦略と経営組織．実業之日本社．

加護野忠男ほか（1983）日米企業の経営比較—戦略的環境適応の理論—．日本経済新聞社．

小泉秀樹（2014）多主体協働共生のまちづくり．東京大学朝日講座．http://www.u-tokyo-asahi kouza.jp（2014年9月30日閲覧）

松井彰彦（2016）読み解き経済：SMAPと小林幸子—「村」を揺るがすネット市場—．朝日新聞（2016年2月18日掲載）

森田正隆（2007）コミュニケーション・インターフェースに着目した取引構造の分析．組織科学41（1）．

中西孝樹（2015）オサムイズム—"小さな巨人"スズキの経営—．日本経済新聞出版社．

ピンク：池村千秋訳（2014）フリーエージェント社会の到来—組織に雇われない新しい働き方—．ダイヤモンド社．

佐久間裕美子（2014）ヒップな生活革命．朝日出版社．

Whyte, W.H.（1956）The Organization Man. Simon and Schuster.

山下千聖（2016）オーケストラにみるプロフェッショナル組織．横浜国立大学経営学部国際経営学科卒業論文．

山下秋二ほか編（2000）スポーツ経営学．大修館書店．

《第2章》

アベグレンとボストン・コンサルティング・グループ編（1977）ポートフォリオ戦略—再成長への挑戦—．プレジデント社．

Best, R. and Howard, D.（2022）The Global Sports Industry. Independently published.

Deighton, J.（1992）The Consumption of Performance. Journal of Consumer Research 19（3）.

Forbes（2023）The world's 50 most valuable sports teams 2023. https://www.forbes.com/sites/mikeozanian/2023/09/08/the-worlds-50-most-valuable-sports-teams-2023/（2023年9月8日閲覧）

Forbes（2023）The world's highest-paid athletes. https://www.forbes.com/lists/athletes/（2023年9月8日閲覧）

広井良典（2009）コミュニティを問いなおす—つながり・都市・日本社会の未来—．筑摩書房．

Mullin, B.J. et al.（1993）Sport Marketing. Human Kinetics.

パットナム：柴内康文訳（2006）孤独なボウリング—米国コミュニティの崩壊と再生—．柏書房．

Pitts, B.G. et al.（1994）Industry Segmentation Theory and the Sport Industry: Developing a Sport Industry Segment Model. Sport Marketing Quarterly 3（1）.

佐伯年詩雄ほか編（2006）スポーツプロモーション論．明和出版．

Shank, M. D.（2005）Sports Marketing a Strategic Perspective（3rd ed.）. Prentice Hall.

Street & Smith's Sports Business Journal（2004）The Sports Industry: How $194.64 Billion Is Spent in Sports. from http://www.sportsbusinessdaily.com/images/random/sportsindustry.pdf（2014年12月22日閲覧）

高橋一貢（1992）進化論的発想による脱日常性の創造．和田充夫編　レジャービジネスの経営診断．日本経済新聞社．

通商産業省産業政策局編（1990）スポーツビジョン21．財団法人通商産業調査会．

山下秋二（2015）スポーツビジネスの誕生と成立．中村敏雄ほか編　21世紀スポーツ大事典．大修館書店．

《第3章》

カイヨワ：清水幾太郎・霧生和夫訳（1970）遊びと人間．岩波書店．

服部勝人（2006）ホスピタリティ・マネジメント学原論—新概念としてのフレームワーク—．丸善株式会社．

広瀬一郎（2007）スポーツマーケティングを学ぶ．創文企画．

堀内圭子（2004）〈快楽消費〉する社会．中央公論新社．

クライン：松島聖子訳（2009）ブランドなんか、いらない．大月書店．

近藤隆雄（1999）サービス・マーケティング．生産性出版．

Kotler, P.（2000）Marketing Management. Prentice-Hall.

コトラーほか：恩藏直人監訳（2010）コトラーのマーケティング3.0—ソーシャル・メディア時代の新法則—．朝日新聞出版．

中西純司（2006）スポーツマーケティング戦略．山下秋二ほか編　スポーツ経営学（改訂版）．大修館書店．

野中郁次郎（1974）組織と市場—組織の環境適合理論—．千倉書房．

嶋口充輝（1984）戦略的マーケティングの論理—需要調整・社会対応・競争対応の科学—．誠文堂新光社．

清水諭（2004）〈ロゴ〉の身体—カール・ルイスの登場とビジネスツールとしてのオリンピック—．清水諭編　オリンピック・スタディーズ—複数の経験・複数の政治—．白桃書房．

高橋健夫（1997）運動の楽しさと運動技術の指導について．体育科教育42（11）．

鳥居直隆（1996）ブランド・マーケティング—価値競争時代のNo.1戦略—．ダイヤモンド社．

和田充夫（1997）顧客インターフェイスとしてのブランド．青木幸弘ほか編　最新ブランド・マネジメント体系—理論から広告戦略まで—．日本経済新聞社．

山下秋二（1985）スポーツ・マーケティング論の展開．体育・スポーツ経営学研究2（1）．

山下秋二（2011）スポーツブランド考．有賀郁敏・山下高行編　現代スポーツ論の射程—歴史・理論・科学—．文理閣．

山下秋二・原田宗彦編（2005）図解スポーツマネジメント．大修館書店．

山下秋二ほか（1985）スポーツクラブ成員の満足・不満足構造—指導者問題への対応化を中心として—．体育学研究30（3）．

《第4章》

ブルデュ：今村仁司・港道隆訳（1988）実践感覚 1. みすず書房.

郷原信郎編著（2009）初級ジネスコンプライアンス. 東洋経済新報社.

原田宗彦（2012）日本におけるスポーツ団体のガバナンス. WIP ジャパン　スポーツ政策調査研究（ガバナンスに関する調査研究）調査研究成果報告書.

企業会計審議会（2005）第 5 回内部統制部会資料.

菊幸一（2011）スポーツの公共性. 菊幸一ほか編　スポーツ政策論. 成文堂.

河野勝（2006）制度からガヴァナンスへ―社会科学における知の交差―. 東京大学出版会.

黒須充（2014）おわりに―スポーツ・コモンズ―. 黒須充・水上博司編　スポーツ・コモンズ 総合型地域スポーツクラブの近未来像. 創文企画.

宮本太郎（2005）ソーシャル・ガバナンス―その構造と展開―. 山口二郎ほか編　ポスト福祉国家とソーシャル・ガバナンス. ミネルヴァ書房.

文部科学省（2015）文部科学省設置法の一部を改正する法律案.

大橋卓生（2014）スポーツガバナンス実践編・その 2―不祥事・紛争対応編―. スポーツにおけるグッドガバナンス研究会編　スポーツガバナンス実践ガイドブック. 民事法研究会.

齋藤健司（2015）スポーツ国家法. 中村敏雄ほか編　21 世紀スポーツ大事典. 大修館書店.

澤井安勇（2004）ソーシャル・ガバナンスの概念とその成立要件. 神野直彦・澤井安勇編　ソーシャル・ガバナンス. 東洋経済新報社.

棚山研（2020）新自由主義の下でのスポーツ―「スポーツ市場 15 兆円」計画とスポーツ政策の過去・未来―. 棚山研・市井吉興・山下高行編　変容するスポーツと対抗点―新自由主義国家とスポーツ―. 創文企画.

内海和雄（2021）スポーツ政策の誕生と変遷―福祉国家と新自由主義の対抗―. 真山達志・成瀬和弥編著 公共政策の中のスポーツ. 晃洋書房.

山本悦史・中西純司（2014）地域スポーツにおける「新しい公共」とソーシャル・ガバナンスの展望―「連携」と「牽制」のパラドックスを超えて―. 体育・スポーツ経営学研究 27（1）.

山本啓（2011）ガバメントとガバナンス―参加型デモクラシーへのプレリュード―. 岩崎正洋編　ガバナンス論の現在. 勁草書房.

山下秋二（2015）スポーツ産業とスポーツビジネス. 中村敏雄ほか編　21 世紀スポーツ大事典. 大修館書店.

《第5章》

足立名津美（2013）プロスポーツクラブにおける組織間構造の固有性に関する理論的考察：スポーツマネジメント領域への組織間関係論の適用可能性の検討. 日本体育・スポーツ経営学会第 36 回大会号.

フェランほか：原田宗彦監訳（2013）オリンピックマーケティング−世界 No.1 イベントのブランド戦略−. スタジオタッククリエイティブ.

FIFA.com https://digitalhub.fifa.com/m/5ce16b7eaf5b9bd7/original/jgxoy9ygifhr0bpkyew1-pdf.pdf（2023 年 10 月 20 日閲覧）

FIFA.com https://www.fifa.com/social-impact/fifa-foundation/about-us（2023 年 9 月 1 日閲覧）

小林淑一（2009）スポーツビジネス・マジック−完成のマーケティング−. 電通.

公益財団法人笹川スポーツ財団（2012）中央競技団体の運営に関する調査研究報告書. http://www.ssf.or.jp/research/report/pdf/2011_report_10.pdf（2015 年 5 月 31 日閲覧）

桑田耕太郎・田尾雅夫（1998）組織論. 有斐閣.

松原孝臣（2007）広告代理店はいかにしてスポーツマーケットを変えたのか−電通式ビジネスモデルの研究−. Sport Management Review 2007（6）.

武藤泰明（2013）プロスポーツクラブのマネジメント ［第 2 版］. 東洋経済新報社.

オリンピック憲章 Olympic Charter ［2014 年版・英和対訳］. http://www.joc.or.jp/olympism/charter/pdf/olympiccharter2014.pdf（2015 年 5 月 31 日閲覧）

Sport Business Group at Deloitte（2022）Annual Review of Football Finance2022. Deloitte.

《第6章》

Cashman, R.（2006）. The bitter-sweet awakening: The legacy of the Sydney 2000 Olympic Games. Pan Macmillan.

フェランほか：原田宗彦監訳（2013）オリンピックマーケティング−世界 No.1 イベントのブランド戦略−. スタジオタッククリエイティブ.

FIFA（2022）Annual Report 2022. https://digitalhub.fifa.com/m/2252cd6dfdadad73/original/FIFA-Annual-Report-2022-Football-Unites-The-World.pdf

藤本淳也（2008）スポーツ・スポンサーシップ. 原田宗彦編著　スポーツマーケティング. 大修館書店.

Howard, D. R. and Crompton, J. L.（2004）Financing Sport（2nd ed.）. Fitness Information Technology: Morgantown, WV.

今枝昌宏（2014）経営戦略を見る目と考える力を養うビジネスモデルの教科書. 東洋経済新報社.

IOC（2023）OLYMPIC MARKETING FACT FILE 2023 EDITION. https://stillmed.olympics.com/media/Documents/International-Olympic-Committee/IOC-Marketing-And-Broadcasting/IOC-Marketing-Fact-File.pdf

一般財団法人長野経済研究所（2014）平成 26 年度スポーツ政策調査研究（スポーツの経済効果に関する調査研究）調査報告書. http://www.mext.go.jp/a_menu/sports/chousa/detail/1353864.htm（2015 年 6 月 30 日閲覧）

間宮聰夫（1999）スポーツ・スポンサーシップ. 池田勝・守能信次編　スポーツの経営学. 杏林書院.

Olson, E. L. and Thjømøe, H. M. (2011). Explaining and articulating the fit construct in sponsorship. Journal of Advertising 40 (1).

Ozanian, M. (2014) The Forbes Fab 40: The World's Most Valuable Sports Brands 2014. http://www.forbes.com/sites/mikeozanian/2014/10/07/the-forbes-fab-40-the-worlds-most-valuable-sports-brands-2014/ (2015 年 6 月 30 日閲覧）

Preuss, H. (2007) The conceptualisation and measurement of mega sport event legacies. Journal of sport & tourism 12 (3-4).

Schaul, K. and Belson, K. (2013) Playing the stadium name game. The New York Times. July 31,2013. http://www.nytimes.com/interactive/2013/07/31/sports/playing- the- stadium-name-game.html?smid=tw-nytimes&_r=2& (2015 年 6 月 30 日閲覧）

東京都オリンピック・パラリンピック準備局（2014）2020 年オリンピック・パラリンピック競技大会招致活動報告書. http://www.sporttokyo.metro.tokyo.jp/taikaijyunbi/syochihokoku.html（2015 年 6 月 30 日閲覧）

《第7章》

Arai, A. et al. (2014) Branding athletes: Exploration and conceptualization of athlete brand image. Sport Management Review 17 (2).

Blackwell, R. D. et al. (2001) Consumer Behavior (9th ed.). Harcourt College Publishers, Fort Worth, TX.

Cialdini, R. B. et al. (1976) Basking in reflected glory: Three (football) field studies. Journal of personality and social psychology 34 (3).

Cronin, J. J. et al. (2000) Assessing the effects of quality, value, and customer satisfaction on consumer behavioral intentions in service environments. Journal of retailing 76 (2).

Grano, D. A. (2009) Muhammad Ali versus the "Modern athlete" : On voice in mediated sports culture. Critical Studies in Media Communication 26 (3).

Knittel, C. R. and Stango, V. (2012) Celebrity Endorsements, Firm Value and Reputation Risk: Evidence from the Tiger Woods Scandal. UC Davis, Mimeo.

Mullin, B. J. et al. (2014) Sport Management (4th ed.). Human Kinetics, Champaign, IL.

Olson, E. L. and Thjømøe, H. M. (2011) Explaining and articulating the fit construct in sponsorship. Journal of Advertising 40 (1).

Pitts, B. G. and Stotlar, D. K. (2007) Fundamentals of sport marketing. Fitness information technology. Morgantown, WV.

Seno, D. and Lukas, B. (2007) The equity effect of product endorsement by celebrities A conceptual framework from a co-branding perspective. European Journal of Marketing, 41.

Shank, M. D. (1999) Sports Marketing: A Strategic Perspective. Routledge.

スタットラー（2010）スポーツスポンサーシップを科学する－地域スポーツからスーパーボウルまで－. 日本スポーツマネジメント学会編　スポーツマネジメントを科学する－日本スポーツマネジメント学会セミナー講演録－. 創文企画.

Yoshida, M. and James, J. D. (2010) Customer satisfaction with game and service experiences: Antecedents and consequences. Journal of Sport Management 24 (3).

《第8章》

FIFA (2022) Governance Regulations 2022.

福田拓哉（2022）プロスポーツ組織の顧客関係戦略. taku-lab publishing.

Geeraert, A. et al. (2013) The governance network of European football: introducing new governance approaches to steer football at the EU level. International Journal of Sport Policy and Politics 5 (1).

Hough, D (2022) Qatar is taking the heat for FIFA corruption. https://www.washingtonpost.com/politics/2022/11/20/fifa-qatar-world-cup-corruption/ (2023 年 12 月 2 日閲覧）

ICAS (2023) Statistics. 2022 Annual Report and Financial Statements.

IOC (2023a) Code of Ethics 2023.

IOC (2023b) Annual Report 2022.

小林至（2022）野球の経済学. 新星出版社.

Maguire, J. (1999) Global Sport. Polity.

中村敏雄（1993）スポーツの風土－日英米比較スポーツ文化（第 4 版）. 大修館書店.

日本スポーツ仲裁機構（2019）CAS アドホック部仲裁ガイド .

日本スポーツ振興センター（2018）スポーツ界のコンプライアンス強化事業におけるコンプライアンスに関する現況評価の実施 報告書 .

オリベリオ、A. ほか（2018）スポーツ法の法源 :EU と CAS との関係性について. 中京ロイヤー 28.

佐伯年詩雄（2009）変貌するスポーツ─流動化するガバナンスとヘゲモニーの現在─. 現代スポーツ評論 20. 創文企画 .

笹川スポーツ財団（2011）スポーツ政策調査研究 報告書 .

SPIEGEL International (2018) How FIFA's President Failed To Clean Up Football. https://www.spiegel.de/international/world/gianni-infantino-as-fifa-president-provide-and-rule-a-1236439.html(2023 年 12 月 2 日閲覧）

スポーツ庁（2023）"スポーツの価値を最大化する" ため、スポーツ団体が取り組む「ガバナンスコード」とは？ DEPORTARE. https://sports.go.jp/special/policy/post-127.html（2023 年 12 月 2 日閲覧）.

Sport Integrity Australia (2023) Annual Report 2022-2023.

上田滋夢（2014）スポーツにおけるガバナンスの視座－EU と UEFA の関係構造にみられる三次元分析概念の考察. 立命館産業社会論集 50 (1).

UK Sport (online) A Code for Sports Governance. https://www.uksport.gov.uk/resources/a-code-for-sports-governance (2023 年

12 月 2 日閲覧）.

VOCASPORT（2004）Vocational education and training in the field of sport in the European Union: situation, trends and outlook.

山本悦史（2023）Jクラブによる地域貢献活動の新展開－ソーシャルガバナンス論からのアプローチ．有賀郁敏編 スポーツの近現代．ナカニシヤ出版.

《第9章》

厨義弘・大谷善博（1990）地域スポーツの創造と展開―福岡市からの提言―．大修館書店.

マッキーヴァー：中久郎・松本通晴訳（1975）コミュニティ―社会学的研究：社会生活の性質と基本法則に関する一試論―．ミネルヴァ書房.

文部科学省（2013）体力・スポーツに関する世論調査. http://www.mext.go.jp/b_menu/toukei/chousa04/sports/1338692.htm（2015年7月1日閲覧）

恩田守雄（2008）共助の地域づくり―「公共社会学」の視点―．学文社.

ペストフ：藤田暁男ほか訳（2000）福祉社会と市民民主主義―協同組合と社会的企業の役割―．日本経済評論社.

佐藤慶幸（2002）NPOと市民社会―アソシエーション論の可能性―．有斐閣.

スポーツ庁（2020）学校の働き方改革を踏まえた部活動改革について（令和2年9月）. https://www.mext.go.jp/sports/b_menu/sports/mcatetop04/list/detail/1406073_00003.htm（2023年8月15日閲覧）

スポーツ庁（2022）学校部活動及び新たな地域クラブ活動の在り方等に関する総合的なガイドライン（令和4年12月）. https://www.mext.go.jp/sports/b_menu/sports/mcatetop04/list/1405720_00014.htm（2023年8月15日閲覧）

スポーツ庁（2022）令和4年度総合型地域スポーツクラブ育成状況調査. https://www.mext.go.jp/sports/b_menu/sports/mcatetop05/list/detail/1412250_00012.htm（2023年8月15日閲覧）

田尾雅夫（2001）ボランティアを支える思想―超高齢社会とボランタリズム―．アルヒーフ.

《第10章》

チェスブロウ：大前恵一朗訳（2004）OPEN INNOVATION―ハーバード流イノベーション戦略のすべて―．産能大出版部.

クリステンセン：玉田俊平太監修・伊豆原弓訳（2001）イノベーションのジレンマ―技術革新が巨大企業を滅ぼすとき―（増補改訂版）．翔泳社.

細川信孝（1999）コミュニティ・ビジネス．中央大学出版部.

片桐新自（1995）社会運動の中範囲理論―資源動員論からの展開―．東京大学出版会.

コトラーとファルチ：杉光一成訳（2014）コトラーのイノベーション・ブランド戦略―ものづくり企業のための要素技術の「見える化」―．白桃書房.

中野博（2011）グリーン・オーシャン戦略―「恩」を次の世代につなぐ経営実学―．東洋経済新報社.

西野努ほか（2014）プロスポーツ・ビジネス羅針盤．税務経理協会.

小川孔輔（2015）マクドナルド 失敗の本質：賞味期限切れのビジネスモデル．東洋経済新報社.

ベスとコトラー：櫻井祐子訳（2011）コトラーのイノベーション・マーケティング．翔泳社.

リッツア：正岡寛司監訳（1999）マクドナルド化する社会．早稲田大学出版部.

作野誠一（2000）コミュニティ型スポーツクラブの組織形成過程に関する研究―社会運動論からみたクラブ組織化の比較分析―．体育学研究45（3）.

シュムペーター：塩野谷祐一ほか訳（1977）経済発展の理論―企業者利潤・資本・信用・利子および景気の回転に関する―研究（上・下）．岩波書店.

谷本寛治ほか（2013）ソーシャル・イノベーションの創出と普及．NTT出版.

田坂広志（2009）目に見えない資本主義―貨幣を超えた新たな経済の誕生―．東洋経済新報社.

山下秋二（2014）スポーツ経営学のニューパラダイム．体育・スポーツ経営学研究27.

谷塚哲（2011）地域スポーツクラブが目指す理想のクラブマネジメント―ソシオ制度を学ぶ―．カンゼン.

余田拓郎（2011）B to Bマーケティング．東洋経済新報社.

《第11章》

Alba, R.D. and Kadushin, C.（1976）The Introduction of Social Circles: A New Measure of Social Proximity in Networks. Sociological Methods and Research 5.

東浩紀（2014）弱いつながり―検索ワードを探す旅―．幻冬舎.

バウマン：奥井智之訳（2008）コミュニティ―安全と自由の戦場．筑摩書房.

デイヴィス：菊池章夫訳（1999）共感の社会心理学―人間関係の基礎―．川島書店.

榎敏弘,（2008）クラブのつくり方・クラブの運営―クラブレッツの設立準備から自主運営まで―．日本体育協会公認アシスタントマネジャー（専門科目）講習会資料.

藤谷かおる・細江文利（1999）共感意識の変容に関する研究―共生関係を生む共感意識の形成を目指して―．スポーツ教育学研究19（2）.

Granovetter, M.S.（1973）The Strength of Weak Ties. American Journal of Sociology 78.

堀公俊（2004）ファシリテーション入門．日本経済新聞社.

伊丹敬之（2005）場の論理とマネジメント．東洋経済新報社.

北田暁大（2002）広告都市・東京―その誕生と死―．廣済堂出版.

ロジャーズ：三藤利雄訳（2007）イノベーションの普及．翔泳社．

ロジャーズとロジャーズ：宇野善康・浜田とも子訳（1985）組織コミュニケーション学入門—心理学的アプローチからシステム論的アプローチへ—．ブレーン社．

スポーツ庁（2023）令和4年度総合型地域スポーツクラブに関する実態調査結果概要（令和5年3月）．https://www.mext.go.jp/sports/content/20230324-spt_stiiki-300000800_1.pdf（2023年8月15日閲覧）

山下秋二（2015）スポーツ産業とスポーツビジネス．中村敏雄ほか編　21世紀スポーツ大事典．大修館書店．

山下裕子（1993）市場における場の機能—秋葉原の価格形成プロセス—．組織科学27（1）．

《第12章》

Arnstein, S.R.（1969）A Ladder of Citizen Participation. Journal of the American Planning Association 35（4）.

クラウド：中嶋秀隆訳（2010）リーダーの人間力—人徳を備えるための6つの資質—．日本能率協会マネジメントセンター．

ドラッカー：上田惇生訳（2001）マネジメント—基本と原則—（エッセンシャル版）．ダイヤモンド社．

広井良典（2009）コミュニティを問いなおす—つながり・都市・日本社会の未来—．筑摩書房．

金井壽宏・田柳恵美子（2005）踊る大捜査線に学ぶ組織論入門．かんき出版．

加藤敏春（1998）エコマネー—ビッグバンから人間に優しい社会へ—．日本経済評論社．

コトラー：井関利明監訳（1991）非営利組織のマーケティング戦略—自治体・大学・病院・公共機関のための新しい変化対応パラダイム—．第一法規出版．

Kretzmann, J. and McKnight, J.（1993）Building Communities from the Inside Out: A Path toward Finding and Mobilizing a Community's Assets. ACTA Publications.

文部科学省地域づくり支援アドバイザー会議（2004）地域を活性化し，地域づくりを推進するために—人づくりを中心として—（提言）：平成16年8月23日．

中西純司（2008）総合型地域スポーツクラブの「地域づくり」支援活動研究プロジェクト［研究成果報告書（平成18〜19年度）］．

NPO法人磐田市体育協会　エコマネー「ポエマ」．http://www.iwata-taikyo.com/poema/index.html（2015年5月16日閲覧）

NPO法人掛川市体育協会　地域の「いいこと」応援します．http://kakemoney.jp/（2015年5月16日閲覧）

恩田守雄（2002）グローカル時代の地域づくり．学文社．

小滝敏之（2007）市民社会と近隣自治—小さな自治から大きな未来へ—．公人社．

パットナム：河田潤一訳（2001）哲学する民主主義—統と改革の市民的構造—．NTT出版．

UNESCAP（2009）What is Good Governance ?（Friday, July 10, 2009）. http://www.unescap.org/pdd/prs/ProjectActivities/Ongoing/gg/governance.asp（2015年5月2日閲覧）

行實鉾平・中西純司（2009）総合型地域スポーツクラブ会員の運営参加とソーシャルキャピタルの関連性．九州体育・スポーツ学研究24（1）．

《第13章》

Deighton, J., and Kornfeld, L.（2009）Interactivity's Unanticipated Consequences for Marketers and Marketing. Journal of Interactive Marketing 23.

橋本純一（1984）第5章スポーツと文化．菅原禮編　スポーツ社会学の基礎理論．不昧堂出版

早川武彦（2005）「メディアスポーツ」その概念について−スポーツの本質にねざすメディアスポーツ論に向けて−．一橋大学スポーツ研究24.

Hennig-Thurau, T. et al.（2010）The Impact of New Media on Customer Relationships. Journal of Service Research 13（3）.

Hoffman, D.L., and Fodor, M.（2010）Can you measure the ROI of your social media marketing ? MIT Sloan Management Review 52（1）.

Kietzmann, J.H. et al.（2011）Social Media ? Get Serious! Understanding the Functional Building Blocks of Social Media. Business Horizons 54.

Lefever, K.（2012）Chapter 2: Sports/Media Complex in the New Media Landscape. In K., Lefever（Ed.）New Media and Sport: International Legal Aspects. ASSER International Sports Law Series.

Malthouse, E.C. et al.（2013）Managing Customer Relationships in the Social Media Era: Introducing the Social CRM House. Journal of Interactive Marketing 27.

Mangold, W.G. and Faulds, D.J.（2009）Social Media: The New Hybrid Element of the Promotion Mix. Business Horizons 52.

Nicholson, M.（2007）Sport and the Media: Managing the Nexus. Elsevier.

Rein, I.J. et al.（2006）The Elusive Sports Fan, Reinventing Sports in a Crowded Marketplace. McGraw-Hill.

佐伯聰夫（1996）第1章 スポーツ文化としての「みるスポーツ」．文部省競技スポーツ研究会編「みるスポーツの振興」．ベースボール・マガジン社．

Sashi, C.M.（2012）Customer Engagement, Buyer-Seller Relationships, and Social Media. Management Decision 50（2）.

吉田政幸（2011）スポーツ消費者行動：先行研究の検討．スポーツマネジメント研究3（1）.

《第14章》

Hall, C. M. and Lew, A. A.（1998）Sustainable Tourism. A Geographical Perspective. Addison Wesley Longman Ltd. Harlow.

Hinch, T. and Higham, J.（2004）Sport Tourism Development. Channel view publications. Clevedon.

Ito, E., & Higham, J.（2020）. Supplemental tourism activities: A conceptual framework to maximise sport tourism benefits and opportunities. Journal of Sport & Tourism, 24 (4), 269-284.

Kotler, P. et al. (2006) Marketing for Hospitality and Tourism (Vol. 893). Prentice hall: Upper Saddle River, NJ.

ニセコ町（2012）数字で見るニセコ平成 24 年 5 月版．http://www.town.niseko.lg.jp/machitsukuri/（2015 年 6 月 30 日閲覧）

Robinson, T. and Gammon, S. (2004) A Question of Primary and Secondary Motives: Revisiting and Applying the Sport Tourism Framework. Journal of Sport & Tourism 9 (3).

スポーツ庁（2023）第 3 期スポーツ基本計画．https://www.mext.go.jp/sports/content/000021299_20220316_3.pdf

Swarbrooke, J. and Horner, S. (1999) Consumer Behaviour in Tourism. Routledge. Oxford.

高橋一夫ほか（2010）1 からの観光．碩学舎．

アーリとラースン：加太宏邦訳（2014）観光のまなざし．法政大学出版局．

Veal, A. J. (2010) Leisure, Sport and Tourism, Politics, Policy and Planning. CABI: Cambridge, MA.

《第 15 章》

クロンプトンとラム：原田宗彦訳（1991）公共サービスのマーケティング．遊時創造．

グットマン：市川宣恭監訳（1983）身体障害者のスポーツ．医歯薬出版社．

飯嶋好彦（2001）サービスマネジメント研究―わが国のホテル業をめぐって―．文眞堂．

伊藤亜紗（2015）目の見えない人は世界をどう見ているのか．光文社．

金山千広（2015）ユニバーサルデザインとスポーツ．みんなのスポーツ 411．

金山千広・中西純司（2014）公共スポーツ施設と障がい者のサービス品質評価―インクルージョンの段階に見た施設の特徴―．立命館産業社会論集 50（1）．

川内美彦（2001）ユニバーサル・デザイン―バリアフリーへの問いかけ―．学芸出版社．

草野勝彦（2007）インクルーシブ教育とは何か．草野勝彦ほか編　インクルーシブ体育の創造―共に生きる授業構成の考え方と実践―．市村出版．

文部科学省（2007）特別支援教育の推進のための学校教育法等の一部改正について（通知）．http://www.mext.go.jp/a_menu/shotou/tokubetu/001.htm（2015 年 8 月 6 日閲覧）

文部科学省（2014）我が国における障害者スポーツ推進の動向（障がい者スポーツ info 2014）．（公財）日本障がい者スポーツ協会．http//www.jsad.or.jp（2015 年 8 月 6 日閲覧）

文部科学省（2017）中学校学習指導要領　保健体育編（平成 29 年告示）．https://www.mext.go.jp/content/1413522_002.pdf（2023 年 8 月 8 日閲覧）

難波真理・齊藤まゆみ（2013）障害者スポーツの歴史と展望．現代スポーツ評論 29．

National Consortium for Physical Education and Recreation for Individuals with Disabilities (NCPERID) (2015) Adapted Physical Education National Standards (APENS). http://www.apens.org/（2015 年 8 月 6 日閲覧）

日本体育学会編著（2006）最新スポーツ科学事典．平凡社．

Parasuraman, A. et al. (1985) A Conceptual Model of Service Quality and Its Implications for Future Research. Journal of Retailing 49.

笹川スポーツ財団（2011）政策提言：国民が生涯を通じて，それぞれが望むかたちでスポーツを楽しみ，幸福を感じられる社会の形成．http://www.ssf.or.jp/research/proposal/social.html（2015 年 8 月 6 日閲覧）

笹川スポーツ財団（2022）障害者専用・優先スポーツ施設に関する研究 2021．https://www.ssf.or.jp/thinktank/disabled/2021_excerpt.html（2023 年 8 月 8 日閲覧）

スポーツ庁（2022）障害者スポーツ振興方策に関する検討チーム報告書（高橋プラン）：東京大会のレガシーを基盤とした，スポーツを通じた共生社会の構築に向けて．https://www.mext.go.jp/sports/b_menu/sports/mcatetop06/list/detail/1379526_00003.htm（2023 年 8 月 20 日閲覧）

スポーツ庁（2023）令和 4 年度「誰もが気軽にスポーツに親しめる場づくり総合推進事業（スポーツ施設におけるユニバーサルデザイン化等推進事業）．https://www.mext.go.jp/content/1413522_002.pdf（2023 年 8 月 8 日閲覧）

スポーツ庁（2023）スポーツ審議会健康スポーツ部会障害者スポーツ振興ワーキンググループ中間まとめ．https://www.mext.go.jp/sports/b_menu/shingi/001_index/bunkabukai006/toushin/jsa_00136.html（2023 年 9 月 30 日閲覧）

宗村美江子（2013）コンピテンシーとは．虎の門病院看護部編　看護管理者のコンピテンシー・モデル―開発から運用まで―．医学書院．

谷口真美（2005）ダイバシティ・マネジメント―多様性をいかす組織―．白桃書房．

田尾雅夫（1995）ヒューマン・サービスの組織―医療・保健・福祉における経営管理―．法律文化社．

矢部京之助（2004）アダプテッド・スポーツとは何か．矢部京之助ほか編　アダプテッド・スポーツの科学―障害者・高齢者のスポーツ実践のための理論―．市村出版．

矢部京之助（2008）アダプテッド・スポーツと従来の体育スポーツのすみわけイメージ．日本アダプテッド体育・スポーツ学会．http//www.adapted-sp.net/（2015 年 8 月 6 日閲覧）

安井友康（2009）知的障害者への対応とスポーツ指導・発達障害児の対応．日本障がい者スポーツ指導協議会編　第 5 回障害者スポーツ指導者全国研修会報告書．

山下秋二ほか編（2006）スポーツ経営学（改訂版）．大修館書店．

《第 16 章》

Chelladurai, P. (1999) Human Resource Management in Sport and Recreation. Human Kinetics.

深尾昌峰（2005）インターミディアリー．川口清史ほか編　よくわかる NPO・ボランティア．ミネルヴァ書房．

松本潔（2007）企業の社会性概念に関する一考察－企業と非営利組織（NPO）との協働の方向性－．自由が丘産能短期大学紀要 40．

松永敬子・松岡宏高（2002）2002FIFA ワールドカップにおけるボランティアの動機の比較分析Ⅱ．スポーツ産業学研究第 11 回学会大会号．

松永敬子（2012）「京都マラソン 2012」におけるボランティア参加者の動機に関する研究－自発的参加と非自発的参加との比較－．龍谷大学経営学論集 52（2/3）．

松永敬子ほか（2014）京都マラソンにおけるボランティアの参加動機構造．京都滋賀体育学研究 29．

松岡宏高・松永敬子（2002）2002FIFA ワールドカップにおけるボランティアの動機の比較分析Ⅰ．スポーツ産業学研究第 11 回学会大会号．

文部科学省（2000）スポーツにおけるボランティア活動の実態等に関する調査研究報告書．

桜井政成（2007）ボランティアマネジメント－自発的行為の組織化戦略―．ミネルヴァ書房．

ウェンガーほか：櫻井祐子訳（2002）コミュニティ・オブ・プラクティス．翔泳社．

田尾雅夫（2001）ボランティアを支える思想－超高齢社会とボランタリズム－．アルヒーフ．

田尾雅夫（2005）ボランティア活動の定義．川口清史ほか編　よくわかる NPO・ボランティア．ミネルヴァ書房．

山口泰雄（2004）スポーツ・ボランティアへの招待－新しいスポーツ文化の可能性－．世界思想社．

さくいん

監修者紹介

山下秋二（やました・しゅうじ）
1948 年福井県生まれ。東京教育大学大学院体育学研究科修士課程修了。博士（体育科学，筑波大学）。松阪女子短期大学助手，鳥取大学講師，福井医科大学助教授，大阪大学助教授，京都教育大学教授，立命館大学教授などを経て，現在立命館大学特任教授。京都教育大学名誉教授，京都市スポーツの絆が生きるまち推進会議委員長。〈著書〉『スポーツ・イノベーションの普及過程』（不昧堂出版），『スポーツ経営学』（編著，大修館書店），『図解スポーツマネジメント』（編著，大修館書店），『改訂版スポーツ経営学』（編著，大修館書店），『現代スポーツ論の射程』（共著，文理閣），『健康・スポーツ科学のための調査研究法』（編著，杏林書院），『21 世紀スポーツ大事典』（「スポーツと経済」編集委員，大修館書店）など。

編著者紹介

中西純司（なかにし・じゅんじ）
1963 年長崎県生まれ。筑波大学大学院体育研究科修士課程修了。筑波大学準研究員（文部技官）及び助手，福岡教育大学教授などを経て，現在立命館大学教授。日本体育・スポーツ経営学会副会長。〈著書〉『体育・スポーツ経営学講義』（共著，大修館書店），『健康・スポーツの経営学』（共著，建帛社），『改訂版スポーツ経営学』（編著，大修館書店），『図解スポーツマネジメント』（共著，大修館書店），『子どもの未来を拓け 学校体育』（共著，アイオーエム），『健康・スポーツ科学のための調査研究法』（共著，杏林書院），『21 世紀スポーツ大事典』（分担執筆，大修館書店），『よくわかるスポーツマネジメント』『よくわかるスポーツマーケティング』（編著，ミネルヴァ書房），『テキスト体育・スポーツ経営学』（共著，大修館書店），『スポーツの近現代』（共著，ナカニシヤ出版）など。

松岡宏高（まつおか・ひろたか）
1970 年京都府生まれ。オハイオ州立大学大学院博士課程修了（Ph.D.）。びわこ成蹊スポーツ大学准教授などを経て，現在早稲田大学教授。日本スポーツマネジメント学会理事，日本スポーツ協会指導者育成委員会委員・マネジメント部会長ほか。〈著書〉『図解スポーツマネジメント』（共著，大修館書店），『図とイラストで学ぶ新しいスポーツマネジメント』（共編著，大修館書店），『スポーツマーケティング』（共編著，大修館書店），『Sport Business in Leading Economies』（共著，Emerald Publishing）など。

図とイラストで学ぶ
新しいスポーツマネジメント改訂版
© Shuji Yamashita, Junji Nakanishi & Hirotaka Matsuoka, 2016, 2024

NDC330 ／ x, 213p ／ 26cm

初 版第 1 刷—2016 年 11 月 20 日
改訂版第 1 刷—2024 年 3 月 20 日

監修者————山下秋二
編著者————中西純司・松岡宏高
発行者————鈴木一行
発行所————株式会社 大修館書店
　　　　　　〒 113-8541　東京都文京区湯島 2-1-1
　　　　　　電話 03-3868-2651 （営業部）　03-3868-2297 （編集部）
　　　　　　振替 00190-7-40504
　　　　　　[出版情報] https://www.taishukan.co.jp

装丁者————————CCK
本文デザイン・イラスト—CCK
印刷所————広研印刷
製本所————牧製本

ISBN978-4-469-26980-2　Printed in Japan